Artificial
Intelligence

Robot

AI・ロボットの法律実務 Q&A

第二東京弁護士会
情報公開・個人情報保護委員会［編］

勁草書房

発刊にあたって

　今般、当会は、本書『AI・ロボットの法律実務Q&A』を刊行することになりました。本書は、近年、急速に関心が高まっている AI（Artificial Intelligence。人工知能）及びロボットという最新のテーマを題材にしてQ&A方式でわかりやすく解説をしたものです。

　本書の編集を担当した当会の情報公開・個人情報保護委員会は、情報公開制度及び個人情報保護制度にとどまらず、広く情報法制全般の推進・改善に関する調査、研究等の活動を行っている組織です。これまでも同委員会の調査研究結果については書籍の形で公表することが多く、近年の出版物だけでも『ソーシャルメディア時代の個人情報保護Q&A』（日本評論社、2012年）、『Q&A　改正個人情報保護法』（新日本法規、2015年）、『完全対応　新個人情報保護法』（新日本法規、2017年）などがあります。また、同委員会は平素から外部の有識者を講師として委員会に招聘するなど、情報法制に関する調査研究を継続的に実施しております。本書も、AI・ロボットに関する同委員会の活動成果を踏まえた調査研究結果に基づいており、調査研究の射程を情報公開・個人情報保護法制に限らず、広くAI・ロボットの重要問題にまで拡げた「意欲作」といえます。

　法律書の世界においてもAI・ロボットの出版ブームにより多数の出版物が公刊されているところ、本書は当会所属の法律実務家である弁護士が既存の制定法、学説等に基づき「地に足のついた」知見を提供できているものと考えます。AI・ロボットと法律に関心を有する事業者、技術者、法律家、官公庁の方々が、AI・ロボットに関わる法律問題に直面した際に参照する実務書として、本書が幅広く利用されることを期待します。

平成31年1月

　　　　　　　　　　　　　　　　　　　　　　　第二東京弁護士会
　　　　　　　　　　　　　　　　　　　　　　　　会長　　笠井　直人

はしがき

　AI・ロボットの技術的進展は目覚ましく、法律の世界においてもAI・ロボットの問題は無視し得ないものになっています。IoT、ビッグデータ及びAIの発展によって第4次産業革命が到来するとも言われています。他方で、AI・ロボットをめぐるパーソナルデータの取扱い、安全性等の課題も山積みであり、法律の世界においてもAI・ロボットの問題は発展途上の段階にあるといえるでしょう。

　本書は、このような状況の中、AI・ロボットに関する重要問題を取り上げて、Q&A方式で解説するものです。本書の特徴は、次のとおりです。

　第一に、第二東京弁護士会情報公開・個人情報保護委員会所属の弁護士が執筆している、という特徴があります。法律実務家の弁護士がAI・ロボットについて、既存の制定法・学説等を調査研究して執筆しているため、「地に足のついた議論」を提供できているものと考えます。AI・ロボットは新しい未知のテーマであるため、抽象的な「空中戦の議論」が展開されることがありますが、本書はあくまで法律実務に役立つような情報を提供するように努めました。

　第二に、第1章でAI・ロボット法に関する見取り図を示したうえで、第2章以下ではQ&A方式でAI・ロボットの重要問題についてコンパクトに解説している、という特徴があります。第2章以下のQ&A部分では、憲法分野（第2章）、民事法分野（第3章）、刑事法分野（第4章）、行政法分野（第5章）、知的財産法分野（第6章）、国際問題（第7章）の各分野において見られる重要問題を取り上げています。これらの各章では、伝統的な法分野の観点からAI・ロボットの重要問題を洗い出し、可能な限り実定法に則した解説を行うようにしております。この点も、法律実務家である弁護士が取り組んで意味のある研究成果になるように工夫した点です。

　本書がAI・ロボットの法律実務に携わる方々の一助となることを願っております。

平成31年1月

　　　　　　　　　　　第二東京弁護士会　情報公開・個人情報保護委員会
　　　　　　　　　　　　　　　　　　　　委員長　大島　義則

目次

第1章　AI・ロボット法総論

1　はじめに …………………………………………………………………2

2　AI・ロボットの概念 …………………………………………………2
 (1) ロボット ……………………………………………………………2
 (2) AI ……………………………………………………………………3
 (3) 強いAI／弱いAIの区別と本書の対象 …………………………4

3　AI・ロボットのインパクト …………………………………………5
 (1) シンギュラリティ：2045年問題 …………………………………5
 (2) 第4次産業革命 ……………………………………………………6
 (3) Society 5.0 …………………………………………………………7
 (4) AI社会原則 …………………………………………………………8

4　本書の構成 ……………………………………………………………8
 (1) 論述の視点 …………………………………………………………8
 (2) 憲法分野（第2章） ………………………………………………9
 (3) 民事法分野（第3章） ……………………………………………9
 (4) 刑事法分野（第4章） ……………………………………………9
 (5) 行政法分野（第5章） ……………………………………………10
 (6) 知的財産法分野（第6章） ………………………………………10
 (7) 国際問題（第7章） ………………………………………………11

第2章　憲法分野

Q2-1　AI・ロボットに憲法上の権利は認められますか。技術の進展に応じて、

憲法上の権利に関する議論は変わりますか。 …………………14
 1　問題の所在
 2　憲法上の権利とは何か
 3　AI・ロボットの憲法上の権利をめぐる議論
  (1)　1992年のローレンス・B・ソラムの議論
  (2)　法人論、動物の権利論
 4　まとめ

Q2-2　AI・ロボットは、プライバシーとの関係で問題を引き起こしませんか？　特に、家庭用ロボットやAIを使ったプロファイリングにはどのような問題があるでしょうか。 …………………………………………19
 1　AI・ロボットとプライバシー
 2　プライバシーの権利
  (1)　伝統的プライバシー権と自己情報コントロール権
  (2)　プライバシーの権利性
 3　ロボットとプライバシー
  (1)　私的領域への侵入の問題
  (2)　情報コントロールの困難性
 4　プロファイリングとプライバシー
  (1)　プロファイリング
  (2)　現代的プロファイリング
  (3)　現代的プロファイリングの問題点
 5　問題への対応

Q2-3　AI・ロボットは、平等原則の関係ではどのような問題がありますか？
………………………………………………………………………26
 1　AIと平等原則（憲法14条1項）
 2　AIを用いたプロファイリングの問題（その1）～差別の先鋭化～
  (1)　AIを用いたプロファイリングの活用が想定される事例
  (2)　AIを用いたプロファイリングによる差別が問題となり得る例
 3　AIを用いたプロファイリングの問題（その2）～新たな問題の

目次

　　　　　出現～
　　　　　（1）バーチャルスラム
　　　　　（2）セグメントという新たな差別の出現
　　　　4　まとめ
Q2-4　AIを活用した行動ターゲティング広告などは憲法上どのような問題がありますか？ ……………………………………………………………32
　　　　1　行動ターゲティング広告とAI広告
　　　　2　個人情報・プライバシーに関する問題
　　　　　（1）特定の個人の識別をしない場合
　　　　　（2）特定の個人を識別している場合
　　　　3　自己決定権に関する問題
　　　　4　技術的対応
Q2-5　AI・ロボットは、デジタルゲリマンダリングとどのような関係がありますか。 ………………………………………………………………39
　　　　1　デジタルゲリマンダリング概念の提唱
　　　　　（1）ゲリマンダリングとは
　　　　　（2）デジタルゲリマンダリングとは
　　　　2　ケンブリッジ・アナリティカ事件
　　　　3　個人の権利利益侵害との関係性
　　　　　（1）選挙権
　　　　　（2）個人情報保護、自己決定権
　　　　4　AI・ロボットのあり方との関係性

第3章　民事法分野

Q3-1　AI、ロボットが関与した契約において、その効果は誰に帰属すると考えればよいですか。例えば、AIを搭載したロボットに自転車の購入を指示したところ、予想外にもこのAIによって自動車を購入する契約が締結されたという場合、利用者にその効果が帰属することになるのでしょうか。 ………………………………………………………………46
　　　　1　AI・ロボット自身が契約当事者となることができるか

　　　　2　AI・ロボットが関与した契約
　　　　3　利用者の予期に反した契約が締結された場合
Q3-2　AI・ロボットによって引き起こされた不法行為について、AI・ロボット自体に不法行為に基づく損害賠償責任を追及できますか。また、AI・ロボットの利用者に対して責任追及できますか。 ……………50
　　　　1　AI・ロボットによって引き起こされた不法行為において、AI・ロボット自身に対して責任追及できるか
　　　　2　AI・ロボットによって引き起こされた不法行為において、AI・ロボットの利用者に対して責任追及できるか
　　　　　（1）使用者責任（民法715条）
　　　　　（2）動物占有者等の責任（民法718条）
　　　　　（3）一般不法行為責任（民法709条）
　　　　3　まとめ
Q3-3　AI・ロボットと製造物責任について教えてください。 ……………56
　　　　1　製造物責任が認められる要件
　　　　　（1）「製造物」であること
　　　　　（2）「他人の生命、身体又は財産を侵害」した場合
　　　　2　立証責任の所在
　　　　　（1）東京高判平成25・2・13判時2208号46頁
　　　　　（2）大阪地判平成6・3・29判タ842号69頁
　　　　3　開発危険の抗弁
　　　　4　立法政策
Q3-4　AI・ロボットと欠陥について教えてください。 ……………………61
　　　　1　欠陥の意義
　　　　　（1）製造上の欠陥
　　　　　（2）設計上の欠陥
　　　　　（3）指示・警告上の欠陥
　　　　2　欠陥の意義（各論）
　　　　　（1）自動運転自動車の欠陥
　　　　　（2）医療ロボットの欠陥

Q3-5　日本における自動運転の現状および民事上の法的論点の概要について教えてください。 ……………………………………………65
　　　1　自動運転とは
　　　2　日本における自動運転の現状
　　　3　自動運転における法的論点の概要
　　　　（1）自動車損害賠償保障法に基づく民事上の責任
　　　　（2）自動車損害賠償保障法以外の民事上の責任
　　　4　まとめ
Q3-6　AIを利用したソフトウェア開発を委託する契約を締結するにあたり、どのようなことに気を付ける必要があるでしょうか。 ………………73
　　　1　経済産業省によるガイドライン
　　　2　AIを利用したソフトウェア開発の特徴
　　　3　開発手法および契約方式についての考え方
　　　4　学習済みモデルに関する権利帰属や利用条件の設定

第4章　刑事法分野

Q4-1　ロボット・AIが犯罪に関わった場合、誰がどのような刑事責任を負うことが考えられますか。 ……………………………………………80
　　　1　ロボット・AIに関わる刑事責任
　　　2　ロボット・AIの刑事責任
　　　　（1）ロボット・AIの刑事責任を想定できるか
　　　　（2）ロボット・AIの「人格」
　　　　（3）ロボット・AIの「行為」
　　　　（4）ロボット・AIの責任能力
　　　　（5）ロボット・AIと刑罰
Q4-2　自動車の自動運転により事故が発生した場合に、運転者、設計者、製造者はどのような刑事責任を負うことが考えられますか。 …………84
　　　1　自動運転について
　　　2　運転者の刑事責任（自動運転車が交通事故を起こして人を死傷させた場合）

　　　　　　(1) レベル0〜2の場合
　　　　　　(2) レベル3の場合
　　　　　　(3) レベル4、5の場合
　　　　　3　自動運転自動車の設計者・製造者の責任
Q4-3　自動運転車による死傷事故が発生した場合に、プログラムの設計者や製造者が刑事責任を負わない場合とは、どのようなときですか。　…90
　　　　　1　トロッコ問題
　　　　　2　自動運転車について問題になるケース
　　　　　　(1) ケース1
　　　　　　(2) ケース2
　　　　　　(3) ケース3
　　　　　3　刑事法との関係
Q4-4　AIによる犯罪予測（予測警備）とはどのようなものですか。　………94
　　　　　1　予測警備（Predictivepolicing）とは何か
　　　　　2　予測警備の実態
　　　　　　(1) 海外の状況
　　　　　　(2) 国内の状況
　　　　　3　予測警備の効用と問題点
　　　　　　(1) 効用
　　　　　　(2) 予測警備の抱える問題点

第5章　行政法分野

Q5-1　AI・ロボットの活用が見込まれる行政分野には、どのようなものがありますか。………………………………………………………………102
　　　　　1　AI・ロボットと行政
　　　　　2　AI・ロボットの活用が見込まれる行政分野
　　　　　3　おわりに
Q5-2　行政分野でAI・ロボットを導入する場合、民間分野と比較してどのような点に注意する必要がありますか。……………………………107
　　　　　1　私法と公法（行政法）の違い

　　　　2　行政分野における注意点
　　　　　(1)　公益の多様性
　　　　　(2)　公益と経済的合理性
　　　　　(3)　プロセスの重視
　　　　　(4)　適用法令の違い
Q5-3　AI・ロボットは従来の法の世界では予定されていない技術であるため、その開発・製造・利用は行政が関与する領域ではありませんでした。これまで行政はどのようなときに、どのような目的で、どのような手法で技術や市場に関与してきたのですか。…………………………112
　　　　1　行政による関与手法
　　　　　(1)　規制的手法
　　　　　(2)　誘導的手法
　　　　　(3)　自主的取組手法
　　　　2　AI・ロボット分野と行政による関与手法の親和性
　　　　　(1)　規制的手法
　　　　　(2)　誘導的手法・自主的取組手法
　　　　3　おわりに
Q5-4　AI・ロボットに関する規制が不明確な場合や規制を受ける場合にどのような制度を利用することができますか。……………………………118
　　　　1　総論
　　　　2　グレーゾーン解消制度
　　　　3　新事業特例制度
　　　　4　特区
　　　　　(1)　総論
　　　　　(2)　構造改革特区
　　　　　(3)　国家戦略特区
　　　　5　その他の直近の動向
Q5-5　AI・ロボットの技術が実用化された場合、その安全性を確保するためにどのような行政による関与手法が用いられる可能性があるのでしょうか。……………………………………………………………………………125

　　　　1　AI・ロボットの領域の安全性の確保
　　　　2　安全性を確保するための関与手法
　　　　3　安全性の基準
　　　　4　事後的な関与手法
Q5-6　自動運転について、行政規制との関係で注意すべき法規制はありますか。………………………………………………………………………130
　　　　1　自動運転レベルの定義
　　　　2　自動運転に関連する法規制
　　　　　(1)　国際法の現状
　　　　　(2)　国内法の現状
　　　　　(3)　規制緩和等
　　　　3　自動運転をめぐる検討状況
　　　　4　まとめ
Q5-7　AI・ロボットは電気用品安全法の電気用品に該当しますか …………135
　　　　1　電気用品安全法の概要
　　　　　(1)　法の目的
　　　　　(2)　「電気用品」
　　　　　(3)　規制の概要
　　　　2　AI・ロボットが電気用品安全法の電気用品に該当するか
　　　　　(1)　はじめに
　　　　　(2)　電気用品安全法の対象となると判断された事例
Q5-8　AI・ロボットに消費生活用製品安全法の適用はありますか。…………140
　　　　1　消費生活用製品安全法の概要
　　　　　(1)　法の目的
　　　　　(2)　規制の対象となる生活用製品
　　　　　(3)　特定製品に対する規制の概要
　　　　　(4)　特定保守製品に対する規制
　　　　　(5)　消費生活用製品による重大製品事故の報告義務等
　　　　2　AI・ロボットに消費生活用製品安全法が適用されるか
　　　　　(1)　「消費生活用製品」として消費生活用製品安全法が適用され

　　　　　　　　　　　　　　　　　　　　　　　　　　　目次

　　　　　得ること
　　　　（2）「特定製品」、「特別特定製品」、「特定保守製品」該当性について
Q5-9　AI・ロボットが個人に関する情報を取り扱う場合、日本の個人情報保護法制との関係で留意すべき点はありますか。 …………………145
　　　1　適用される法令
　　　2　個人情報保護法制上の一般的な規制事項の概説
　　　　（1）個人情報の該当性（個人情報保護法2条1項等）
　　　　（2）目的外利用の制限（個人情報保護法15条等）
　　　　（3）適正な取得（個人情報保護法17条1項等）
　　　　（4）要配慮個人情報の取得制限（個人情報保護法17条2項等）
　　　　（5）安全管理（個人情報保護法20条～22条等）
　　　　（6）第三者提供の制限（個人情報保護法23条等）
　　　　（7）開示請求等への対応（個人情報保護法27条～30条等）
　　　　（8）匿名加工情報（非識別加工情報）（個人情報保護法36条～39条等）
Q5-10　AI・ロボットがプロファイリングをすることについて注意すべき点はありますか。 ………………………………………………………151
　　　1　プロファイリング規制の現状
　　　　（1）GDPRにおける規制
　　　　（2）アメリカでの議論
　　　2　日本の動向
Q5-11　民間事業者が商用目的でカメラ映像を用いて人工知能に分析させるシステムを開発・利用する場合に注意すべきことはありますか。
　　　　………………………………………………………………………158
　　　　1　カメラ画像の個人情報保護法上の位置付け
　　　　2　カメラ画像利活用ガイドブックVer 2.0の意義
　　　　（1）カメラ画像の保護と利活用に向けた取組み
　　　　（2）ケースごとの配慮事項の整理
　　　　（3）ケース：店舗内設置カメラ（人物の行動履歴の生成）

　　　　　（4）ケース：店舗内設置カメラ（リピート分析）
　　　　3　まとめ
Q5-12　AI・ロボットに電波法上の問題はありますか。また特定実験局制度を利用したいと思います。概要を教えてください。　……………………164
　　　　1　電波法の規制概要
　　　　2　免許を必要としない無線局
　　　　　（1）微弱無線局
　　　　　（2）小電力無線局
　　　　3　免許を必要とする無線局
　　　　　（1）申請
　　　　　（2）審査
　　　　　（3）予備免許
　　　　　（4）検査
　　　　　（5）簡易な免許手続
　　　　　（6）免許の有効期間
　　　　4　特定実験局制度
　　　　　（1）特定実験局制度の概要
　　　　　（2）特定実験試験局用周波数と使用期間
　　　　　（3）特定実験試験局の周波数の使用期間が短期間である理由
Q5-13　AI・ロボットを用いたアドバイス、高速取引に金融商品取引法の適用はありますか。　………………………………………………………170
　　　　1　金融行政のIT技術の進展への対応
　　　　2　ロボアドバイザーに対する取組み
　　　　　（1）ロボアドバイザーとは
　　　　　（2）金融商品取引法に基づく登録の要否
　　　　　（3）業務をめぐる法規範
　　　　3　高速取引に対する取組み
　　　　　（1）高速取引をめぐる動き
　　　　　（2）2017年一部改正金融商品取引法による整備
Q5-14　ドローンの飛行には、どのような法的規制に注意する必要があります

　　　　　　　　　　　　　　　　　　　　　　　　　　　　　目次

　　　　か。 ……………………………………………………………175
　　　　　1　航空法（1）
　　　　　　（1）規制対象となる機体
　　　　　　（2）規制対象となる空域
　　　　　　（3）無人航空機の飛行方法
　　　　　2　小型無人機等飛行禁止法（2）
　　　　　　（1）ドローンに関して規制対象となる機体
　　　　　　（2）規制対象となる空域
　　　　　3　各自治体の条例等
　　　　　4　電波法
　　　　　5　その他
Q5-15　AI・ロボットの保健医療分野における活用とその行政規制を教えて下
　　　　さい。 ………………………………………………………………180
　　　　　1　保健医療分野におけるAI・ロボットの活用
　　　　　　（1）ゲノム医療
　　　　　　（2）画像診断支援
　　　　　　（3）診断・治療支援
　　　　　　（4）医薬品開発
　　　　　　（5）介護・認知症
　　　　　　（6）手術支援
　　　　　2　医療機器規制
　　　　　3　医業の規制
　　　　　4　医療ビッグデータと個人情報
　　　　　　（1）医療保健プラットフォームの構築
　　　　　　（2）個人情報保護法の規制
　　　　　　（3）次世代医療基盤整備法の施行
Q5-16　AI・ロボットの介護分野における活用とその行政規制を教えて下さい。
　　　　……………………………………………………………………189
　　　　　1　介護分野におけるAI・ロボットの活用
　　　　　2　介護ロボット等に対する行政規制と開発上の注意点

　　　　　　　　　　　　　　　　　　　　　　　　　　　　　xiii

　　　　　(1) 行政規制
　　　　　(2) 安全性規格
　　　　　(3) 開発上の注意点

第6章　知的財産法分野

Q6-1　AI・ロボットに関して、知的財産法分野ではどのような問題がありますか？　全体像を教えてください。 ……………………………194
　　1　本稿の目的
　　2　AIに関する法律問題
　　　(1) AIに関する適用場面
　　　(2) AIのプログラム関連（Q6-2）
　　　(3) AIの学習関連（Q6-3）（Q6-4）
　　　(4) AIの生成物関連（Q6-5）（Q6-6）
　　3　近時の法改正の動向
　　　(1) 著作権法の平成30年改正（Q6-7）
　　　(2) 不正競争防止法の平成30年改正（Q6-8）
　　4　ロボット（の類似）に関する法律問題（Q6-9）

Q6-2　当社が開発したAIのプログラム自体を、知的財産法で保護することはできますか。プログラムを特許権で保護されることもあると聞きましたが、どのような内容でしょうか。 ……………………………198
　　1　はじめに
　　2　著作権法上の保護
　　3　特許法上の保護
　　　(1) 特許取得の必要性
　　　(2) 発明該当性
　　　(3) AIに対応した特許取得の必要性
　　　(4) AIプログラム特許の請求項

Q6-3　当社のAIを学習させるために①特定の第三者が有するデータの集合物を利用する場合、②インターネット上に不特定多数の者がアップロードしたデータを利用する場合に、知的財産法上の観点から、それぞれ

目次

　　　　どのような点に気を付ければよいですか。 ……………………………203
　　　　　1　はじめに
　　　　　2　特定の第三者が有するデータの集合物を利用する場合（①）
　　　　　　(1)　不正競争防止法および著作権法の留意点
　　　　　　(2)　データ提供に関する契約締結時の留意点
　　　　　3　インターネット上に不特定多数の者がアップロードしたデータを利用する場合（②）
　　　　　　(1)　不正競争防止法に関する留意点
　　　　　　(2)　著作権法に関する留意点
Q6-4　当社のAIに機械学習を行わせて、一定のパラメータ（学習済みモデル）を生成しましたが、このような学習済みモデルは知的財産法で保護されますか。学習済みモデルの利用にあたっては、どのような点に気を付ければよいですか。 …………………………………………………211
　　　　　1　学習済みモデル
　　　　　2　学習済みモデルの知的財産法による保護
　　　　　　(1)　特許法上のプログラムの発明としての保護
　　　　　　(2)　著作権法上のプログラムの著作物としての保護
　　　　　　(3)　不正競争防止法上の営業秘密としての保護
　　　　　3　他社の学習済みモデルの利用の注意点
　　　　　　(1)　学習済みモデル
　　　　　　(2)　再利用モデルまたは蒸留モデル
Q6-5　AIを用いた新薬の開発を行いましたが、特許を受けられますか。 …216
　　　　　1　AIが自律的に発明した場合
　　　　　　(1)　AIは発明者か
　　　　　　(2)　出願が行われた場合
　　　　　2　自然人がAIを活用して発明した場合
　　　　　3　AIによる発明と進歩性
　　　　　4　AIによる発明と実施可能要件
Q6-6　AIが創造的な音楽、絵画等の作品を作りましたが、著作権法で保護されますか。 ……………………………………………………………220

xv

　　　　1　AI生成物の実例
　　　　2　現行法による整理
　　　　　(1)　AI生成物の著作物該当性
　　　　　(2)　具体例
　　　　3　今後の課題
Q6-7　最近、著作権法に柔軟な権利制限規定が設けられたと聞きましたが、経緯について教えてください。この法改正は、AIとどのように関係しますか。 ……………………………………………………………………225
　　　　1　柔軟な権利制限規定制定の経緯と趣旨
　　　　2　新法30条の4とAI
　　　　　(1)　旧法の権利制限規定（47条の7）
　　　　　(2)　新法の権利制限規定（30条の4）
　　　　3　新法47条の5とAI
Q6-8　データの利活用に関して平成30年に不正競争防止法が改正されたと聞きましたが、経緯と改正内容について教えてください。この法改正は、AIやロボットとどのように関係しますか。 ………………………233
　　　　1　改正の経緯
　　　　2　改正概要
　　　　　(1)　保護対象となるデータ（限定提供データ）
　　　　　(2)　不正競争行為
　　　　3　AI・ロボットとの関係
Q6-9　当社の掃除用ロボットと似た形状、色、機能、名称をもった掃除用ロボットを、ライバル社が販売していました。販売を止めるためにどのような方法が考えられますか。 ………………………………………239
　　　　1　特許権に基づく差止請求
　　　　2　著作権に基づく差止請求
　　　　3　意匠権に基づく差止請求
　　　　4　商標権に基づく差止請求
　　　　5　不正競争防止法に基づく差止請求

第7章　国際問題

- Q7-1　AI・ロボットに関し、国際的にはどのような議論がされていますか。特に米国、欧州における最近の議論について教えてください。 ……246
  - 1　米国における動き
  - 2　欧州における動き
    - (1) 欧州一般
    - (2) 欧州各国における動き
  - 3　日本における動き
- Q7-2　AI・アルゴリズムによる競争制限行為（いわゆるデジタル・カルテル）が国際的に議論されていると聞きましたが、その内容について、教えてください。 ……………………………………………………………252
  - 1　問題の所在
  - 2　デジタル・カルテルの4類型
    - (1) 監視アルゴリズム
    - (2) パラレル・アルゴリズム
    - (3) シグナリング・アルゴリズム
    - (4) 自己学習アルゴリズム
  - 3　まとめ
- Q7-3　AI・ロボットに関しては、法令よりもガイドラインや指針といった、いわゆるソフトローで対応しようとする動きがあると聞きました。この点に関する国際的な動きを教えてください。 ……………………258
  - 1　問題の所在
  - 2　ソフトローに関する議論の概観
    - (1) 米国
    - (2) 欧州
    - (3) 日本
  - 3　今後のソフトローの動き
- Q7-4　AI・ロボットの軍事分野における利用や規制の動き、これに関する留意点について教えてください。 ……………………………………264

1　AI・ロボットの軍事利用リスク
　　2　軍事利用の実例
　　3　AI・ロボット兵器の規制に関する国際的な動き
　　4　今後留意すべきとされる事項
　　　（1）安全保障貿易管理
　　　（2）今後に向けて

編集・執筆者一覧 ……………………………………………………………269

凡例

個人情報の保護に関する法律
　→　個人情報保護法
行政機関の保有する個人情報の保護に関する法律
　→　行政機関個人情報保護法
独立行政法人等の保有する個人情報の保護に関する法律
　→　独立行政法人等個人情報保護法

※なお、本書の解説内容の基準日は 2019 年 1 月 1 日とした。

第1章
AI・ロボット法総論

第 1 章　AI・ロボット法総論

1　はじめに

　本書は、目覚ましく進展する AI・ロボット技術の動向を踏まえ、わが国における AI・ロボットに関する法務対応を Q&A 方式で概説するものである[1]。

　個別の Q&A に入る前に、第 1 章では、AI・ロボットの基礎的概念を概説し、AI・ロボットの有する社会的なインパクトを確認したうえで、本書の構成を述べることとする。

2　AI・ロボットの概念

(1)　ロボット

　「ロボット（robot）」という単語は 1920 年に小説家のカレル・チャペックが発表した戯曲『ロッサムの万能ロボット』[2]で初めて用いられ、チェコ語で強制労働を意味する robota（ロボッタ）に由来する造語であるといわれている。ロボットは "sense-think-act" cycle、すなわち感知し、考え、行動するという三要素を有する機械と定義されることが多い。独立行政法人新エネルギー・産業技術総合開発機構（NEDO）の「NEDO ロボット白書 2014」（2014 年 3 月）[3]においても、ロボットを「センサ、知能・制御系、駆動系の 3 つの要素技術を有する、知能化した機械システム」として、3 要素による定義を行っている[4]。

　わが国の法・政策においても、このロボット工学における 3 要素に基づく定義に依拠する場合もあるが、ロボット工学上の定義とは異なる法・政策の見地から定義を模索する見解もある。例えば、ライアン・カロは、革新的技術であ

---

(1) AI・ロボット法に関する概説としては、宍戸常寿「ロボット・AI と法をめぐる動き」弥永真生＝宍戸常寿編『ロボット・AI と法』（有斐閣、2018 年）1 頁以下が詳細である。

(2) 邦語訳として、カレル・チャペック（千野栄一訳）『ロボット』（岩波文庫、2003 年）。

(3) ロボット法におけるロボットの定義としてこの 3 要素で定義するものとして、平野晋『ロボット法　AI とヒトの共生にむけて』（弘文堂、2017 年）55 頁。

(4) 独立行政法人新エネルギー・産業技術総合開発機構「NEDO ロボット白書 2014」（2014 年 3 月）1-1～1-3 頁。なお、政府の設置したロボット革命実現会議「ロボット新戦略」（平成 27 年 2 月 10 日）8 頁は、「3 要素の全てを兼ね備えた機械のみをロボットと定義することでは、実態を捉えきれなくなる可能性がある」として、より広範な次世代ロボットの構想をも射程に入れている。

るロボットの本質的特徴について、具現性、創発性および社会的な値の3点にあると指摘する。⁽⁵⁾ロボットは、単にデータにとどまらず物理的世界に影響を与えるという意味で具現性を有し、環境適合的なシステムとして作動するという意味で創発性を有し、擬人的な姿・形により社会的な位置価を獲得し得るという意味で社会的な値を有し得る。

　ロボットの定義をどのように考えるかの問題はあるにしろ、特に注目を浴びているロボットの特徴は、ロボットが創発性（または自律性）をもって自ら「考える」という点である。従来でも産業用ロボットは存在しており産業用ロボットをめぐる法務も存在していたが、⁽⁶⁾近年は技術の進展により従来型の産業用ロボットとは異なる自律性または創発性を有するAI・ロボットが登場しつつあることにより、新たな法務対応が必要になってきている、といえよう。

(2)　AI

　ロボットと区別されている概念として、AI（人工知能、artificial intelligence）がある。AIとは、推論・判断などの人間の知的機能を人工的に実現するための研究またはこれらの機能を備えたコンピューター・システムである。1956年のダートマス会議において、アメリカのジョン・マッカーシーがartificial intelligenceを初めて命名したといわれている。AIは、いわばロボットの脳に当たる部分の研究といえよう。法的にロボットとAIを区別し、両者の技術の境界線を定めることができるかは必ずしも明らかではないが、⁽⁷⁾AIの起源・意味内容・歴史をここで簡単に確認しておく。

　人工知能の歴史は、3つのブームの観点から語られることが多い（図表1-1）。

---

(5) 具現性（embodiment）、創発性（emergence）および社会的な値（social valence）については、Ryan Calo, Robotics and the Lessons of Cyberlaw, 103 Calif. L. Rev. 532-49 (2015).

(6) ISO（国際標準規格）およびJIS（日本工業規格）は人間の制御可能な産業用ロボットを想定していることを指摘したうえで批判的検討を加え、人間の制御不可能なものを含むサイバネティクス（Cybernetics）やオートマトン（automaton）の概念によりロボットを定義付けることを試みるものとして、夏井高人「アシモフの原則の終焉——ロボット法の可能性——」法律論叢89巻4・5合併号175頁以下。

(7) Jack M. Balkin, The Path of. Robotics Law, California Law Review Circuit vol. 6 pp. 45-46 (2015).

第1章　AI・ロボット法総論

　第1次AIブームは、1950年代後半から60年代である。コンピュータの発達に伴い高速度の「推論と探索」が可能になり、特に冷戦下のアメリカでは自然言語処理による機械翻訳に力を入れた開発が行われた。第2次AIブームは1980年代であり、専門分野の知識を取り込み推論するエキスパート・システムの開発に注力された。第3次AIブームは2000年代から現在まで続いており、人工知能技術における機械学習および機械学習の手法として特にディープラーニング（深層学習）という分野が注目を浴びている。
　「機械学習」とは、「あるデータの中から一定の規則を発見し、その規則に基づいて未知のデータに対する推測・予測等を実現する学習手法の一つ」であり、機械学習の一手法である「ディープラーニング」とは、「ニューラルネット（脳の情報処理を模して開発された機械学習の一手法）を多層において実行することで、より精度の高い推論を目指した手法」をいう。[8]2015年にディープラーニング技術を用いたコンピュータ囲碁プログラムのAlphaGo（アルファ碁）が人間のプロ囲碁棋士を破ったニュースは、記憶に新しい。
　第3次AIブームは、コンピュータのハードウェア性能の飛躍的進歩が、インターネットの普及によるビッグデータの爆発的増加と相まって、今後も一定程度継続していくものと考えられる。

(3) 強いAI／弱いAIの区別と本書の対象
　AIの定義は確立していないが、強いAIと弱いAIを区別して理解しておくことは有用であろう。AIは、①人間の知能そのものをもつ機械を作ろうとする立場からの汎用的なAI（以下、「強いAI」という）と、②人間が知能を使ってすることを機械にさせようとする立場からのAI（以下、「弱いAI」という）に大別でき、現在、主に実用化が進められているAI技術は特に機械学習を用いた弱いAIであって、現時点のわが国の契約法務でも弱いAIを念頭に置いた対応がなされている。[9]

---

[8] 経済産業省「AI・データの利用に関する契約ガイドライン―AI編―」（平成30年6月）〈http://www.meti.go.jp/press/2018/06/20180615001/20180615001-3.pdf〉9～10頁。
[9] 経済産業省・前掲（注8）9頁。

図表 1-1　人工知能（AI）の歴史

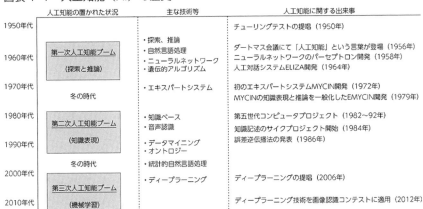

出典：株式会社野村総合研究所「ICT の進化が雇用と働き方に及ぼす影響に関する調査研究　報告書」（平成 28 年 3 月）15 頁。

　もっとも、今後の AI 技術の進展によっては「強い AI」が登場し、ヒト類似の振る舞いをし始めることも想定し得る。
　本書では、現行法の下でも法務対応が迫られている弱い AI を主な対象としつつも、強い AI のようなヒト類似の振る舞いをするようになった場合の近未来的な状況についても必要に応じて言及を行う。

3　AI・ロボットのインパクト

(1) シンギュラリティ：2045 年問題

　従来型の産業用ロボットとは異なるいわば考える AI・ロボットの登場は、どのようなインパクトを有しているのであろうか。
　まずは、アメリカ合衆国の未来学者であり、現在はグーグル研究部門の最高責任者であるレイ・カーツワイルの提唱した「シンギュラリティ（技術的特異点）」概念とそれに伴う「2045 年問題」が重要である。カーツワイルが 2005 年に出版した "The Singularity Is Near: When Humans Transcend Biology" では、2045 年に AI が人類を超える技術的特異点の存在が予言された。カーツ

第1章 AI・ロボット法総論

ワイルは、アメリカの半導体素子メーカーインテル社の共同創設者ゴードン・ムーアが1965年に唱えた半導体の集積密度が18〜24か月で倍増するという、いわゆるムーアの法則になぞらえて技術の指数関数的な進化が起こる収穫加速の原則を提唱し、この指数関数的な未来予測に基づき、AIが自身のAIよりも賢いAIを産出する技術的特異点が2045年に到来する、と主張した。現在では、シンギュラリティが2045年に到来するという見解には否定的な意見が多いが、ディープラーニング技術などによりAI・ロボットが人類を上回るという現象それ自体は発生しつつある。(11)

(2) 第4次産業革命

シンギュラリティが現実に到来するかどうかはともかくとして、18世紀末以降の水力・蒸気機関による工場の機械化による第1次産業革命、20世紀初頭の分業に基づく電力を用いた大量生産による第2次産業革命、1970年代初頭以降の電子工学・情報技術を用いた一層のオートメーション化による第3次産業革命に引き続き、IoT、ビッグデータおよびAIの発展によって第4次産業革命が到来する、といわれている。(12)2016年1月、スイス・ダボスで開催された第46回世界経済フォーラム（World Economic Forum：WEF）の年次総会（通称「ダボス会議」）では主要テーマとして「第4次産業革命の理解」が取り上げられ、翌年2017年1月のダボス会議においても、第4次産業革命の議論が行われ、人工知能（AI）やロボット技術などを軸とする第4次産業革命についての議論が活発になされた。わが国における産業革命の歴史の説明でも、図表1-2のような説明がなされるようになってきている。

---

(10) 邦語訳として、レイ・カーツワイル（井上健ほか訳）『ポスト・ヒューマン誕生　コンピュータが人類の知性を超えるとき』（日本放送出版協会、2007年）。
(11) 中西崇文『シンギュラリティは怖くない　ちょっと落ちついて人工知能について考えよう』（草思社、2017年）は、シンギュラリティはもう起きているが、人間はそれに気づいていないことを指摘する。もっとも、ここでいうシンギュラリティは「AIが人類を超える」という意味においてであり、カーツワイル的なシンギュラリティの到来をいっているわけではない。
(12) 内閣府政策統括官（経済財政分析担当）「日本経済2016-2017」（平成29年1月）第2章第1節。

3　AI・ロボットのインパクト

図表 1-2　第 4 次産業革命のインパクト

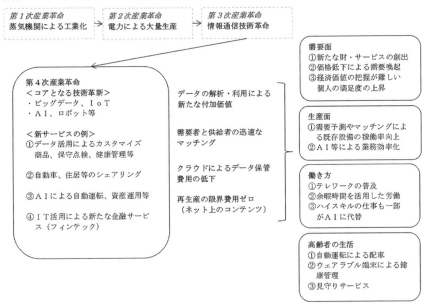

出典：内閣府ウェブサイト〈http://www5.cao.go.jp/keizai3/2016/0117nk/img/n16_4_a_2_01z.html〉

(3) Society 5.0

また、AI・ロボット技術の進展に伴い、狩猟社会（Society 1.0）、農耕社会（Society 2.0）、工業社会（Society 3.0）、情報社会（Society 4.0）に続くわが国の目指すべき社会像として、Society 5.0 の概念が提唱されている[13]。Society 5.0 は、ICT を最大限に活用し、サイバー空間とフィジカル空間（現実世界）とを融合させた取組により、人々に豊かさをもたらす「超スマート社会」のことをいう。第 4 次産業革命によりもたらされる新たな価値やサービスにより、Society 5.0 の社会を実現することがわが国の政策目標となっている。

---

[13] 以下の Society 5.0 に関する解説については、「第 5 期科学技術基本計画」（平成 28 年 1 月 22 日閣議決定）10 頁以下参照。

(4) AI社会原則

内閣府に設置された「人間中心のAI社会原則検討会議」は、Society 5.0に向けて人間中心のAI社会原則（Principles of Human-centric AI society。図表1-3）を策定することを試み、G7およびOECD等の国際的な議論に供するための議論を行っているところであり、同会議で策定された理念・ビジョン・共通的な原則を踏まえて、各省・各団体が人工知能学会倫理指針、総務省AI開発原則、総務省利活用原則、経済産業省AI・データ契約ガイドライン、経団連AI活用原則等の個別原則・指針・ガイドライン・ルールを具体化していくことが予定されている。[14]

図表1-3 人間中心のAI社会原則

①	人間中心の原則
②	教育・リテラシーの原則
③	プライバシー確保の原則
④	セキュリティー確保の原則
⑤	公正競争確保の原則
⑥	公平性、説明責任及び透明性の原則
⑦	イノベーションの原則

出典：「人間中心のAI社会原則（案）」〈http://www8.cao.go.jp/cstp/ai_gensoku.pdf〉

4 本書の構成

(1) 論述の視点

急速に進展するAI・ロボットの社会的なインパクトに対して法律実務も対応していく必要があり、その立法上および解釈上の問題を取り扱うことは実務上極めて重要である。AIのような新しい問題に対して、どのようなアプロー

---

(14) 人工知能技術戦略会議事務局「人間中心のAI社会原則検討会議活動状況」（平成30年6月26日）8頁。

チで取り組むかについては議論があり得るが、憲法、民事法、刑事法、行政法、知的財産法等の伝統的な法学分野の見地から問題点を洗い出すことが有益であろうと思われる。

そのため本書では、憲法分野（第2章）、民事法分野（第3章）、刑事法分野（第4章）、行政法分野（第5章）、知的財産法分野（第6章）、国際問題（第7章）のテーマに分け、それぞれの分野におけるAI・ロボットの法律問題を解説する方式とした。なお、Q&A方式の書籍という性質上、各分野のAI・ロボット法の法律問題を体系的かつ網羅的に扱うのではなく、とりわけ注目されている論点に絞った形としている。

(2) 憲法分野（第2章）

憲法分野では、AI・ロボットに憲法上の権利が認められるかという憲法上の権利享有主体性（Q2-1）を論じたうえで、AIによるプロファイルの問題を含むプライバシーの問題（Q2-2）、平等原則の問題（Q2-3）、行動ターゲッティング広告の問題（Q2-4）、人間の投票行動を左右し得るデジタルゲリマンダリングの問題（Q2-5）を取り扱った。

(3) 民事法分野（第3章）

民事法分野では、AI・ロボットの関与した契約の効果帰属の問題（Q3-1）、AI・ロボットにより引き起こされる不法行為の問題（Q3-2）、AI・ロボットの製造物責任の問題（Q3-3、Q3-4）、近年検討が特に進んでいる自動運転車の民事法上の論点（Q3-5）、AIを利用したソフトウェア開発委託契約の留意点（Q3-6）を論じている。

(4) 刑事法分野（第4章）

刑事法分野では、AI・ロボットをめぐる犯罪に関して、誰がどのような刑事責任を負い得るかを検討したうえで（Q4-1）、特に自動運転車に関する運転者、設計者、製造者等の刑事責任の問題を取り上げて検討した（Q4-2、Q4-3）。また、犯罪捜査との関係では、AIによるビックデータ分析を用いた犯罪予防を行う予測警備の問題を取り上げた（Q4-4）。

第1章　AI・ロボット法総論

(5) 行政法分野（第5章）

　行政法分野では、まずAI・ロボットの行政分野での活用の具体例を確認し（Q5-1)、民間分野と比較した場合における行政分野でAI・ロボットを導入する場合の注意点を確認し（Q5-2)、行政が技術・市場に関与する際の手法をAI・ロボット分野にも投入し得るかを検討した（Q5-3)。さらに、AI・ロボットをめぐる行政規制が不明確な場合に利用可能な制度を概説した（Q5-4)。

　また、AI・ロボットに関する行政法各論の問題に関して、特に注目されているトピックを取り上げて解説をした。第1に、AI・ロボット技術の安全法に関する概説を行ったうえで（Q5-5)、自動運転車をめぐる行政規制（Q5-6)、電気用品安全法（Q5-7)、消費生活安全法（Q5-8）について概説した。第2に、個人情報保護法・プライバシー法との関係で、AI・ロボット活用の個人情報保護法上の留意点を解説し（Q5-9)、特にプロファイリングの問題（Q5-10）やAIによるカメラ画像分析の問題（Q5-11）について解説した。第3に、その他の問題として、電波法（Q5-12)、金融商品取引法（Q5-13)、ドローン規制（Q5-14)、保健医療分野（Q5-15)、介護分野（Q5-16）の問題について解説を行った。

(6) 知的財産法分野（第6章）

　特許法、著作権法、商標法、意匠法、不正競争防止法等の知的財産法分野でも、AI・ロボットの問題は生じている。第6章ではAI・ロボットに関する知的財産法の問題を素描したうえで（Q6-1)、AIのプログラム自体の保護（Q6-2)、AIの学習用データの保護（Q6-3)、学習済みモデルの保護（Q6-4)、AIの生み出した生成物に対する知的財産法上の権利（Q6-5、Q6-6）について検討した。

　また、近時の法改正の動向について著作権法の2018年改正（Q6-7)、不正競争防止法の2018年改正（Q6-8）について解説を行った。

　さらに、通常の量産型ロボットを想定し、他社が類似するロボットを販売した場合の法務対応について解説をした（Q6-9)。

(7) 国際問題（第7章）

　国際問題に関する第7章では、まず特に米国・欧州に焦点を当てながらAI・ロボットに関する国際的議論を解説した（Q7-1）。

　そして、AI・ロボットをめぐる国際問題で特に問題となっているAI・アルゴリズムによるデジタル・カルテルの問題（Q7-2）、国際的なソフトローの問題（Q7-3）、軍事分野におけるAI・ロボットの利用・規制（Q7-4）について検討した。

（大島義則）

第2章
憲法分野

第 2 章　憲法分野

> *Q2-1*　AI・ロボットに憲法上の権利は認められますか。技術の進展に応じて、憲法上の権利に関する議論は変わりますか。

Point
・サウジアラビアの AI を備えた人型ロボット「ソフィア」や東京都渋谷区の会話型 AI「渋谷みらい」など、AI・ロボットに一定の権利を付与する報道が話題になったが、AI・ロボットの憲法上の権利が認められたものではない。
・技術の進展によっては、AI・ロボットに憲法上の権利を付与すべきとする見解が唱えられている。

1　問題の所在

　2017 年 10 月、サウジアラビアが AI を備えた人型ロボット「ソフィア」に市民権を付与すると発表し、同年 11 月、東京都渋谷区が会話型 AI「渋谷みらい」に特別住民票を交付するなど、AI・ロボットに一定の権利を付与する報道が話題になった。もっとも、これらの事例は広報政策の一種であって何らかの憲法上の権利が AI・ロボットに付与されたものではなく、アニメキャラクターなどに与えられる特別住民票的なものと評価されており、現実に AI に憲法上の権利が付与された事例は存在しない。また、2017 年 1 月、欧州議会は「ロボティクスに係る民事法的規則に関する欧州委員会への提言」において、洗練された自律型ロボットについて将来的に電子人（electronic persons）の地位を認める可能性に言及したが、これも民事法的な帰責点としての人が問題と

---

(1) 工藤郁子「自然人、法人に次ぐ『電子人』概念の登場」ビジネス法務 2018 年 2 月号 4 頁。憲法上の権利に関する検討はないが、人工知能に対する法人格の付与に関する包括的な検討を行うものとして、斉藤邦史「人工知能に対する法人格の付与」情報通信学会誌 35 巻 3 号 19 頁。

されていた点には留意が必要である。

　人工知能学会によれば、「強い AI」として「人間の知能そのものをもつ機械を作ろうとする立場」と「弱い AI」として「人間が知能を使ってすることを機械にさせようとする立場」の研究がある。経済産業省「AI・データの利用に関する契約ガイドライン―AI 編―」（平成 30 年 6 月）でも、強い AI／弱い AI という区分自体を受容しつつ、主として「弱い AI」を想定したガイドラインを作成しているが、今後の AI 技術の進展によっては「強い AI」が登場し、ヒト類似の振る舞いをし始めることも想定し得る。

　そのため、現時点の AI・ロボットに憲法上の権利を付与しようとする議論は見当たらないものの、将来、AI・ロボットが人間と同等の人格や能力を保有するようになった場合において AI・ロボットに憲法上の権利が認められるかについては、盛んに論じられている。この点に関する支配的見解は存在しないが、本項目ではわが国における「憲法上の権利」の意味内容を確認したうえで、いくつかの考え方を紹介する。

2　憲法上の権利とは何か

　近年のわが国の憲法学では、実定化以前の超実定的・超制度的な「人権」と実定化された後の解釈対象としての「憲法上の権利」の用語を区分し、実定法解釈の対象として後者の憲法上の権利を想定する見解が強い。そして、日本国憲法は第 3 章で「国民の権利及び義務」を定めており、具体的に実定化された

---

(2) European Parliament, Report with recommendations to the Commission on Civil Law Rules on Robotics（2015/2103（INL））.
(3) 人工知能学会ウェブサイト〈https://www.ai-gakkai.or.jp/whatsai/AIwhats.html〉
(4) 経済産業省「AI・データの利用に関する契約ガイドライン-AI 編―」（平成 30 年 6 月）〈http://www.meti.go.jp/press/2018/06/20180615001/20180615001-3.pdf〉9 頁。
(5) ロボット権に関する議論状況については、平野晋『ロボット法　AI とヒトの共生にむけて』（弘文堂、2017 年）242 頁以下が詳しい。
(6) 宍戸常寿「『憲法上の権利』の解釈枠組み」安西文雄ほか『憲法学の現代的論点（第 2 版）』（有斐閣、2009 年）231 頁以下、駒村圭吾『憲法訴訟の現代的転回』（日本評論社、2013 年）7 頁。そのため超実定的・超制度的な「人権」が AI・ロボットに認められるかという問いと「憲法上の権利」が AI・ロボットに認められるかという問いは、区別されるべきであろう。

憲法上の権利を列挙している。例えば、幸福追求権（13条後段）、平等原則・平等権（14条1項）、思想・良心の自由（19条）、信教の自由（20条1項前段）、表現の自由（21条1項）、居住移転の自由（22条1項）、職業選択の自由（同項）、学問の自由（23条）……などである。これらの憲法上の権利は日本「国民」に保障されるものであるが、外国人や法人にも同様に憲法上の権利が保障されるかについては議論がある。

マクリーン事件（最大判昭和53・10・4民集32巻7号1223頁）は「憲法第三章の諸規定による基本的人権の保障は、権利の性質上日本国民のみをその対象としていると解されるものを除き、わが国に在留する外国人に対しても等しく及ぶものと解すべき」としており、外国人にも権利の性質に照らして憲法上の権利を保障している。また、八幡製鉄所事件（最大判昭和45・6・24民集24巻6号625頁）は、「憲法第三章に定める国民の権利および義務の各条項は、性質上可能なかぎり、内国の法人にも適用されるものと解すべきである」としている。すなわち、外国人や法人の憲法上の権利の享有主体性は一定限度で認められるものと解されている。

このようにわが国では法人のように自然人ではない者についても憲法上の権利の享有主体性が認められていることから、ヒト類似のAI・ロボットが登場した場合に憲法上の権利の享有主体性を認める余地があるのではないかが問題になる。

3　AI・ロボットの憲法上の権利をめぐる議論

(1) 1992年のローレンス・B・ソラムの議論

AI・ロボットの権利主体性を考える際にまず引用されるのが、ローレンス・B・ソラムの「人工知能の法人格」という論文(7)である。

ソラムは、多様な能力と高度な知性を備えたAIが登場する未来を想定し、法は人類のような知的能力を備えたAIに対して憲法上の権利を承認すべきか

---

(7) Lawrence B. Solum, Legal Personhood for Artificial Intelligences, 70 N. C. L. Rev, 1231 (1992). 同論文を検討したものとして、青木人志「『権利主体性』概念を考える——AIが権利をもつ日は来るのか」法学教室443号54頁。以下では、Solumの論文のうち1255頁以下の議論を要約紹介する。

について検討を加える。ソラムによれば、この問いに対する回答は憲法上の権利の性質および当該権利の正当化根拠の理解により変わり得る。例えば、表現の自由について思想の自由市場の理論に関する功利主義的な理解を採用した場合、理論上は AI に比較的に簡単に表現の自由を認めることができる。AI の行動は有用な情報の産出を促進し得るため、AI に表現の自由を認めることが人にとって最良の結果を生み出し得るからである。しかし、表現の自由の正当化根拠を話し手の自律性を保護することに求めた場合、AI に表現の自由を認めるためには AI は自律的か否かという問いに答えなければならなくなる。ソラムは、このように議論を整理したうえで、AI の人格性を保護することを理由として AI に憲法上の権利を与えるべきかどうかについて検討をする。

ソラムは、AI に憲法上の権利を認めることに対する 3 つの異論——すなわち、①AI は人ではないこと、②AI は人格に関する決定的要素（ソラムは、魂、意識、意図、感情、利益、自由意志の 6 種類の要素を想定する）を欠いていること、③AI はその作者の所有物以上のものではないことを指摘する。

以上のソラムの人格性の議論およびそれに対する 3 つの反論の議論は、現在においても基本的には妥当しよう。すなわち、①憲法上の権利の正当化根拠について功利主義的理解をした場合には、客観的な効用増大が認められる限りにおいて AI・ロボットにも憲法上の権利を付与する余地があり、②仮に自律性・人格性等の主観的権利性に憲法上の権利の根拠を求めた場合にはソラムの人格性をめぐる論点が同様に問題になってくる、と考えられる。

(2) 法人論、動物の権利論

そのほか、法哲学の観点から自然人・法人に存在論的な差異を認めずに、「機械知性」についても人格性を政策的考慮により措定し得るとする見解など法人論の応用により AI の権利問題を解決するアプローチや、動物の権利論を参照しつつ、AI の憲法上の権利を動物とのアナロジーで考えるアプローチな

---

(8) 大屋雄裕「自律と責任における顕教と密教」ICT インテリジェント化影響評価検討会議第 1 回資料 11（2016 年 2 月 2 日）〈http://www.soumu.go.jp/main_content/000400437.pdf〉。

(9) 青木・前掲（注7）59 頁以下。動物と AI の権利との関係については大屋雄裕「外なる他者・内なる他者——動物と AI の権利」論究ジュリスト 22 号 48 頁も参照。

第 2 章　憲法分野

ども提唱されている。

4　まとめ

　以上のように人間、法人、動物等のアナロジーを根拠に、AI・ロボットの憲法上の権利の承認可能性が議論されている。現時点では AI・ロボットに憲法上の権利を認める論者はいないが、将来的な技術の進展によっては強い AI に憲法上の権利を認めていく議論もあり得よう。

　他方で、「法人」、「外国人」、「自然人」とのアナロジーで AI・ロボットに人権享有主体性を認める議論の難点を指摘しつつ、動物愛護法の虐待禁止規制と同様の保護を AI に認める余地を示す見解もある。[10]

（大島義則）

---

(10) 栗田昌裕「AI と人格」山本龍彦編著『AI と憲法』（日本経済新聞出版社、2018 年）233 頁以下。

> Q2-2　AI・ロボットは、プライバシーとの関係で問題を引き起こしませんか。特に、家庭用ロボットや AI を使ったプロファイリングには、どのような問題があるでしょうか。

Point
- 家庭用ロボットにより、私的領域として守られてきた生活空間においてプライベートな情報が収集され、これまで想定されなかった新たなプライバシー侵害が生じるおそれがある。
- AI を使ったプロファイリングでビッグデータを分析することにより、個人の私的事項が推知され、その人の「事実」ないし「真実」として取り扱われるなど、プライバシー侵害のおそれがある。

1　AI・ロボットとプライバシー

　AI・ロボットにより、これまでとは異なる新たなプライバシーに関する問題が生じ得る。本問では、ロボットが家庭内に入り込むなど、これまでプライベートな空間として守られてきた領域で情報が収集されることによるプライバシー侵害の問題と、ビッグデータ社会における AI を使ったプロファイリングによるプライバシー侵害の問題を取り上げる。

2　プライバシーの権利

(1) 伝統的プライバシー権と自己情報コントロール権

　プライバシー権は、1890 年に、サミュエル・D・ウォーレンとルイス・D・ブランダイスが、『ハーバード・ロー・レビュー』誌に「プライバシーの権利」[1]を発表し、「ひとりにしておかれる権利」を提唱したことから始まり[2]、私事の

---

(1) Samuel D. Warren & Louis D. Brandeis, *The Right to Privacy*, 4 Harv. L. Rev. 193 (1890).

公開・私生活への侵入からの自由[3]と理解されてきた。

　日本においては、プライバシーの権利は、『宴のあと』事件判決（東京地判昭和 39・9・28 下民集 15 巻 9 号 2317 頁）を契機に認識されるようになった。この判決は、「私生活をみだりに公開されない権利」をプライバシーの権利として認めており、上記の伝統的な理解の延長線上にある[4]といえる。

　このような伝統的な理解に対し、高度情報通信化社会の進展に伴って、1960 年代後半以降、プライバシーの権利を「自己に関する情報をコントロールする権利」として捉える見解[5]が現れ[6]、現在の通説的見解となっている。

(2) プライバシーの権利性

　プライバシーの権利は、個人の人格価値そのものに関わる権利であることから、個人の尊重と幸福追求権を規定する憲法 13 条によって保障される[7]。

　私人間においては、プライバシーは、各人の人格に本質的な利益として私法上の人格権の 1 つとして認められている[8]。そこで、プライバシー侵害は人格権の侵害として検討され、人格権は憲法 13 条を根拠とすることから、その趣旨を踏まえ民法 709 条が解釈適用される。

3　ロボットとプライバシー

(1) 私的領域への侵入の問題

　最近では、IoT 家電、掃除ロボット等のスマート家電や AI スピーカーが、一般に広く利用されるようになっている。また、今後、家庭内で介護や家事を担う家庭用ロボットの登場も予想される。さらに、介護や家事といった仕事をこなすのみではなく、家族や友人のようなコミュニケーションをとるロボット

---

(2) 石井夏生利「伝統的プライバシー理論へのインパクト」福田雅樹ほか編著『AI がつなげる社会　AI ネットワーク時代の法・政策』（弘文堂、2017 年）198 頁。
(3) 芦部信喜『憲法学 II 人権総論』（有斐閣、1994 年）370 頁。
(4) 最高裁判所判例解説民事篇平成 20 年度 152 頁。
(5) 佐藤幸治『日本国憲法論』（成文堂、2011 年）181 頁以下、芦部・前掲（注 3）378 頁以下。
(6) 最高裁判所判例解説民事篇平成 20 年度 153 頁。
(7) 佐藤・前掲（注 5）182 頁。
(8) 芦部・前掲（注 3）359 頁。

も、すでに登場しているかもしれない。

　このような家電やロボットは、これまで私的領域として守られてきた生活空間に入り込むため、その利用には、あらゆる私生活上の情報が収集されてしまうといったリスクを伴う。

　例えば、内蔵されたカメラで撮影した画像データや、マイクで録音した音声データを、サーバへ送信するペットロボットもある。(9)また、AIスピーカーは、トリガーワードが検出されると、それに続く会話の録音が行われ、録音された内容がリクエスト処理のためにサーバに送信される。(10)

　このように、私的領域において取得された情報が企業によって収集され、保存されると、例えば、捜査機関は当該企業に対する令状を取得すれば、これまで取得が困難であったこの種の情報を容易に得られることになる。収集された情報がマーケット目的で利用されたり、第三者に盗まれることも考えられ、さらに、後述の4で取り上げる、プロファイリングにも利用され得る。

(2) 情報コントロールの困難性

　また、多くの調査によれば、人々は、ロボットのような高度に擬人化された

---

(9) 例えば、ソニー株式会社が開発するエンタテインメントロボット「aibo」など。なお、「aibo」のプライバシーポリシーには、同社が「aibo」より取得する情報および利用目的等が記載されている。「aibo プライバシーポリシー」〈https://aibo.sony.jp/terms/pdf/aibo-privacy.pdf〉

(10) Apple 社の HomePod については、「プレスリリース6月5．2017」〈https://www.apple.com/jp/newsroom/2017/06/homepod-reinvents-music-in-the-home/〉において「HomePod では、「Hey Siri」という声がローカルのデバイスに認識されて初めて、情報が暗号化されて、匿名のSiri 識別子を使って Apple のサーバーに送られます。」とされ、「iOS Security iOS 12.1 November 2018」〈https://www.apple.com/jp/business/site/docs/iOS_Security_Guide.pdf〉において、録音されたユーザの音声は6か月間保存、6か月後は別のコピーを識別子なしで最長2年間保存（筆者訳）、とされている。また、Google 社の Google Home については、「Google Home のデータセキュリティとプライバシー」〈https://support.google.com/googlehome/answer/7072285?hl=ja〉において、「ユーザーが『OK Google』と言ったこと、または、ユーザーがGoogle Home デバイス上面を長押ししたことが Google Home で検出されると、録音が行われていることを示すためにデバイス上部の LED が点灯し、Google Home で会話の録音が行われ、録音された内容（数秒の起動ワードの録音を含む）がリクエスト処理のために Google に送信されます。録音データは［マイアクティビティ］からいつでも削除できます。」とされている。

第2章　憲法分野

技術に対して、あたかも人が現実に存在するかのように生来的に反応する傾向があり、観察され評価されているとの感覚をもつ[11]。

そのため、あたかも家族や友人と接しているかのように錯覚し、実際には、動画や音声等のデータが取得され、そのロボットを提供する企業に収集・利用されていたとしても、その認識が薄れ、意識できなくなってしまう。

さらに、このようなプライバシーの問題があったとしても、そもそも、利用者は、自らの意思でそのロボットを利用しているのであり、どのような情報がロボットにより取得され、企業により収集されるか、また、どのような目的で利用されるかについて、あらかじめ知ったうえで同意している（少なくとも形式的にはそうなっているはずである）ことから、プライバシー侵害の主張をすることが困難であるといった問題もある。

4　プロファイリングとプライバシー

(1) プロファイリング

いわゆるプロファイリング[12]は、人事労務の分野におけるHRテクノロジー（HRテック）や、金融分野におけるファイナンス・テクノロジー（Finテック）等での活用が注目されている。身近な例としては、オンラインショッピングでのレコメンド機能や、ターゲティング広告での利用が挙げられる。

(2) 現代的プロファイリング

「プロファイリング」を、いくつかの個人情報から、ある人物の個人的側面を予測するものとして単純に捉えるならば、それはビッグデータ社会以前にも存在していた。ビッグデータ社会における現代的なプロファイリングと（ビッグデータ社会以前の）古典的なプロファイリングの違いについては、①データ量（プロファイリングの際に用いられるデータの量が大きく異なる）、②自動性（アルゴリズムがコンピュータ上で自動的に対象者の個人的側面を予測する）、③科学的信憑性（豊富なデータ量と人間の直感を排した自動処理によって行われるため、

---

(11) 石井・前掲（注2）204頁。
(12) プロファイリングの定義等詳細についてはQ5-10参照。

その結果に対する科学的信憑性(および外見的客観性)が一般に高くなる。また、科学的信憑性の高さゆえに、確率的判断にすぎないプロファイリング結果(対象者の虚像)と、対象者そのもの(実像)とのギャップ(余剰)を縮減させることがある)、④意外性(予見困難性)(人間が予見し難い意外性の高いデータが広く用いられる傾向がある。使用データの意外性から、対象者に対して、いかなる行動がプロファイリングに用いられているのかについての予見を与えない)、⑤項目の広範性・細目性((プロファイリングの項目として)相当に細かい個人的事項までをも予測・評価できるようになってきている)、との指摘がなされている。[13]

(3) 現代的プロファイリングの問題点

現代的プロファイリングにおいては、上記⑤のとおり、相当に細かい個人的事項までをも予測・評価できるようになってきており、例えば、その人が罹患している病名とその進行度合いといった、センシティブな私的事項もその対象となり得る。

このようなセンシティブな私的事項は、前述した伝統的プライバシーの理解においても、秘匿性の高い情報として、また、自己情報コントロール権の理解においてもその人の道徳的自律の存在に関わる情報として、プライバシーの権利の対象事項となる。[14]

もちろん、プロファイリング結果は確率的推論にすぎず、「事実」ないし「真実」そのものとは異なる。[15] しかし、上記③のとおり、科学的信憑性の高さと、結果と対象者の実像とのギャップの縮減から、現代的なプロファイリングの結果は一定程度の精度を有しているといえ、このような精度の下に、センシティブな私的事項が、本人の同意なく(本人の知らないうちに)プロファイリングにより推知され、また、その人の「事実」ないし「真実」として取り扱われるとすれば、プライバシー侵害の問題となり得ると考えられる。

---

(13) 山本龍彦「ビッグデータ社会とプロファイリング」論究ジュリスト18号35頁。
(14) 佐藤・前掲(注5)182頁。
(15) 山本・前掲(注13)38頁。

5　問題への対応

　上記で取り上げた問題のうち、プロファイリングについては、その規制および対応について、Q5-10 で取り上げている。ここでは、ネットワーク社会の進展により、事後的救済によるプライバシー保護では実効性のある救済が困難であるとして、事前対応（予防）による仕組みとして考案された「プライバシー・バイ・デザイン」を紹介する。

　プライバシー・バイ・デザインは、2009 年に、カナダのオンタリオ州のプライバシー・コミッショナーであったアン・カブキアン（Ann Cavoukian）博士により提唱され、現在では、EU 一般データ保護規則（GDPR）においてもその考えが導入されるなど、プライバシーの権利保障を実現するための具体的な手続として用いられつつある。[16]

　その内容は、プライバシー保護を目的として利用される技術および対策を、システム設計およびその構築段階から検討・実装し、ライフサイクル全般において体系的かつ継続的にプライバシー保護に取り組む、というものであり[17]、7 つの基本原則として、①事後的ではなく事前的、救済策的ではなく予防的であること、②プライバシー保護は初期設定で有効化されること、③プライバシー保護の仕組みがシステムの構造に組み込まれること、④全機能的であること。ゼロサムではなくポジティブサム、⑤データはライフサイクル全般にわたって保護されること、⑥プライバシー保護の仕組みと運用は可視化され透明性が確保されること、⑦利用者のプライバシーを最大限に尊重すること[18]、が提示されている。

　ひとたび個人のプライバシーに関する情報が取得・保存され、日々進化する AI によって利用されることとなれば、事後的な対応では実効性のあるプライバシー保護を図ることは困難である。また、事業者とユーザ個人では、情報量や対応能力に歴然とした差があるため、ユーザ側の努力のみでは自らのプライ

---

(16) 新保史生「プライバシー・バイ・デザイン」論究ジュリスト 18 号 16 頁。
(17) 堀部政男ほか編『プライバシー・バイ・デザイン―プライバシー情報を守るための世界的新潮流』（日経 BP 社、2012 年）45 頁。
(18) 堀部ほか編・前掲（注17）91～92 頁。

バシーを守ることは難しい。

　プライバシー・バイ・デザインの基本原則が実践されれば、事前的・予防的にプライバシー保護の対応がとられ、また、個人が何ら個別の措置をとらずとも、事業者自らが初期設定でプライバシー保護の仕組みを組み込むといったことが実現されことになるので、実効的なプライバシー保護の実現が期待できる。

（鳩野あすか）

第 2 章 憲法分野

> *Q2-3* AI・ロボットは、平等原則の関係ではどのような問題がありますか。

Point
・AI を用いたプロファイリングにより、これまで解消に向けて取り組まれてきた人種・性別等に基づく差別の先鋭化、および、AI を用いて分類された集団の属性に基づく差別等の新たな問題が発生するおそれがある。

1 AI と平等原則（憲法 14 条 1 項）

　憲法 14 条 1 項は、相対的な平等として、個人を同一の事情と条件の下では均等に取り扱うことを保障しており、同条 1 項後段に列挙される「人種、信条、性別、社会的身分又は門地」は歴史的にも差別の対象となってきた典型的事例であると考えられている。

　情報が氾濫する現代社会において、AI を用いてさまざまな情報を集積・分類して行うプロファイリングは有用である（AI を用いたプロファイリングの詳細については Q5-5 参照）。例えば、民間企業では、AI を用いてビッグデータを分析することで、マーケティングや従業員の採用に活用することが想定され、国家機関では、犯罪捜査や、裁判における量刑判断等への活用が想定される。

　これまでも、いくつかの情報からある一定の人物を想定したマーケティング

---

(1) 芦部信喜『憲法学Ⅲ人権各論 (1)』（有斐閣、1998 年）20 頁。
(2) 笹倉宏紀「AI と刑事司法」弥永真生・宍戸常寿編『ロボット・AI と法』（有斐閣、2018 年）252〜255 頁。
(3) アメリカでは、COMPAS (Correctional Offender Management Profiling for Alternative Sanctions) という、再犯予測アルゴリズムによるリスク評価を量刑選択時の資料の一つとする州もある（山本龍彦「プロファイリングの法的諸論点（試論）：憲法の観点から」（総務省情報通信法学研究会新領域分科会（平成 29 年度第 2 回）配布資料））。
(4) アメリカにおける再犯予測アルゴリズムの憲法上の評価について　駒村圭吾「『法の支配』VS『AI』の支配」法学教室 443 号 61 頁。

や犯罪捜査等が行われているが、AI を用いた場合には、これまで以上に大量の情報（人間が判断すると関連性なしと思われるものも含まれる）の中から自動的に分析結果が出される。そのため、AI による場合は、大量の情報が人間の直観に左右されずに分析される点で、これまでの手作業によるものとは大きく異なる。特に、AI を用いた現代的なプロファイリングは、利用者の知らない間に、これまで抑制されていた差別的取扱いの助長や、あるセグメント（共通の属性をもつ集団）に分類されたことに基づく差別的取扱いを発生させるおそれがある。以下、AI を用いたプロファイリングにより生じるおそれがある不当な差別的取扱いについて述べる。

2　AI を用いたプロファイリングの問題(その 1)〜差別の先鋭化〜

(1) AI を用いたプロファイリングの活用が想定される事例

　AI を用いたプロファイリングの活用が想定される事例としては、例えば、人材雇用における採用審査や、保険や融資における信用調査の場面が考えられる。具体的には、AI がビックデータの中から対象者の SNS の投稿内容や学歴・職歴・クレジットカードの利用履歴等のデータを収集し、当該対象者のデータを数値化やランク分けをして評価すること等が考えられる。

(2) AI を用いたプロファイリングによる差別が問題となり得る例
(A) 既存バイアスの反映
(a) 想定される事例
　A 県立甲大学医学部では、学力試験および医師を目指す者か否かについて、

---

(5) AI プロファイリングが伝統的差別を再生産すると共に、セグメントに基づく新たな差別を生じさせるおそれがある点について、山本龍彦「AI と『個人の尊重』」福田雅樹ほか編著『AI がつなげる社会　AI ネットワーク時代の法・政策』（弘文堂　2017 年）325〜334 頁。
(6) 採用審査について、株式会社マイナビと株式会社三菱総合研究所で開発された「AI 優先度診断サービス」〈https://mynavi-mri-ai.jp/〉等、すでに日本国内でも AI にエントリーシートの記載等から人物像を診断させるサービスが提供されている。
　保険の信用調査について、損保ジャパン日本興亜株式会社では保険引受審査業務に AI を導入し、企業の信用力を分析し、当該分析結果を参考に保険金額や保険料率などの保険引受条件を決定している（2018 年 5 月 30 日付損害補償ジャパン日本興亜株式会社ニュースリリース）。

第 2 章 憲法分野

人物評価に基づき合格者を決定する方針がとられ、学力試験や面接試験の内容をAIで分析し、合格判定を行っている。学力試験の結果、X・Y・Zが同一点数を獲得したが、人物評価の際に、AIは、男性のほうが女性より、甲大学の附属病院での欠勤や休職日数が少ないことや、勤続年数が長いこと等を加点事由として評価し、男性のXだけが最終合格した。

　(b) 問題点

入学試験等の選考の場面においては、上記事例のように、面接試験等の純粋な学力以外の要素を基準として合否を判断する場合がある。上記事例では、甲大学は、受験生が医学部卒業後に医師となり、甲大学の附属病院に勤務した場合に、女性が妊娠・子育てにより休職することで、附属病院での診察に支障を来す可能性まで考慮し、男子受験生であるだけで、点数を加算する等、受験生を区別して取り扱っている。

上記事例の場合で、甲大学が、次年度以降、男性に対する加点を廃止したとしても、AIが、過去のバイアス(上記事例であれば、男性を加点すること)のかかったデータを学習してしまうことで、本来であれば、除外されるべきデータでアルゴリズムが形成されてしまう可能性がある。

このような、既存バイアスを排除するためには、バイアスのかかったデータを除外する必要がある。もっとも、プロファイリングの基礎となるデータの多くは、不当な差別的取り扱いが繰り返されていた歴史的背景に基づき存在しているから、すべてのバイアスを排除することは極めて困難といえる。

したがって、AIによるプロファイリングは、世の中に存在する既存バイアスが反映されてしまうことにより、結果的に、これまで差別の対象となっていた事項に関する差別が先鋭化するおそれがある。[7]

(B) 過少代表の問題

アルゴリズム構築の基礎となるデータが、一定の条件を満たす者から収集した内容に偏っているような場合には、一定の条件に満たない者については、本

---

[7] アメリカ連邦取引委員会 (Federal trade Commission) のレポート、「BIG DATA A Tool inclusion or Exclusion?」(2016年1月)〈https://www.ftc.gov/system/files/documents/reports/big-data-tool-inclusion-or-exclusion-understanding-issues/160106big-data-rpt.pdf〉。

来的利益が過少に代表されてアルゴリズムが構築されてしまう場合がある。

例えば、携帯電話端末の利用者から収集されたデータに基づいて公共サービスの実施の優先順位を判断するためにAIを用いた場合、アルゴリズムの基礎となるデータは、携帯電話端末を保有している者のみのデータに基づくことになる。この場合、携帯電話端末を保有しない者（例えば、高齢者や低所得者等）のデータが適切に反映されずに、プロファイリング結果を示すことになってしまう。

以上からすれば、AIが解析の基礎にするデータに、あるコミュニティからのデータが過少に代表されている場合には、そのコミュニティに属する者に不利な結果がもたらされる可能性がある。[8][9]

3　AIを用いたプロファイリングの問題(その2)～新たな問題の出現～

(1) バーチャルスラム
（A）想定される事例

Xは、A県出身の30歳の会社員の男性である。Xは18歳の時に大学受験に失敗し2年間浪人した後、大学受験を諦めた。その後、Xは、20歳から28歳まで、低賃金の日雇いアルバイトを転々とし、現在の会社に入社した。Xは現在勤めている会社の待遇に不満を覚え、起業し、自分で事業を開始しようと考え、エージェントに依頼し、300万円を融資する金融機関を探していた。

ところが、金融機関が、Xの信用度を調査するために、AIを用いてXをプロファイリングしたところ、AIは、Xが20歳から28歳まで低賃金短期アルバイトを転々としていたことから、Xを低賃金の職のカテゴリーに分類し、Xに信用力なしと判断した。その結果、Xは融資を受けることができなかった。

Xは起業を諦め、転職先を探すことにした。しかし、転職先でAIを用いたプロファイリングを受けた際に、一度、300万円の融資を断られた経歴があったことから、Xは「融資も受けられない価値のない者」と分類されてしまい、転職もできず、結局、待遇の悪い現在の会社で勤務を続けなければならなかっ

---

(8) 山本・前掲（注5）326～327頁。

(9) Federal trade Commission・前掲（注7）27頁。

第2章　憲法分野

た。
　(B) 問題点
　一旦アルゴリズムがはじき出した低評価・低スコアが一生付きまとい、社会的・経済的に排除され続ける者が出現する。
　AIを用いたプロファイリングを行う場合には、対象者の最終学歴や年齢、勤務形態、前年度の収入、職歴等の当該人物のさまざまなデータを収集し、アルゴリズムを形成して統計的判断として、対象人物の評価が行われる。この場合、AIにより、一度点数が低く評価されるような失敗を犯してしまうと、以降、AIは当該評価を前提にデータを分析するため、一度付いた低評価から抜け出せなくなる事態が生じてしまう。[10]
　すなわち、AIを用いたプロファイリングを行うことで、個人がAIに選別されることになり、その選別に勝ち残れなかった者は、負の評価付けがされ、負の評価のスパイラルから抜け出すことが困難になる場合がある。その結果、選別に敗れた上記事例のXのような者は、社会的・経済的に排除され続けることになる。
　以上からすれば、AIを用いたプロファイリングは、獲得スコアに基づく不合理な差別的取扱いを助長するおそれがあり、AIが分析した統計的な判断により、個人が拘束されてしまい、当該個人の人生における重要な機会が奪われてしまう可能性もある。

(2) セグメントという新たな差別の出現
　プロファイリングは、ビックデータに基づく確率的・予測的な判断にすぎない。例えば、30歳、男性、東京都出身の会社員というXについてプロファイリングをした場合は【①30代、②男性、③東京都出身、④会社員】といったようなXと同じセグメント（共通の属性をもつ集団）を有する仮想の人物の評価にすぎず、Xが、プロファイリングの結果と同一の実像を有するとは限らない。
　しかしながら、AIを用いたプロファイリングは、大量のデータを自動的・

---

(10) 山本龍彦「ビッグデータ社会とプロファイリング」論究ジュリスト18号40〜41頁。

機械的に分析したものであることから、プロファイリング結果が特定人の実像を示しているかのように誤解されてしまうことがある。

また、AIを用いたプロファイリングは、簡易、迅速かつ自動的に確率論に基づき当該人物の評価を算出する点にメリットがある。そのため、プロファイリング結果が特定人の実像を示さなくても、利用者が経済的合理性などから、あえて当該プロファイリングの結果に基づき、特定人に対する最終的な評価を行う場合も考えられる。

以上からすれば、AIを用いたプロファイリングは、微細化された抽象的な集団が有する属性に基づく評価が、特定人の評価であるとされる可能性がある点で、集団の属性に基づき個人を差別的に取り扱う危険性を有するものといえる。そして、このような差別的取扱いは、これまで行われてきた性別や人種等に基づく差別とは異なる、新たな差別の要因となる危険性をはらんでいる。[11]

4 まとめ

以上のように、AIを用いたプロファイリングにより、人種・性別等の伝統的な差別の先鋭化、微細化された抽象的な集団が有する属性に基づいた個人を差別する、これまでにない新たな差別の類型を生み出す危険がある。

(三田直輝)

---

(11) 山本・前掲（注5）330～331頁。

第2章 憲法分野

> *Q2-4* AIを活用した行動ターゲティング広告などは憲法上どのような問題がありますか。

Point
・行動ターゲティング広告により、プライバシーが侵害される可能性がある。
・行動ターゲティング広告により、自己決定過程での問題が生じる可能性がある。
・WEBサイトによっては、クッキーの無効化やサイトの行動ターゲティングの無効化などの対策も可能である。

1 行動ターゲティング広告とAI広告

　ショッピングサイトで以前閲覧したアイテムや関連商品の広告が出る機能については、本当は購入したかったのにどこのウェブページで見たのか忘れてしまった時や、思わぬ好みの商品を推薦してもらえた時など、多くの消費者にとっては恩恵的に感じられているだろう。
　行動ターゲティング広告とは、異なる時間に行われたオンライン上での利用者の行動を追跡すること（利用者が行った行動、訪れたサイト、閲覧したコンテンツを調べることを含む）により、利用者個々の嗜好に合わせた広告を提供することを意味する[1]。行動ターゲティング広告では、特定のCookieやスマートフォンなどの個体識別情報を識別し、Cookie等に蓄積された情報を取得し、閲覧者をセグメントに分類（ファッションサイトを閲覧していた人、賃貸物件のサイトを閲覧していた人などに分類するなどが考えられる）し、当該セグメントに分

---
(1) 総務省情報通信政策研究所「行動ターゲティング広告の経済効果と利用者保護に関する調査研究報告書」（平成22年3月）〈http://www.soumu.go.jp/iicp/chousakenkyu/data/research/survey/telecom/2009/2009-I-16.pdf〉108頁。

類された閲覧者に合致すると思われる広告を表示させる。

　AIを使うターゲティング広告では、無数の顧客変数をアルゴリズムに組み込みセグメント化することや、当該セグメントにどのような広告を表示させるかといった判断をAIが担っている。このように、ターゲティング広告は個人に関する情報を分析予測することから、いわゆるプロファイリングの1つの例として挙げられている。

　昨今では、対象商品の購買実績があるユーザ層の属性データ、購買傾向、価格趣向など多種多少なデータを分析してスコア化し、マッピングすることで、購買実績のないユーザ層の中から近い特性をもつユーザを「購買見込みユーザ」として予測することなども行われている。(2)

　行動ターゲティング広告のうち、顧客IDと紐付けるものでは、特定の個人の趣向や状況をいち早く把握し、個別に広告を表示させることも可能となっている。

2　個人情報・プライバシーに関する問題

　行動ターゲティング広告は、さまざまなものがあるが、法的には、個人と紐付けられているのかいないのかという点で分類ができる。

(1) 特定の個人の識別をしない場合

　個人IDなどと紐付けをしていない限り、ターゲティング広告事業者は、Cookie等によって当該閲覧者を識別しているにすぎず、どの特定の個人が当該閲覧をしているのかについては把握していない。ライフログ（人間の行い（Life）をデジタルデータとして記録（Log）に残すこと）は、およそ考えられる個人に関する情報のすべての記録ではあるが、必ずしも特定の個人を識別しないこともある。特定の個人を識別しない限り、個人情報保護法の適用は受けない。(3)例えば、個人情報保護法上は要配慮個人情報として取得の際に本人の同意を得(4)

---

(2) 例えば楽天ではビッグデータを分析して消費行動を理解し、マーケティングソリューションに活用するAIエージェントを開発している。〈https://corp.rakuten.co.jp/news/update/2018/0522_01.html〉。

る必要のある情報も、特定の個人を識別することができない情報である場合には、個人情報保護法の枠外になる。

しかし、個人情報ではないライフログについては、「『利用者視点を踏まえたICTサービスに係る諸問題に関する研究会』第二次提言」（平成22年発表）が、「個人識別性のない情報であっても、行動履歴等の情報が大量に蓄積されて個人が容易に推定可能になるおそれがあることや、転々流通するうちに個人識別性を獲得してしまうおそれもあることから、現時点で情報に個人識別性がないことをもって、プライバシーとしての保護が完全に失われると考えるのは相当ではない」と述べている。(5)

事業者としては、大量のデータから時に特定の個人を識別することも可能であることに留意し、プライバシーにも配慮するスキームにすることが望ましい。

(2) 特定の個人を識別している場合

これに対して特定の個人のIDと紐付けて、その特定の個人のCookie情報を取得しているのであれば、これらCookie上の閲覧情報も個人情報になる。したがって、これら情報は個人情報保護法上の規制を受けることになる。

---

(3) 個人情報保護法2条では、「この法律において『個人情報』とは、生存する個人に関する情報であって、次の各号のいずれかに該当するものをいう。」と規定しており、「一　当該情報に含まれる氏名、生年月日その他の記述等（文書、図画若しくは電磁的記録（電磁的方式（電子的方式、磁気的方式その他人の知覚によっては認識することができない方式をいう。次項第2号において同じ。）で作られる記録をいう。第18条第2項において同じ。）に記載され、若しくは記録され、又は音声、動作その他の方法を用いて表された一切の事項（個人識別符号を除く。）をいう。以下同じ。）により特定の個人を識別することができるもの（他の情報と容易に照合することができ、それにより特定の個人を識別することができることとなるものを含む。）」、「二　個人識別符号が含まれるもの」とされている。個人識別符号は、運転免許証の番号など政令で指定されるものである。以上により、特定の個人を識別することができるものが個人情報とされている。

(4)「本人の人種、信条、社会的身分、病歴、犯罪の経歴、犯罪により害を被った事実その他本人に対する不当な差別、偏見その他の不利益が生じないようにその取扱いに特に配慮を要するものとして政令で定める記述等が含まれる個人情報」をいう（個人情報保護法第2条3項）。なお、要配慮個人情報はオプトアウトも禁止されている。

(5) 総務省「『利用者視点を踏まえたICTサービスに係る諸問題に関する研究会』第二次提言」（平成22年5月）〈http://www.soumu.go.jp/main_content/000067551.pdf〉45頁。

個人情報保護法との関係では、例えば、取得する個人情報について利用目的を通知しなければならないし（15条）、その利用目的の範囲内での利用に限られる（16条）。また保有する個人情報について安全管理措置が必要となる（20条）ことに留意が必要となる（詳しくはQ5-9参照）。

　また、Q2-2のところで記載したように、AIによる分析は事実ではなく推知にすぎない情報ではあるが、私たちはAIを使うとその推知の精度が高いと認識してしまっているために、当該推知情報が事実と受け取られる可能性があり、プライバシー侵害の問題は残るといえる。

3　自己決定権に関する問題

　憲法13条には「すべて国民は、個人として尊重される。生命、自由及び幸福追求に対する国民の権利については、公共の福祉に反しない限り、立法その他の国政の上で、最大の尊重を必要とする。」との規定があり、幸福追求権といわれている。この幸福追求権を根拠にさまざまな新しい人権が承認されており、例えばプライバシーの権利としての肖像権などについては最高裁判所も「肖像権と称するかは別として」と留保しつつ、具体的権利性を認めている。[6]

　プライバシーの権利も憲法13条を根拠とするものであるが、プライバシーの権利を自己情報コントロール権として捉えると、それ以外にプライバシーないし私生活上の自由と考えてこられたもの、例えば、①子どもをもつかなど家族のあり方を決める自由、②身じまい（髪形、服装）などライフスタイルを決める自由、③医療拒否など自己の人格的生存に関わる重要な私的事項を、公権力の介入・干渉なしに自律的に決定できる自由などが自己決定権と捉えられている。[7]

---

(6) 最判昭44・12・24刑集23巻12号1625頁（京都府学連事件）では、「個人の私生活上の自由の一つとして、何人も、その承諾なしに、みだりにその容ぼう・姿態（以下『容ぼう等』という。）を撮影されない自由を有するものというべきである。これを肖像権と称するかどうかは別として、少なくとも、警察官が、正当な理由もないのに、個人の容ぼう等を撮影することは、憲法13条の趣旨に反し、許されないものといわなければならない。」としている。

(7) 芦部信喜・高橋和之補訂『憲法（第6版）』（岩波書店、2015年）126頁。芦部信喜は、自己決定権は、プライバシーと全く別個独立の権利というよりも、情報プライバシー権と並んで広義のプライバシーの権利を構成するものと解するのが妥当であるとしている。

第 2 章　憲法分野

　自己決定権は公権力との関係のみならず、私的分野での決定との関係でも大きな意味をもつ。「自らを拘束し得るのは自らの意思のみである」という自己決定原理から、私的自治の原則が導かれ、それが「契約自由の原則」という形で契約法の世界にも現れる。そして AI ターゲティング広告については、心理的プロファイリングを前提とした過度に誘導的な広告がはらむ憲法上および契約上の問題が指摘されており、消費者と自己決定権の間に緊張関係を生じさせるおそれがあるとの指摘がされている。

　古谷貴之准教授は、キャス・サンスティーン教授の「個別化されたデフォルト・ルール」の議論を紹介し、行動ターゲティング広告が消費者に個別化され、配信される場合、消費者は個別化された広告に固着し、能動的に他の選択肢を探そうとしない傾向が指摘されていること、またライアン・カロ教授の、消費者がそのおかれた状態によっては脆弱になり得ること、そして事業者は消費者が最も脆弱になる―すなわち合理的な行動から逸脱する―その瞬間に消費者をターゲットにした広告を配信できること、といった指摘を紹介し、このような状況で締結された契約が消費者の自由な意思に基づくといえるかどうか重大な疑義が生じると述べている。

　これを IoT 社会の例で考えてみる。例えば、現代社会では体温、血圧、体重など、さまざまな情報が IoT 製品を通じて事業者により把握されている。A 氏は、毎日計る血圧計で高血圧が続いていたとする。A 氏の WEB 検索履歴や

---

(8)　古谷貴之「AI と自己決定原理」山本龍彦編著『AI と憲法』（日本経済新聞出版社、2018 年）126 頁。

(9)　山本龍彦「おそろしいビッグデータ」（朝日新書、2017 年）114～115 頁において、山本は「私たちの憲法が『内心の自由』（19 条）、すなわちココロの自由を保障していることからも、ビッグデータを使った心理状況の探索や、精神的な脆さにつけ込んだ一定の広告は（もちろんすべての個別化広告がそうではないが）、法的に問題あるものとして捉えるべきであろう。」とコメントしている。

(10)　古谷・前掲（注8）132 頁。

(11)　古谷・前掲（注8）134～135 頁。

(12)　山本龍彦は、「ビッグデータ社会における『自己決定』の変容」NBL1089 号 32 頁において、カロ教授の論文を引用したうえで、ビッグデータ社会では、「非中立的な情報によってパーソナライズ化された個別的な『世界』の中で、消費者が『決めさせられる』ことはますます増えていくだろう。」とコメントしている。

購入履歴、睡眠アプリなどの情報を総合すると、すでに血圧の値も病院に行き治療を行うべき値であり、単身で多忙な、ある程度金銭的余裕がある40代ビジネスマンであることが推測された。そのような中、事業者は、A氏が血圧を測るたびに、「血圧対策デリバリー弁当・1年シリーズ」という広告を出してみたとする。A氏は、接待やら残業・出張のために、家で毎日食事をとることは不可能であり購入しても無駄になってしまうと考え最初は不要だと思った。そもそも、本来であれば、そのような長期間にわたる、結果として高価となるデリバリー弁当を購入することよりも、仕事の量を調整したり、適切な外食の選び方などを指導してもらい、医師から薬を処方してもらうべきであると思っていた。しかし、A氏は毎日の血圧計測をするたびに、少し落ち込む毎日を繰り返しており、睡眠時間の短さや仕事の疲れなどから、毎日血圧を測るたびにデリバリー弁当の広告を見るうちに感覚が麻痺し、本来では医師のところにまず行くべきであるがそのような選択肢を模索することなく、合理的判断であれば選ばない商品をついクリックしてしまうという状況も考えられる。このように、もはや自らの意思で「購入している」というよりも、事業者から狙われ段々考えることもできなくなり「購入させられている」という状況、つまり自由意思に基づかない購入が生じてしまう可能性も否定できない。事業者に圧倒的情報を握られることにより、消費者の自己決定権が事実上ゆがめられているケースがあり得るといえよう。

　一般のショッピングの場合以上に、特定の思想団体等がビックデータを利用し精神的に脆弱な状況になっている可能性がある者をピックアップし、当該ターゲットが自由な意思決定ができない状況に陥っている時を利用して、当該団体への勧誘などを図った場合などは、さらに自己決定権の侵害が問題となってくる可能性があろう。

4　技術的対応

　行動ターゲティング広告は便利なものであるが、時に自らのプライバシーが侵害される可能性や、ターゲットとして狙われ、契約させられている状況に追い込まれたりする危険性も、ないとはいえない。

　このような行動ターゲティング広告と上手につきあう必要があるが、各企業

第2章 憲法分野

のウェブサイトを見ると、行動ターゲティング広告の無効化やクッキーの無効化などの対策をとることができるようになっているところもある。[13]

　行動ターゲティング広告に関しては、一般社団法人日本インタラクティブ広告協会（旧：インターネット広告推進協議会）が「行動ターゲティング広告ガイドライン」を公表している。[14]同ガイドラインでは、行動ターゲティング広告における透明性の確保（4条）、利用者関与の機会の確保（5条）、適正な手段による取得の確保（7条）、適正な安全管理の確保（8条）、利用者への配慮（プライバシーへの配慮）（11条）などについて規定している。このように、同ガイドラインは、利用者および広告主の正しい理解を得て、インターネット広告を利用することができる環境を整えることを目的としている。

　各ターゲティング広告事業者においては、適切なターゲティング広告を行う1つの手法として、同ガイドラインを参考にすることもできるだろう。

（森山裕紀子）

---

(13) 例えばYahoo！JAPANは、「Yahoo！JAPANの配信する行動ターゲティング広告について」というページを作成し、行動ターゲティング広告の構造や情報保管期間、そして行動ターゲティング広告の無効化の設定方法について案内をしている。〈https://btoptout.yahoo.co.jp/optout/index.html〉

(14) 〈http://www.jiaa.org/download/JIAA_BTAguideline.pdf〉

Q2-5

> *Q2-5* AI・ロボットは、デジタルゲリマンダリングとどのような関係がありますか。

Point
・AIを通じた広義のデジタルゲリマンダリングの可能性が指摘できる。
・デジタルゲリマンダリングに対抗する法理は複数検討されているが、具体的な規制は現時点では困難。

1 デジタルゲリマンダリング概念の提唱

(1) ゲリマンダリングとは

「ゲリマンダリング」は政治学において、「恣意的で不公正な選挙区づくりあるいは党利党略的な選挙区割り」としてよく知られた用語である[1]。1812年に、当時のマサチューセッツ州知事エルブリッジ・ゲーリーが、州議会の選挙区編成において、自党に有利になるような線引をしたところ、選挙区の形状が、伝説上の怪物サラマンダーに見えるとして、当時の新聞が、挿絵画家により（サラマンダーが有する）翼・牙・爪を加えて報じた。ゲーリー＋サラマンダー、でゲリマンダー、として批判され、それ以後、党利党略に沿った選挙区割の代名詞になったというわけである[2]。

(2) デジタルゲリマンダリングとは

デジタルゲリマンダリングは、このゲリマンダリングをインターネット上で行うことであるが、権力者が選挙区割をするというものではない。具体的には、

---

(1) 森脇俊雅「ゲリマンダリングについて：アメリカの現状分析を中心に」法と政治45巻4号569～613頁。
(2) 森脇・前掲（注1）参照。

第 2 章　憲法分野

SNS 等を通じて投票行動を操作しようという試みである。デジタルゲリマンダリング概念はジョナサン・ジットレイン教授により提唱された。ジットレイン教授の提唱は 2010 年に Facebook が行った感情伝染実験を前提としている[3]。

実験の手順は以下のとおりである。①まず、Facebook において、18 歳以上のユーザ約 6000 万人（全ユーザの 1％、"social message" 群）を抽出する。同群には、2010 年の米国大統領中間選挙の投票日である 11 月 2 日に、投票日であることを各ユーザのニュースフィードの一番上に固定で表示させたうえで、投票所へのリンク、「投票した」ボタン、投票を終えたユーザのカウント、投票を終えた「友だち」のプロフィール画像（6 枚まで）を掲載する。②抽出されたユーザのうちさらに約 61 万人（"informational message" 群）には、投票日であることの表示、投票所へのリンク、「投票した」ボタン、投票を終えたユーザのカウントだけが掲載された。③また、別の約 61 万人（比較群）には、何らのメッセージもニュースフィードに表示されなかった。

結果として、このようなメッセージは投票率を上げることがわかった。例えば、"social message" 群と "informational message" 群を比較すると、「投票した」ボタンをクリックした友だちのプロフィール画像が表示される前者の方が、2.08％、「投票した」ボタンをクリックした率が高く、同様に、投票所へのリンクをクリックした率についても、前者が 0.26％ 高いという結果が得られた。あくまで「投票した」および投票所へのリンクをクリックしたという自主的な表明に関するもので、実際に投票したかどうかを保証するわけではないが、投票行動への影響はあるといってよいであろう。

2010 年の感情伝染実験におけるユーザの群の分類は、政治的信条によったものではなかった。しかし、Facebook はユーザの政治的信条について膨大なデータを有している。シェアした記事、「いいね」した記事、記事へのコメント、誰が友だちになっているか、などにより政治的信条を推測することは容易であろう。そして、推測したある政治的信条を有するユーザにだけ "social message" を表示すれば、少なくとも "informational message" を表示した場

---

(3) Bond, R. M. et al.: A 61-million-person Experiment in Social Influence and Political Mobilization, Nature 489. 7415, pp. 295-298 (2012).

合よりも投票する可能性を高めることができる。SNS の運営事業者は、SNS 等を通じて投票行動を操作することが可能である、ということである。

したがって、ジットレイン教授が提唱した時点でのデジタルゲリマンダリングの主体は、SNS の運営事業者であることが想定されており、この時点では、SNS の運営事業者は、手元に保有するユーザのデータを分析したうえで、投票行動を操作しようとするのであるから、この時点では SNS における AI を含んだ表示アルゴリズムと関係のないものであった。

2 ケンブリッジ・アナリティカ事件

ところが、2018 年 3 月に発生したケンブリッジ・アナリティカ事件は、外部からでもデジタルゲリマンダリングが引き起こせる可能性を示した。ケンブリッジ・アナリティカ事件の概要は、以下のとおりである。

ケンブリッジ・アナリティカ社は、イギリスに本社を置く選挙コンサルティング企業であった。同社はデータ分析を得意とし、広告（キャンペーン）部門と政治（選挙）部門を有しており、政党や政治家からの依頼に対応していた。米国大統領選挙ではトランプ陣営に、英国の EU 離脱国民投票では離脱派に協力したとされている。同社は、ケンブリッジ大学の心理学者アレクサンドル・コーガンと協力し、2014 年の米国中間選挙において、Facebook 上の性格診断アプリ「thisisyourdigitallife」を開発・配布し、学術目的であるとして個人データを収集した。直接回答者は約 27 万人だが、Facebook 上の「友達」を含めて 8700 万人の個人情報が流出し、不適切に米国中間選挙に活用された可能性があるとされている。日本でも 104 人がアプリをインストール、回答し、最大 10 万 948 人の情報が流出した可能性があるとされた[4][5]。

ケンブリッジ・アナリティカ社が行ったとされる米国中間選挙への活用・介

---

(4) 西田亮介「ケンブリッジ・アナリティカ事件とその論点」情報処理 59 巻 7 号 596〜598 頁。

(5) 個人情報保護委員会「フェイスブックにおける個人情報の流出について」〈https://www.ppc.go.jp/news/careful_information/facebook/〉。ICO（英国のデータ保護機関）による調査や執行については "Democracy disrupted?"（2018 年 7 月 11 日）および "Investigation into the use of data analytics in political campaigns"（2018 年 11 月 6 日）という 2 つのレポートで公開されている。

第2章　憲法分野

入がどれだけ選挙結果に影響を与えたかについては、現時点でも不明である。他方、Facebook が手元に保有する、政治的信条、宗教、財産等に応じた広告は、2016年の米国大統領選挙の結果を左右したとの指摘も存するようである[6]。SNS の運営事業者ではなく、SNS への広告出稿者や、広告代理店が、デジタルゲリマンダリングを引き起こせる可能性があるということになる（広義のデジタルゲリマンダリング）。SNS の、AI を用いた表示アルゴリズムが、外部からハックされることで、デジタルゲリマンダリングが可能となるのである。

3　個人の権利利益侵害との関係性

デジタルゲリマンダリングに巻き込まれた個人は、本人の意識しないままに、SNS 等において投票行動を操作されてしまうわけであるが、このような影響について、権利利益侵害として構成できないか。

(1) 選挙権

湯淺墾道教授は、公職選挙法による詳細かつ厳格な規制によれば、SNS 事業者によるデジタルゲリマンダリングは、事前運動の禁止や投票日当日の選挙運動の禁止により規制され得るが、公職選挙法には域外適用規定が存在しないことから、デジタルゲリマンダリングへの規制は困難であるとする[7]。広義のデジタルゲリマンダリングを考えても、問題状況は同じであろう。

(2) 個人情報保護、自己決定権

個人情報保護や自己決定権の観点から、デジタルゲリマンダリングを制御できないか。デジタルゲリマンダリングの前提としては、SNS 等において個人が分析されている。このような分析が、要配慮個人情報の不適切な推知であるという問題提起はあり得るが、現行法上は違法とは言い難い[8]。SNS 等における AI のハックにより、フィルターバブルが発生し、または強化されて、投票

---

(6) 石井夏生利「Facebook データ流出の問題点」NBL1121 号 1 頁。
(7) 湯淺墾道「ディジタルゲリマンダの法規制の可能性」情報処理 58 巻 12 号 1070～1074 頁。工藤郁子「AI と選挙制度」山本龍彦編著『AI と憲法』（日本経済新聞出版社、2018 年）325～348 頁も参照。

行動が操作されたことをもって自己決定権の侵害が発生しているとの見方は可能であると考えられるが（最判昭和63・12・20判時1320号94頁の伊藤正己補足意見における「とらわれの聞き手」の考え方が参考になる）、具体的な請求を基礎付けるのは困難である。⁽⁹⁾

4　AI・ロボットのあり方との関係性

　デジタルゲリマンダリングに利用されてしまうようなAIやロボットは不適切であるという問題提起は可能であろうか。AIネットワーク社会推進会議「報告書2018」（平成30年7月17日）⁽¹⁰⁾では、AI利活用原則案を提案しており、「①適正利用の原則」において、「利用者は、自らのAIの利活用が適正な範囲・方法で行われているか定期的に確認することが期待される」としており、このような考え方を前提とすれば、SNS事業者は、自らの、AIを用いた表示アルゴリズムが外部からハックされているという状況がないよう、定期的な確認が求められる。他方、「⑦尊厳・自律の原則」では、「AIによる意思決定・感情の操作等への留意」として、「利用者には、AIにより意思決定や感情が操作されるリスクや、AIに過度に依存するリスクに留意することを期待することは適当か否か。このようなリスクについて誰がいかなる役割を果たすべきか」と問題提起している。デジタルゲリマンダリングへの特効薬はない、ということになろうか。

（板倉陽一郎）

---

(8)　板倉陽一郎「ディジタルゲリマンダとプライバシ、自己決定権」情報処理58巻12号1075～1079頁。

(9)　「攻撃的ターゲティング広告」による意思決定侵害について私法的な解決を提案するものとして、古谷貴之「AIと自己決定原理」山本編著・前掲（注7）121～154頁。

(10)　〈http://www.soumu.go.jp/main_content/000564147.pdf〉

第3章
民事法分野

第3章 民事法分野

> *Q3-1* AI・ロボットが関与した契約について、その効果は誰に帰属すると考えればよいですか。例えば、AIを搭載したロボットに自転車の購入を指示したところ、予想外にもこのAIによって自動車を購入する契約が締結されたという場合、利用者にその効果が帰属することになるのでしょうか。

Point
- 現行法上、AI・ロボットには権利能力が認められておらず、これら自身が契約当事者となることはできない。
- 自然人ないし法人がAI・ロボットを利用して契約する場合、AI・ロボットを通じてなされた利用者の意思表示に基づいて契約が締結されることになると解される。仮にAIが予想どおりに動かなかったという場合、理論上は、錯誤として意思表示が無効とされる余地がある。

1 AI・ロボット自身が契約当事者となることができるか

そもそも「契約当事者となる」とは、契約の定める権利を取得し義務を負担するということを意味するが、そのためには、前提として、私権を享有し得る法律上の能力（いわゆる権利能力）が必要である。

この点について、民法は、「私権の享有は、出生に始まる。」（民法3条1項）と定めている。これは当然に私権の享有主体は人間であることを前提とした規定であり、AI・ロボットが私権の享有主体となること、すなわち権利能力を保有することについては、現行民法上想定されていないといえる。

また、法人のように、法人格を付与されることが法律上定められている場合には権利能力を肯定できるが（同法34条）、AI・ロボットについて法人格を認めるとする法律は今のところ存在しない。

したがって、AI・ロボットに権利能力はなく、現行法上、契約当事者となることはできないと言わざるを得ない。

もっとも、どのような場合に権利能力を認めるかは、法律の定め次第である。現行の法人スキームを応用してAIに法人格の付与を試みる議論も始まっており(1)、今後AI・ロボットに権利能力を認めるという立法がなされることも、十分にあり得るのではないかと思われる。

2 AI・ロボットが関与した契約

AI・ロボットそれ自体は契約当事者とならないとしても、自然人ないし法人がAI・ロボットを利用する形で、AI・ロボットが契約の成立に一定の関与をすることは考えられる。

契約の成立においてAIが一定の関与をすることは現在も行われており、金融商品に係る取引において行われるアルゴリズムを用いた高速取引（いわゆるHFT）が、しばしばその例として挙げられる(2)。

このような場合、AI・ロボットによる契約への関与はどのように位置付けられるのが適切であろうか。1つのアイディアとして、AI・ロボットを本人の代理人として位置付けることが考えられるところであるが、民法は、「代理人が本人のためにすることを示さないでした意思表示は、自己のためにしたものとみなす。」（民法100条本文）とし、また、無権代理人について、「相手方の選択に従い、相手方に対して履行又は損害賠償の責任を負う」と定める（同法117条1項）など、代理人自らが法的責任を負い得ることを前提としている。そのため、上記のとおり権利能力を有さず、法的責任の主体となることができないAI・ロボットについては、現行法上、代理人になることもできないと解される。

また、代理と類似したものとして、使者という法律構成も考えられるところであるが、使者についても、これまで基本的に自然人または法人を前提に議論されてきた概念であると解され、AI・ロボットが使者に該当するという説明も難しいと思われる。

---

(1) 斉藤邦史「人工知能に対する法人格の付与」情報通信学会誌35巻3号19頁。
(2) 木村真生子「AIと契約」弥永真生＝宍戸常寿編『ロボット・AIと法』（有斐閣、2018年）133頁など。

第3章　民事法分野

思うに、AI・ロボットそれ自体が単独で法的責任の主体となることができない以上は、AI・ロボットを通じてなされる意思表示は、あくまでAI・ロボットの働きを利用して契約を締結しようとする本人（AI・ロボットの利用者）自らが行ったものであり、このような本人の意思表示に基づいて、直接本人に効果帰属すると考えるのが妥当であろう。

3　利用者の予期に反した契約が締結された場合

では、設例のように、AIを搭載したロボットに自転車の購入を指示したところ、予想外にもこのAIによって自動車を購入する契約が締結されたという場合はどのように考えるべきか。この場合、利用者がAIを通じて表示した意思と、利用者が内心で有していた意思に齟齬があれば、錯誤（民法95条）により意思表示が無効になる可能性がある。(3)

錯誤とは、一般に、表示の内容と内心の意思とが一致しないことを表意者（意思表示をした者）自身が知らないことをいうとされる。(4) そして、その錯誤が要素の錯誤に当たる（通常人を基準として、表意者において錯誤がなかったならば意思表示をしなかったであろうと考えられ、それが一般取引上の通念に照らして至当と認められる）(5) 場合には、錯誤に基づく意思表示は無効となる。ただし、表意者に重大な過失があった場合には、表意者は錯誤無効を主張できない。

設例の場合、ユーザは、自転車を買う意思を表示しようとしたにもかかわらず自動車を買う意思を表示してしまっているので、表示の内容と内心の意思とが一致しておらず、また、要素の錯誤にも当たるといえるため、自動車を購入するという意思表示は、無効であるといえる。そうすると、ユーザに重大な過失あったかどうかが問題となるが、例えば、これが市販品のAI搭載ロボットを説明書どおりに使用している中で生じた、予期せぬ誤作動による出来事であれば、重大な過失があるとされる可能性は低いと思われる。その一方、例えばAIへの指示内容が「自動車の購入」でよいかどうかAIから確認を求められ

---

(3) なお、2020年4月1日から施行される改正民法においては、錯誤の場合、意思表示は無効ではなく、「取り消すことができる」となる。
(4) 川島武宜ほか編『新版注釈民法 (3)』（有斐閣、2003年）390頁〔川井健〕。
(5) 川島ほか編・前掲（注4）406〜407頁〔川井〕。

ていたにもかかわらず、不注意でそれをよしとしてしまったというケースであれば、重大な過失があると判断される可能性は高まるであろう[6]。

(小林央典)

---

(6) この点、2018年7月に改訂された経済産業省「電子商取引及び情報材取引等に関する準則」〈http://www.meti.go.jp/press/2018/07/20180727001/20180727001-1.pdf〉125頁以下では、AIスピーカーを通じて行われた発注行為における音声誤認識や言い間違いの場合の契約の有効性等について取り上げており、参考になる。

第 3 章　民事法分野

> *Q3-2*　AI・ロボットによって引き起こされた不法行為について、AI・ロボット自体に不法行為に基づく損害賠償責任を追及できますか。また、AI・ロボットの利用者に対して責任追及できますか。

Point
・現行法上、AI・ロボットには法人格が認められておらず、これら自身に対して責任追及することはできない。
・AI・ロボットの利用者（自然人ないし法人）に対しては、基本的には、AI・ロボットをいわば道具と位置付けて、利用者自身の不法行為（民法709条）として、責任追及可能かを考えることになる。

1　AI・ロボットによって引き起こされた不法行為において、AI・ロボット自身に対して責任追及できるか

まず、責任主体となるためには、権利能力を有していなければならないところ、現行法上、AI・ロボット自身は、自然人でも法人でもないため、責任主体とはなり得ない。

したがって、AI・ロボットが関与していたとしても、当該不法行為（民法709条）について、AI・ロボット自体に責任追及することはできない。

もっとも、技術が高度に進歩した将来においては、AI・ロボットに対して法人格を付与し、権利能力を認める法整備がなされる可能性もあり得るところである[1]（AI・ロボットの権利能力についての議論については、Q3-1参照）。

---

(1) この点、新保史生教授は、「八幡製鉄事件では、法人の人権享有主体性が問題となったが、AI人の権利主体性が裁判で争われ、性質上可能な限りAI人に認められる権利は自然人と同様に扱うべきであるとの判断が示される時代が来るかもしれない。」と指摘する（新保史生「ロボット法をめぐる法領域別課題の鳥瞰」情報法制研究1号70頁〈http://alis.or.jp/img/issn2432-9649_vol1_p1.pdf〉）。

2 AI・ロボットによって引き起こされた不法行為において、AI・ロボットの利用者に対して責任追及できるか

前記のとおり、現行法下においては、AI・ロボット自身に対して責任追及できない以上、AI・ロボットと一定の法的関係を有する自然人ないし法人に対して、AI・ロボットによって引き起こされた不法行為責任を追及することが考えられる。ここでいう一定の法的関係を有する自然人ないし法人としてまず思い浮かぶのが、問いにもある、AI・ロボットの利用者である。それでは、当該利用者に対する責任追及のための法理論として、どのようなものが考えられるであろうか。

(1) 使用者責任（民法715条）

まず、AI・ロボットによって引き起こされた不法行為について、AI・ロボットの利用者を「使用者」と同視し、民法715条の使用者責任に基づき、当該利用者に対して責任追及できないかが問題となる。

しかし、AI・ロボットの利用者（「使用者」）に対して民法715条の使用者責任を追及するためには、AI・ロボット（「被用者」）自身に不法行為が成立しなければならないところ、前述のとおりAI・ロボットには権利能力がない以上、AI・ロボット自身に不法行為は成立し得ない。よって、AI・ロボットの利用者に対して、同条に基づく責任追及を行うことはできない。

もっとも、将来的には、「使用者」たる利用者に対して使用者責任を追及する限度においてAI・ロボットに法人格を認め、民法715条の使用者責任に基づく利用者への責任追及を可能とするための法整備もあり得るところではあろう。

(2) 動物占有者等の責任（民法718条）

では、AI・ロボットによって引き起こされた不法行為について、AI・ロボットを「動物」、AI・ロボットの利用者を「動物の占有者」と同視し、民法718条(2)の動物占有者等責任の拡張解釈に基づき、当該利用者に対して責任追及できないか。

第3章　民事法分野

　動物占有者等の責任は、危険責任（危険なものの所有者はそれから生じる損害について絶対的責任を負うべきであるとするもの）の一種といわれている。ロボットやAIは、人工物ではあるものの、特にディープラーニングを行うようなそれの挙動は開発者ですら予測不能であるとの意味においては、「動物」に近しい性質をもっており、かつ、「危険」であるともいえ、危険責任の考え方からは、AI・ロボットの利用者に対する責任追及根拠として動物占有者等の責任を類推適用等することは、ある程度筋が通っているものといえよう。この点、「危険と利益とを伴う生活関係においては、利益と損失とを一致させ、危険な施設に対して責任を負わせることが公平に適する」として、報償責任の理論を体現した民法715条や危険責任の理論を体現した民法717条・718条について「適当な拡張を加えることに努めなければならない」といわれているところでもある。

　しかし、民法718条の規定文言から検討するに、ここでいう「動物」の範囲は、社会通念によって定まるとされ、社会通念上、「動物」とは「一般には、植物と対置される、運動と感覚の機能を持つ生物群」、「生物」とは「一般に栄養代謝・運動・成長・増殖など、いわゆる生活現象をあらわすものとされるが、今日では増殖を最も基本的・普遍的属性とみな」すとされている。この点、細菌やウィルスは含まれないとするのが通説であるところ、残念ながら、現状において、AI・ロボットは、細菌やウィルスよりも上述した一般的な生物の定義からは遠いことが明らかである。

---

(2)（動物の占有者等の責任）
　718条　動物の占有者は、その動物が他人に加えた損害を賠償する責任を負う。ただし、動物の種類及び性質に従い相当の注意をもってその管理をしたときは、この限りでない。
　2　占有者に代わって動物を管理する者も、前項の責任を負う。
(3) 遠藤浩編『基本法コンメンタール　債権各論Ⅱ（第4版）』（日本評論社、2005年）93頁、我妻栄ほか『我妻・有泉コンメンタール民法総則・物権・債権（第5版）』（日本評論社、2018年）1433、1530頁参照。
(4) 我妻ほか・前掲（注3）1434頁。
(5) 『広辞苑（第7版）』（岩波書店、2018年）。
(6) 前掲（注5）。
(7) 我妻ほか・前掲（注3）1530頁。

したがって、AI・ロボットの利用者に対する責任追及の論拠として民法718条の動物占有者等責任を類推適用することは、筋論としては合理的と考えられる反面、その場合には同条の文言解釈の範囲を大幅に拡大せざるを得ないことからして、やはり現行法下における同条の拡大解釈には無理があるように思われる。

もっとも、AI・ロボットの社会実装が進むなかで、社会（人々）におけるAI・ロボットに対する受け止めが変化し、それらを「動物」と同視することが適切な状況となる可能性がないとはいえず、動物占有者等責任の拡大解釈については、少なくとも引き続き議論を行う価値はあるだろう。

(3) 一般不法行為責任（民法709条）

最後に、AI・ロボットによって引き起こされた不法行為について、AI・ロボットをいわば道具と同視し、当該不法行為をAI・ロボットの利用者による行為であるとして、民法709条に基づき、当該利用者に対して責任追及することが考えられる。

「道具」の使用に関する一般的な考え方からすれば、「道具はそれ自身が独立した意思をもって行為をすることがないため、道具の利用者がその利用によってもたらされた結果について責任を負うことになる」[8]。この点、米国のUETA2条（6）項は、「電子エージェントは、その全部または一部について人間の関与なしにある行為をし、または電子記録もしくは電子的な機能に対して応答するために独自性を有するものとして使用されるコンピュータープログラムまたは電子的もしくはその他の自動化された手段を意味する」との「電子エージェント」に関する定義を置き、「電子エージェント」がある程度主体的に動作することを前提としたうえで、オフィシャルコメントにおいて、「電子エージェントは単なる機械であり、人と電子エージェントの関係は代理関係ではなく、道具と人との単純な関係でしかない」としているところである[9]。

---

(8) 木村真生子「AIと契約」弥永真生・宍戸常寿編『ロボット・AIと法』（有斐閣、2018年）148頁。

(9) 訳出について、木村・前掲（注8）。

第3章　民事法分野

　もっとも、利用者に不法行為が成立するためには、利用者に故意または過失が必要であり、ここでいう過失とは、具体的には、結果を予見し（予見可能性）、結果を回避することができたにもかかわらず（結果回避可能性）、結果を回避しなかったこと（結果回避義務違反）をいうとされている。しかし、利用者がAI・ロボットに指示して不法行為を行わせた場合など、利用者に故意が認められることが明らかな場合はともかく、利用者の指示自体は適切と考えられるものの、AI・ロボットが予想に反して他人の権利・利益に対する侵害行為を行ったような場合にまで、利用者に過失が認められるかは難しい問題である（予見可能性がないとされやすい）。

　利用者の指示自体は適切と考えられるものの、AI・ロボットが予想に反して他人の権利・利益に対する侵害行為を行ったような場合の具体例としては、利用者が目的地を設定して、一般に市販されているレベル4以上（Q3-5図表3-1参照）の自動運転車を運行させていたところ、当該自動運転車が物損事故を起こした場合などが想定される。このような場合、自動運転車の利用者が当該自動車のAIを信頼して運転を任せていても、安全に運転される自動車であると信頼するのは通常であり、予見可能性も結果回避義務もないとして、過失は通常認められない。[10]

　そのため、前記のような事案では、被害者としては、AI・ロボットの製造者、開発者に対して、製造物責任や不法行為責任を追及することを検討することになろう（AI・ロボットの製造者、開発者に対する責任追及についてはQ3-3参照）。

3　まとめ

　以上のとおり、AI・ロボットによって引き起こされた不法行為について、AI・ロボット自体に対して責任追及できない以上、それらの利用者に対する責任追及を行わざるを得ない。しかし、現行法下では、利用者に対して責任追

---

(10) 当該自動運転車が人身事故を起こした場合には、被害者は、当該自動運転車の所有者等の運行供用者に対して、民法の特別法である自動車損害賠償保障法上の運行供用者責任（事実上の無過失責任）を問い得る。詳しくは、Q3-5を参照。

及する際の法的根拠に乏しく、議論もあまり煮詰まっていない状態である。

　したがって、民法709条により利用者に対して責任追及可能な場面（特に利用者に過失が認められる場面（予見可能性についてどのような具体的な当てはめが可能なのか））についての議論や、民法718条の拡張解釈の可能性について議論を活発化させつつ、立法による手当て等の必要性を真剣に検討するべきであろう。

（白石和泰）

第 3 章　民事法分野

> *Q3-3*　AI・ロボットと製造物責任について教えてください。

Point
・AIそれ自体は、無体物であり⁽¹⁾、製造物責任に関し、「製造物」でなければならないとの要件を満たさないと考えられる。一方、有体物（動産）に組み込まれた場合にはかかる要件を満たすと思われる。しかし、AIが有体物（動産）に組み込まれたか否かの境界は曖昧である。
・製造物責任を追及する者は、「欠陥」と「他人の生命、身体又は財産を侵害した」こととの間の因果関係を立証する必要があるが、複雑な構造を有するAI・ロボットに関しては、「欠陥」および「因果関係」の立証の程度は柔軟に解されると考えられる。

1　製造物責任が認められる要件

　製造物責任を追及しようとする者は、①相手方が「製造業者等」であること、②「製造物」に関する請求であること、③当該製造物に「欠陥」があること、④当該欠陥に「より」（因果関係）、⑤「他人の生命、身体又は財産を侵害した」こと、⑥当該製造業者等が当該製造物を「引き渡した」⁽²⁾ことを立証した場合に、製造物責任を問うことができる（製造物責任法3条）。
　このように過失を要件としないことから、製造物責任は、厳格責任であるといわれる。なお③「欠陥」の意義については Q3-4 参照。

---

(1) 異なる考え方もあり得るところとは思われるが、本項ではこのような理解を前提とする。以下「AI」とのみ触れる場合は同様である。
(2) なお、「引き渡した」ことに関する立証責任の所在については争いがあるが、本項では割愛する。

(1)「製造物」であること

(A) AIと製造物

「製造物」とは、「製造又は加工された動産」をいい（製造物責任法2条1項）、動産は不動産以外の有体物をいう（民法85条、86条2項）。AIそれ自体は、無体物であって有体物（動産）でないことから「製造物」の要件を満たさないと考えられる。もっとも、AIが何らかの機器等である動産に組み込まれた場合には、当該要件を満たす（AIの不具合が、当該製造物の欠陥と解される場合があることになる）とされている。(3)(4)

(B) AIが動産に組み込まれたといえるか

ここで、AIがいつ動産に組み込まれたといえるのか、どのような状態をもって動産に組み込まれたといえるのかは議論の余地がある。

例えば、①ロボット本体にAIがインストールされている場合と、②ロボット本体にAIはインストールされておらず、別の所に保存されているAIがインターネット等を通じてロボットを制御するようなシステムである場合とでは、実質的に当該ロボットの機能に差異がないとしても、後者のような場合は、AIが組み込まれたとはいえず、製造物責任の対象とならないケースもあるだろう。(5) 例えば、②のケースとして、Software as a Service（SaaS）の形態によりAIが提供される場合が挙げられるが、この場合には、AIが当該ロボットに組み込まれたといえるかどうかは明らかでないように思われる。また、欠陥は引き渡し時に存在しなければならないものとされており、(6) 仮に、SaaSとして提供されたAIが当該ロボットに組み込まれたといえるとしても、当該組み込みが製造物の引き渡し後になされた場合には製造物責任は認められないと考えられる。(7)

---

(3) 通商産業省産業政策局消費経済課編『製造物責任法の解説』（通商産業調査会、1994年）67頁。

(4) なお、責任の主体は、「製造業者等」（「製造物」を業として製造、加工又は輸入した者等）になることから、同じ理由により、AIそれ自体の開発および提供者は、製造物責任を負わない可能性があることになる。

(5) このような場合において、両者を区別しない考え方もあり得るとする考えもある（赤坂亮太「情報の製造物責任」に関する考察」情報ネットワークローレビュー第14号134頁）。

(6) 升田純『詳解　製造物責任法』（商事法務研究会、1997年）371頁。

(2)「他人の生命、身体又は財産を侵害」した場合

製造物責任が認められるのは、製造物の欠陥により「他人の生命、身体又は財産を侵害した」場合である（製造物責任法3条）。

したがって、例えば、AI・ロボットが、本人の同意なく個人情報をオンライン上に公開し、あるいは、名誉を毀損する発言をした場合等については、「生命、身体又は財産を侵害」してはいないことから、製造物責任法の範疇ではないこととなる。

2　立証責任の所在

前記1の要件の立証責任は、製造物責任を追及する側にある。しかし、近年の製造物は多数の部品、技術、情報が複雑に組み合わせられているため、一消費者としての個人では、どこに欠陥の原因があったかを解明し、立証することが非常に困難になっている。これに対して、請求の相手方となるのは、当該製造物を製造した製造業者等であることから、このような製造業者等に反論の負担を負わせてもそれほど酷であるとも言い難い。後記のとおり、裁判例は工夫した審理および事実認定を行っているものであり、AI・ロボットにおける製造物責任を考えるにあたって参考になると思われる[8]。

(1) 東京高判平成25・2・13判時2208号46頁[9]

自衛隊が運用する対戦車用ヘリコプターのエンジンが停止またはエンジン出力が急低下したことにより事故が発生した事案において、裁判所は、製造物責

---

(7) ソフトウェアのアップデートや機械学習によって、当該ロボットの引渡し後に「欠陥」が発生したと考えられる場合においても、同様に製造物責任が認められない可能性がある。なお、このような場合においても製造物責任を認めるべきとして、ソフトウェアのアップデート時を製造物の引渡し時とするという見解も主張されている。

(8) 米国法下においては、たとえ設計上の欠陥や製造上の欠陥が製造物責任を追及しようとする者の被害につながった旨の直接的な証明が困難な場合であっても、欠陥が原因で通常生じるような事故の場合であり、かつ他の原因によるものではないときには、原告の証明責任が軽減されるという「誤作動法理」が認められており、日本の判例法上もこれに類似する法理が認められると指摘される（平野晋『ロボット法　AIとヒトの共生にむけて』（弘文堂、2017年）190頁）。

(9) 第一審：東京地判平成24年1月30日、上告棄却。

任法の被害者保護の趣旨および製造物がコンピュータ・アセンブリなどを組み込んだ複雑な構造を有するエンジンであることから判断すると、欠陥の存在の主張立証は、エンジンを適正な使用方法で使用していたにもかかわらず、通常予想できない事故が発生したことの主張立証で足り、それ以上にエンジンの中の欠陥の部位やその態様等を特定したうえで、事故が発生するに至った科学的機序まで主張立証すべき責任を負うものではないと判示した。

(2) 大阪地判平成6・3・29判タ842号69頁

製造物責任法制定前において、購入後8か月のテレビが待機状態で突然発火して火災となった事案において、裁判所は、①テレビの電気製品としての複雑性、②テレビを原因とする火災事例の存在、③その内部が利用者の手の届かないブラックボックスともいうべきテレビの構造上の性質、④製品の性質上利用者が特段の注意を払ったり何らかの危険を甘受したりするべき製品でないこと等を理由に、被害者に具体的な欠陥原因の特定の負担を課すことなく、当該テレビの欠陥を認定し、製造業者の不法行為責任を認めた。

3 開発危険の抗弁

製造業者等は、当該製造物をその製造業者が引き渡した時における科学または技術に関する知見によっては、当該製造物にその欠陥があることを認識することができなかったことを主張・立証することにより、損害賠償責任を免れることができる（製造物責任法4条1項、以下、「開発危険の抗弁」という）。

「当該製造物をその製造業者等が引き渡した時における科学又は技術に関する知見」は、当該時点において入手可能な最高水準の科学技術の知見を意味するとされ、具体的な製造業者の知識や情報収集能力は考慮されないと解されており（東京地判平成14・12・13判時1805号14頁）、開発危険の抗弁が成立する余地は非常に狭く、現時点においてこれを認めた裁判例はないとされる。

もっとも、特に、製造物の販売・提供後において開発者の手を離れて独自に機械学習を行うAI・ロボットに関しては、製造業者等にすべての責任を負わせることが妥当でないとされる場合も想定される。この点は、「欠陥」が引渡し後に発生したものであると解することにより、製造物責任の対象外であると

整理し得るかもしれないが、開発危険の抗弁を積極的に活用し、開発者等のリスクを軽減させるものとして機能させることも考えられよう。

4 立法政策

立法政策としては、今後、製造物責任の対象を AI のような無体物にも拡大する方向性も考えられよう。

また、ソフトウェアのアップデートや機械学習による製造物の引渡し後における性質・性能の変更があり得ることを念頭におけば、製造物の物理的な引渡しのみならず、性質・性能の変化を生ぜしめることも製造物の引渡しに含めて定義していくこともあり得よう。

（沼澤周）

> *Q3-4* AI・ロボットの欠陥について教えてください。

Point
・製造物責任法上、欠陥は、①製造上の欠陥、②設計上の欠陥、③指示・警告上の欠陥に分類されることが一般的である。もっとも当該分類は必ずしも有用とはいえないことに留意が必要である。
・「トロッコ問題」は従来単なる思考実験にすぎなかったが、自動運転システム等の設計にあたっては、十分に考慮される必要がある。

1 欠陥の意義

「欠陥」とは、当該製造物の特性、その通常予見される使用形態、その製造業者等が当該製造物を引き渡した時期その他の当該製造物に係る事情を考慮して、当該製造物が通常有すべき安全性を欠いていることをいう(製造物責任法2条2項)。

欠陥があること、すなわち通常有すべき安全性を欠いている状態の判定基準は、法律上に特段の定めがなく解釈に委ねられている。[1] 欠陥は、①製造工程において設計と異なった製造物が製造されたことによる欠陥(製造上の欠陥、いわゆるアウスライサー(外れ玉))、②製造物の設計そのものの欠陥(設計上の欠陥)、③適切な指示・警告が伴わないことによる欠陥(指示・警告上の欠陥)の3類型に分類されることが一般的である。[2][3]

---

[1] 欠陥の判断基準としては、大きく、消費者が期待する安全性を備えているか否かを基準とする「消費者期待基準」、欠陥判断にあたって製品の危険と効用を比較衡量して効用よりも危険の方が大きいか否かを基準とする「危険効用基準」、他の製造者が製造する同種の製造物が備えている安全性を標準としてその標準から外れているか否かを基準とする「標準逸脱基準」等があるとされているが(升田純『詳解 製造物責任法』(商事法務研究会、1997年) 320頁)、ここでは詳細を割愛し、他の製造物責任法の解説書に委ねることとする。

第3章　民事法分野

(1) 製造上の欠陥

　製造上の欠陥とは、製品の製造工程における不具合により、設計仕様に合わない製品が製造され、同様に製造された他の製品よりも危険な状態にあることをいう。このような欠陥は、製造業者等が厳格な品質管理を実施しても、発生することを完全に防止することは困難である。AI・ロボットにおいては、設計された仕様に合わないロボットが製造されてしまった場合等が想定されるが、この場合には、AI・ロボット固有の問題ではなく、一般的な機械類等と同様に判断されることになるものと考えられる。

(2) 設計上の欠陥

　仮に設計仕様に合致する製品が製造されたとしても、そもそも設計段階において通常有すべき安全性を欠く仕様とされている場合も想定され、これを設計上の欠陥という。

　AI・ロボットにおいては、設計上の欠陥として、AIやアルゴリズムそのものに設計上の欠陥があるとされる場合（例えば一定条件下において極めて危険な挙動を行うことがあらかじめプログラムされている場合、他社で採用されている安全確保措置と比較し、あるいは当時の議論または技術力に照らして不十分と思われるものが実装されていたが、これに合理的な理由がない場合等[4]）が想定されるのではないかと思われる。

(3) 指示・警告上の欠陥

　製造物の設計・製造のほか、指示・警告が不十分・不適切である場合も想定され、このような場合は、指示・警告上の欠陥の問題となる。

　AIが搭載されたロボットが予測不可能な挙動をし得ることが想定されているにもかかわらず、その点について適切な指示・警告を欠いた場合には、指

---

(2) 升田・前掲（注1）403頁。
(3) もっとも、欠陥の各類型は互いに重なりあうことが多く、このような類型化を行うことは、必ずしも有用でないとの指摘もある（升田・前掲（注1）426頁）。
(4) 平野晋「AIネットワーク時代の製造物責任法」福田雅樹ほか編著『AIがつなげる社会　AIネットワーク時代の法・政策』（弘文堂、2017年）271頁。

示・警告上の欠陥があると考えられる(5)。

2 欠陥の意義（各論）

(1) 自動運転自動車の欠陥

(A) 自動運転自動車に想定される欠陥

通常の自動車の構成部品に加えて、自動運転自動車に盛り込まれる重要な技術として、カメラ、レーダー（LiDAR）(6)、高精度三次元地図（ダイナミックマップ）、準天頂システム（CLAS）、高精度測位端末および自動運転システムによる自動制御等が挙げられ、これらについての欠陥が問題となることが考えられる。

とはいえ、製造物責任を追及する消費者にとっては、その原因の究明が困難であることが多いものと想定される。

この点、例えば、自動運転自動車が起こした事故が、人間が運転していれば到底起こり得ない事故であれば、欠陥が容易に認定される場合もあるかもしれないが、当該事故が人間が運転していた場合においても起こり得るものであったときは、欠陥と認定することが困難な場合もあろう。また、事故の原因が、自車のみならず相手方となる自動車や歩行者の挙動にある場合もあり、コントロール不能なこれらの挙動をどこまで予測して設計しなければ欠陥になるのかという点は非常に難解な問題である。加えて、提供された地図データおよび位置データに問題がある場合には、部品の性能も含めて、どの程度の精度を有する必要があるか等といった問題も生じ得よう。

(B) 自動運転自動車開発における問題――トロッコ問題

トロッコ問題とは、「制御不能になったトロッコが、5人の作業員がいる線路に向かって猛スピードで向かっているところ、あなたはそのトロッコを別の線路に向かわせることができる分岐器がある場所にいるが、切り替えた先の線路にも作業員が1人いる事例において、あなたはトロッコの進路を変えるか」という倫理学における仮想問題である。

---

(5) 平野・前掲（注4）271頁。
(6) Light Detection and Ranging/Laser Imaging Detection and Ranging

第3章　民事法分野

　従来、単なる思考実験にとどまっていた問題であるが、自動運転システムを開発するにあたっては、このような場合も含めた対応をあらかじめ決定しなければならないだろう。例えば、前方をバイクが2台走っており、交通ルールを守りヘルメットを着用した運転者が運転するバイクと、ヘルメットを着用していない運転者が運転するバイクのいずれかに衝突することが避けられない場合において、生存可能性が高いと判断して交通ルールを守りヘルメットを着用した運転者が運転するバイクに衝突することを選択するなど、AIが生存可能性のみを基準として判断してしまうことにより却って不合理とも思われる結果が生じるのではないかという指摘もある。[7]実際にこのような特異な例が生じるか、自動運転走行中に「倫理的」な判断をするための十分な情報を取得できるか、等の疑問も生じるが、AIの判断次第では、設計上の欠陥が認められる場合もあると思われる以上、何らの検討もしないという姿勢を貫くことは難しいであろう。

(2) 医療ロボットの欠陥

　例えば、モニターをみながら、ロボットアームを利用してメスを使用するような手術支援ロボットであれば、医師などの専門家が使用することが想定されており、医師が有する知識や技術が前提となることから、欠陥の判断は他の消費者向け製品に関する判断とは異なるものになると考えられる。

　今後は、例えばパワーアーム等の人間の数倍の力を発揮するロボットを介護の現場に導入することや、医療において医師等の手を離れたAIによる自動手術が可能となるとすれば、より医療ロボットの欠陥が問題となるケースが増えるのではないかと思われ、今後の注視が必要である。

(沼澤周)

---

[7] その他の例については、平野晋『ロボット法　AIとヒトの共生にむけて』（弘文堂、2017年）137頁以下参照。

Q3-5

> *Q3-5* 日本における自動運転の現状および民事上の法的論点の概要について教えてください。

Point
- 現在、日本では、戦略的イノベーション創造プログラム（以下、「SIP」という）等が中心となり、EU や米国との国際連携活動や国連での関連部会への積極的な関与を行いつつ、各ステークホルダーが協調して、自動運転システム参照用の三次元地図データ、HMI（Human Machine Interface）、サイバーセキュリティ技術について開発・標準化等が進められている。
- 自動運転社会における法的責任としては、民事上の責任、刑事上の責任および行政法規上の責任の３つが考えられるところであり、複数の関係者の法的責任問題が絡み合う状態になることが想定される。
- 民事上の責任においては、自動車損害賠償保障法（自賠法）に定められた運行供用者責任が特に重要と考えられるが、自動運転社会においても、当面は、従来の運行供用者責任を維持しつつ、保険会社等による自動車メーカー等に対する求償権行使の実効性確保のための仕組みを検討することが適当と考えられる。

1　自動運転とは

　自動運転とは、人間が運転時に、思考的（大脳的）あるいは反射的（小脳的）に行っている、「認知」、「判断」、「操作」をシステムが代替するものといえる。現在、日本では、米国 SAE International J3016（2016 年 9 月）[1]のレベル分け（図表 3-1）にならい、人間の運転者が運転時のすべての操作を行う状態を「レベル 0」とし、加速（アクセル）・操舵（ハンドル）・制動（ブレーキ）（以下、総

---

[1] Society of Automotive Engineers

第3章　民事法分野

図表 3-1　自動運転レベルの定義の概要

レベル	概要	安全運転に係る監視、対応主体
運転者が一部又は全ての動的運転タスクを実行		
レベル0 運転自動化なし	・運転者が全ての動的運転タスクを実行	運転者
レベル1 運転支援	・システムが縦方向又は横方向のいずれかの車両運動制御のサブタスクを限定領域において実行	運転者
レベル2 部分運転自動化	・システムが縦方向及び横方向両方の車両運動制御のサブタスクを限定領域において実行	運転者
自動運転システムが（作動時は）全ての動的運転タスクを実行		
レベル3 条件付運転自動化	・システムが全ての動的運転タスクを限定領域において実行 ・作動継続が困難な場合は、システムの介入要求等に適切に応答	システム （作動継続が困難な場合は運転者）
レベル4 高度運転自動化	・システムが全ての動的運転タスク及び作動継続が困難な場合への応答を限定領域において実行	システム
レベル5 完全運転自動化	・システムが全ての動的運転タスク及び作動継続が困難な場合への応答を無制限に（すなわち、限定領域内ではない）実行	システム

※ここでの「領域」は、必ずしも地理的な領域に限らず、環境、交通状況、速度、時間的な条件などを含む。
出典：高度情報通信ネットワーク社会推進戦略本部・官民データ活用推進戦略会議「官民ITS構想・ロードマップ2018」5頁

称して「運転三操作」という）のいずれかの操作をシステムが行う状態を「レベル1」、運転三操作のうち複数を一度にシステムが行う状態を「レベル2」、運転三操作のすべてをシステムが行い、システムが要請したときは運転者（人間）が対応する状態を「レベル3」、限定された領域下において運転三操作をすべてシステムが行い、ドライバーが全く関与しない状態を「レベル4」、無制限の領域下において運転三操作をすべてシステムが行い、ドライバーが全く

関与しない状態を「レベル5」と定義している。

2 日本における自動運転の現状

高レベルの自動運転を実現するためには、さまざまな先端技術が必要となる。そのため、現在、日本では、SIP等が中心となり、EUや米国との国際連携活動や、国連の関連部会（WP29やWP1）への積極的な関与を行い、例えば、HMI（Human Machine Interface／人間・機械間のインターフェース。「自動運転と手動運転が切り替わるときの警告方法やタイミング」の規格や枠組み、あるいは、緊急時における、運転者の操作と機械の判断とが競合した場合、どのように優劣をつけて制御するかといった点等が問題となる）やサイバーセキュリティレベルについて、国際標準化の議論を日本に有利に進めることを目指しつつ、各ステークホルダーが協調して、自動運転システム参照用の三次元地図データ（いわゆる3Dダイナミックマップ）、HMI、サイバーセキュリティ技術について開発・標準化等が進められている（なお、車両同士の情報交換用通信技術の協調はすでに目標達成、実用化済とのことである）[2]。また、SIPによって、特に重要な5つの課題領域（①自動走行用の高精度な3次元デジタル地図（ダイナミックマップ）、②ドライバーの運転意識集中度のデータ収集等（HMI）、③サイバー攻撃に対する自動走行車両の防御機能確認（情報セキュリティ）、④車と歩行者端末間の無線通信による事故低減効果検証（歩行者事故低減）および公共バスへの自動走行技術等の活用に関する検証（次世代都市交通））についての実証実験が、テストコース内のみならず、高速道（東名、新東名、首都高、常磐道の一部）、一般道（東京臨海地域周辺、茨城県つくば市周辺等）で2017年10月から行われている[3]。さらに、その他、沖縄におけるバス自動運転実証実験や中山間地域における道の駅等を拠点とした自動運転サービス実証も行われている（図表3-2）。

---

[2] 国土交通省広報誌「国土交通」135号8〜9頁。
[3] 平成29年10月3日内閣府プレスリリース「「自動走行システム」の大規模実証実験の実施について」。

第 3 章　民事法分野

図表 3-2　日本における自動運転公道実証実験

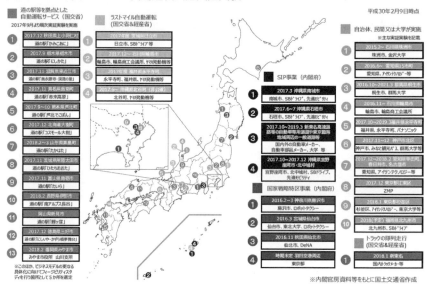

出典：国土交通省「自動運転に関する最近の動向について」(http://www.mlit.go.jp/common/001225574.pdf)

3　自動運転における法的論点の概要

　自動運転に関する法的責任としては、民事上の責任、刑事上の責任および行政法規上の責任の3つが考えられるところであるが、本問においては、民事上の責任を取り上げることとし、刑事上の責任についてはQ4-2、4-3を、また、行政法規上の責任についてはQ5-14をそれぞれ参照されたい。

　なお、法的責任論ではないが、自動運転の制御系プログラム（AI）のアルゴリズムを構築するにあたり、トロッコ問題といわれる課題を検討すべきとされているが、この点については、Q3-4を参照されたい。

　自動運転に関する法的責任が問題となる顕著な場面としては、自動運転車による事故が発生した場合が考えられるので、以下、当該事故が発生した場合を念頭に論を進めていきたい。人間が運転する自動車が事故を起こした場合には、

基本的には、運行供用者／運転者の責任を中心に考えていけば足りたところ、自動運転車による事故の場合には、民事上の責任関係はより複雑な様相を呈する。つまり、①被害者、②運行供用者・運転者、③自動車／車載 ITS 装置の製造者、④インフラ側 ITS 装置の製造者、⑤インフラ側 ITS 装置の管理者、⑥情報提供事業者、⑦被害者以外の歩行者・他の自動車の運転者その他の前記以外の第三者、等の多くの関係者それぞれの民事上の責任の所在を検討する必要が出てくるものと考えられる。

この点、民事上の責任として最も重要なものは、民法の不法行為責任の特則として定められている、自動車損害賠償保障法（以下、「自賠法」という）に定められた運行供用者責任である。そこで、本問では運行供用者責任を中心に論じることとする。

(1) 自動車損害賠償保障法に基づく民事上の責任

まず、自賠法 3 条（自動車損害賠償責任）は、次のように定めている。

> 自己のために自動車を運行の用に供する者は、その運行によつて他人の生命又は身体を害したときは、これによつて生じた損害を賠償する責に任ずる。
> ただし、
> ① 自己及び運転者が自動車の運行に関し注意を怠らなかつたこと
> ② 被害者又は運転者以外の第三者に故意又は過失があつたこと並びに
> ③ 自動車に構造上の欠陥又は機能の障害がなかつたこと
> を証明したときは、この限りでない。

※下線、ナンバリングは筆者による。

前記①ないし③はいわゆる免責 3 要件と呼ばれるものであり、被害者救済の見地から、自動車所有者等の運行供用者がこれらすべてを立証できなければ責任を負うこととされ、運行供用者には事実上の無過失責任が課せられている。例えば、レベル 3 以上の自動運転車（レベル 3 の場合は自動運転モード中）が、

第3章　民事法分野

正しく動作せずに、人身事故を起こした場合、免責3要件のうち、①は満たすと考えられるものの、③は満たさないと考えられるため、自動運転車の所有者等の運行供用者は、自賠法上の運行供用者責任を免れない[4]。とはいえ、なんら運転に関与しない運行供用者に対して、現行法の建て付けを維持して責任を負わせ続けることが妥当かどうかといった点は問題となる。

　この点について、国土交通省は、レベル0〜4までの自動車が混在する当面の「過渡期」においては、（ⅰ）自動運転においても自動車の所有者、自動車運送事業者等に運行支配および運行利益を認めることができ、運行供用に係る責任は変わらないこと、（ⅱ）迅速な被害者救済のため、運行供用者に責任を負担させる現在の制度の有効性は高いこと等の理由から、従来の運行供用者責任を維持しつつ、保険会社等による自動車メーカー等に対する求償権行使の実効性確保のための仕組みを検討することが適当であるとしている[5]。

　確かに、迅速な被害者救済を第一に考えるのであれば、前記結論は妥当であり、国土交通省が指摘するとおり、自動運転技術の高度さ・複雑さゆえの求償時の立証の困難性等の回避のため、「求償権行使の実効性確保のための仕組み[6]」が整備されるのであれば、社会的理解も得られやすいものと考えられる。

(2)　自動車損害賠償保障法以外の民事上の責任

　自賠法以外の民事上の責任としては、例えば、①民法上の不法行為責任（運行供用者自身の人身事故や物損事故など、他人の生命または身体を害する事故以外

---

(4) 自賠法における③の要件（自動車に構造上の欠陥または機能の障害がなかったこと）との関係で、現行自動車損害賠償保障法下で免責の主張が認められる可能性がある場合とは、加害車両に搭載されたITS装置には構造上の欠陥又は機能の障害がなく、もっぱらインフラ側のITS装置にのみ欠陥・瑕疵がある場合で、かつ、運行供用者・運転者が無過失である場合に基本的には限定されるのではないか。

(5) 国土交通省自動車局「自動運転における損害賠償責任に関する研究会「報告書」」(2018)〈http://www.mlit.go.jp/common/001226365.pdf〉

(6) 求償等にかかる裁判が増加することが見込まれることや、非常に専門的かつ複雑であろう当該裁判の長期化の懸念等に鑑みれば、法的責任論に加えて、ITS装置のメーカー等による情報提供の仕組み（情報開示制度）、走行時の情報記録義務等についての法整備もあわせて進めていくべきであろう。

の事故で問題となる)、②製造物責任、③工作物責任・営造物責任などが問題となる。

①については、Q3-2 を、②については、Q3-3、3-4 をそれぞれ参照されたい。

残る③の工作物責任・営造物責任であるが、自動運転社会においては、インフラ側における ITS(7)(高度道路交通システム)装置が増加することが想定され、当該装置が自動運転車の自動走行時に果たす役割も拡大すると考えられる。このことからすれば、それに伴って、土地工作物責任(民法717条)ないし営造物責任(国家賠償法2条)が問題となる場面も多くなると考えられる。ここで、土地工作物ないし営造物の設置・管理の「瑕疵」とは、工作物ないし営造物が、通常(本来)備えているべき(安全性に関する)性状・設備を欠いている状態をいうと解されるところ、例えば、工作物ないし営造物側からの誤った情報指示(8)に従ったことにより自動車事故が発生した場合には、当該工作物ないし営造物の所有者、管理者等が工作物責任・営造物責任を負う可能性がある。

もっとも、誰がどのような責任を負うのかは、インフラ側 ITS 装置の役割の重要性、自動運転車がどの程度当該インフラ側 ITS 装置に依拠して走行することが社会的コンセンサスとして想定されているのか、等の状況によって大きく変わり得るところである。インフラ側 ITS 装置から提供される情報は非常に重要なものであるとはいえ、インフラ側 ITS 装置が誤った情報を発した場合であっても、常に誤りのない情報を提供することが、当該インフラ側 ITS 装置の前提とはされていない場合(当該インフラ側 ITS 装置は誤った情報の提供がなされることもあるといった仕様にすぎず、ユーザ側(自動運転車側)としても、あくまで誤りがあり得る参考情報として当該インフラ側 ITS 装置からの情報の提供を受けることが前提となっている場合)には、必ずしも当該装置に瑕疵があるとはいえない可能性はあり、当然にはインフラ側 ITS 装置の所有者、管理者等に工作物責任・営造物責任が認められるということにはならないと考えられる

---

(7) Intelligent Transport Systems
(8) 遠藤浩編『基本法コンメンタール 債権各論Ⅱ(第4版)』(日本評論社、2005年)91頁、西埜章『国家賠償法コンメンタール』(勁草書房、2012年)734〜735頁。

第3章　民事法分野

点には留意が必要であろう。

　また、この場合、インフラ側 ITS 装置に対して自動運転車を運行するために利用される情報自体を提供する者の不法行為責任についても同様に問題となるが、自動運転車は、基本的には当該情報のみに依拠して走行するものではないと考えられるので、誤った情報と事故との相当因果関係が否定される可能性があり、インフラ側 ITS 装置への情報提供者の不法行為責任が当然に認められるということにはならないと考えられる。

4　まとめ

　さまざまなレベルの自動運転車、マニュアル（もっぱら人間が運転する）車、歩行者その他の道路利用者等が混在する自動運転社会を想定した場合、法的責任に関して検討しておくべき論点は多岐にわたるうえ、単純ではない。例えば、システムの機能限界時等において、レベル3の自動運転モードからマニュアル運転への遷移がシステム側から要請された場合における法的責任論等は非常に悩ましい（この意味でも HMI は極めて重要である）。

　したがって、まずは技術的にも容易な限定された領域（例えば、一般車両が利用可能な車線とは物理的にも分離された高速道路の特定の車線等）における、レベル3以上の自動運転の実用化を目指すこととし、比較的単純と思われる当該限定領域下における法的問題点を先んじて整理したうえで、関連する法整備を先行して行うことは大いに検討に値するだろう。

　　　　　　　　　　　　　　　　　　　　　　　　　　　（白石和泰）

Q3-6

> *Q3-6* AIを利用したソフトウェア開発を委託する契約を締結するにあたり、どのようなことに気を付ける必要があるでしょうか。

Point
・AIを利用したソフトウェア開発の委託に関する契約については、経済産業省が2018年6月に「AI・データの利用に関する契約ガイドライン」を作成、公表している。
・AIを利用したソフトウェア、特に学習済みモデルの開発には、①学習済みモデルの内容・性能等が契約締結時に不明瞭な場合が多い、②学習済みモデルの内容・性能等が学習用データセットによって左右される、③ノウハウの重要性が特に高い、④生成物について更なる再利用の需要が存在する、といった特徴があるとされる。
・上記のように、契約時に先を見通すことが困難であるという特徴から、ガイドラインでは、開発方式として、①アセスメント段階、②PoC段階、③開発段階、④追加学習段階に分けた「探索的段階型」の方式が提唱されている。もっともユーザとしては、開発を含めた全体のコストの把握が困難となる点に留意が必要であろう。
・学習済みモデルの権利帰属および利用条件の設定は、特にユーザとベンダの利害が対立しやすい点の1つであるが、双方の寄与度等を踏まえつつ具体的に検討・決定することが望まれる。

1 経済産業省によるガイドライン

　AIを利用したソフトウェア開発の委託に関する契約を締結するにあたり、ユーザおよびベンダは、それぞれどのような点に注意する必要があるか。
　システム開発については、経済産業省が2007年に公表した報告書である「情報システム・モデル取引・契約書（受託開発（一部企画を含む）、保守運用）

第3章　民事法分野

＜第一版＞」(1)(以下、「モデル契約書」という)がたびたび参照されてきた。AIもまたシステムの1つであり、同報告書がなお参考になる面はあるものの、同報告書は、対象システムとして、重要インフラ・企業基幹システムの受託開発、保守・運用を想定するなど、必ずしも昨今のような AI 開発が想定されていたわけではない。そこで、経済産業省は、2018 年 6 月、AI 技術を利用したソフトウェアについて、その特性を踏まえたうえで、AI 技術を利用したソフトウェアの開発・利用を促進することを目的として、「AI・データの利用に関する契約ガイドライン」を作成、公表した(同ガイドラインは、データ編および AI 編からなるが、本稿では、これらのうち AI 編を指して、以下、「ガイドライン」という)。(2)

本稿では、ガイドラインを参照しつつ、AI を利用したソフトウェア開発の特徴および AI を利用したソフトウェア開発契約を締結するにあたっての留意点について概観するとともに、開発契約においてユーザとベンダの利害対立が特に先鋭化しやすいと思われる学習済みモデルの権利帰属や利用条件の設定について契約交渉時の考慮要素を確認する。

2　AI を利用したソフトウェア開発の特徴

そもそも、従来型のソフトウェア開発と比較して、AI を利用したソフトウェアの開発にはどのような特徴があるか。ガイドラインは、学習済みモデル(学習用データセットを用いた学習の結果得られたパラメータ(係数。いわゆる学習済みパラメータ)が組み込まれた推論プログラム)の生成を念頭に、以下の点を特徴として挙げる。(3)

① 学習済みモデルの内容・性能等が契約締結時に不明瞭な場合が多いこと。
② 学習済みモデルの内容・性能等が学習用データセットによって左右されること。

---

(1) 〈http://www.meti.go.jp/policy/it_policy/keiyaku/model_keiyakusyo.pdf〉
(2) 〈http://www.meti.go.jp/press/2018/06/20180615001/20180615001-3.pdf〉
(3) ガイドライン 18 頁以下。

③ ノウハウの重要性が特に高いこと。
④ 生成物について更なる再利用の需要が存在すること。

　ユーザおよびベンダは、ともに、契約締結にあたっては上記の特徴を踏まえて条件交渉等に臨むべきといえる。とはいえ、学習済みモデルの内容・性能等が契約締結時に不明瞭な場合が多い（上記①）からといって、いかなる場合にも学習済みモデルの内容・性能が保証されない（保証される必要がない）というものではないし、また、生成物（学習済みモデル等）について、いずれかの当事者による再利用（上記④）を常に前提としなければならないものでもない。上記の特徴を踏まえつつも、開発に際して投じられる双方の費用や労力、ノウハウ、投入されるデータセットの秘密性の程度など、個別の事情を考慮したうえでその都度条件交渉することが望まれる。

3　開発手法および契約方式についての考え方

　2007年のモデル契約書において想定されていた開発手法は、いわゆるウォーターフォールモデル（要件定義、外部設計、内部設計、プログラミング等の各工程を明確に区切り、順次実行される方式）であった。

　これに対し、ガイドラインは、上記2のようなAIを利用したソフトウェア開発の特徴を踏まえ、試行錯誤型の開発を許容する観点から、開発プロセスに、①学習済みモデルの実現可能性を検討するアセスメント段階[(4)]、②PoC段階[(5)]、③開発段階[(6)]、④追加学習段階[(7)]を設けて、段階ごとに、AI技術によって自らの

---

(4) ベンダがユーザとの間で秘密保持契約を締結したうえで、ユーザから一定量のデータ（例えば、ユーザ側でそれほど労力をかけずに提供できるデータ）を受領し、学習済みモデルの生成可能性があるか否かを事前検証する段階（ガイドライン44頁）。
(5) PoC（Proof of Concept）とは、概念実証のことであり、新たな概念やアイデアを、その実現可能性を示すために、部分的に実現することを意味する（ガイドライン6頁）。学習済みモデルの生成においては、ユーザまたはベンダが保有しているデータを基に学習済みモデルの生成を進めるかについて検証する段階として捉えられることが多い（ガイドライン45頁）。
(6) 実際に学習用データセットを用いて学習済みモデルを生成する段階（ガイドライン46頁）。
(7) ベンダが納品した学習済みモデルについて、追加の学習用データセットを使って学習をする段階（ガイドライン46頁）。

第3章　民事法分野

目的を実現することができるか否かや、次の段階に進むか否かについて探索しながら、それらの検証と当事者相互の確認を得ながら開発を進めていくプロセス（「探索的段階型」の開発方式）を導入することを提唱する。

このような開発方式とした場合、ユーザにとっては全体のコスト把握が困難である（少なくとも③の開発段階の契約が締結されるまでは、開発までに要する費用の総額を見通すことができない）というデメリットがあると思われる。しかし、途中の段階で必要な性能を有する学習済みモデルができないことが判明した場合に次の段階に進まないという選択をすることができるという点では、双方にとって無用な損害の拡大を防ぐことができる方式であるし、また、ユーザにとっても、開発に至るまでに、ベンダの力量を測る機会を得ることができる方式であるともいえる。

なお、ガイドラインは、上記各段階のいずれについても、請負型ではなく準委任型の契約が親和的であるとするが、開発段階の契約については、想定されている学習済みモデルの仕様が事前に確定できるような場合には、請負型の契約が相応しいということもあり得る。こちらも、最終的には、個別の契約内容に即して決定すべき事柄であるといえよう。

4　学習済みモデルに関する権利帰属や利用条件の設定

AIを利用したソフトウェアの開発契約において、ユーザとベンダの利害対立が先鋭化しやすい論点の1つとして、学習済みモデルに関する権利帰属や利用条件の設定が挙げられる。

ユーザおよびベンダは、当該開発契約において想定されている成果物が具体的にどのようなものであるかを踏まえつつ、知的財産権の対象となる部分とならない部分に分けて検討する必要がある。知的財産権の対象となる部分については、その権利が法律上いずれの当事者に生じるものであるか、そして、それを他方に譲渡するか、譲渡しないとしても利用許諾するか、それらの場合の条件をどうするか等について検討することとなる。また、知的財産権の対象とならない部分（例えば学習済パラメータは知的財産権の対象となりにくいと思われる）

---

(8) ガイドライン48頁。

については、原則として当該部分については現実にアクセス可能な当事者が自由に利用することができるということを前提として、当事者間の合意（契約）により利用を制限する必要があるか否か、あるとしてその内容をどうするかについて検討することとなる。[9]

　権利帰属や利用条件を決定するにあたっての基準について、ガイドラインは、その対象となるデータやプログラムの生成・作成に寄与した程度（寄与度）、これに要する労力や、必要な専門知識の重要性、データやプログラムの利用により当事者が受けるリスク等を主たる基準として判断されることが一般的であると考えられるとする。また、寄与度に影響する要素としては、次のものが考えられるとする。[10]

- ・当事者が提供したデータ・ノウハウ・創意工夫の価値
- ・当事者の技術力
- ・生成・作成に要した人的・物的なコスト
- ・生成物の独自性・固有性・当事者にとっての有効性、有用性
- ・支払われる対価の額や支払条件等

　また、ガイドラインは、利用条件の設定に関し、主な交渉ポイントとして、次のようなものが考えられるとしており、[11]こちらも参考にしつつ条件交渉するべきであろう。実務上、ユーザがベンダによる学習済みモデルの転用（特にユーザにとっての競合他社への転用）に対し懸念を示すケースが少なくなく、双方にとって慎重な交渉が望まれる。

- ・利用目的（契約に規定された開発目的に限定するか否か）
- ・利用期間
- ・利用態様（複製、改変およびリバースエンジニアリングを認めるか）
- ・第三者への利用許諾・譲渡の可否・範囲（他社への提供（横展開）を認める

---

(9) ガイドライン 27〜28 頁。
(10) ガイドライン 28 頁。
(11) ガイドライン 29〜30 頁。

第 3 章　民事法分野

　　か、競合事業者への提供を禁じるか）
・利益配分（ライセンスフィー、プロフィットシェア）

(小林央典)

第4章
刑事法分野

第4章　刑事法分野

> *Q4-1*　ロボット・AIが犯罪に関わった場合、誰がどのような刑事責任を負うことが考えられますか。

Point
・ロボット・AIが犯罪に関わった場合、設計者、製造者、自動運転の運転者などの自然人、法人が刑事責任を負うことが考えられる。
・ロボット・AI自体が刑事責任を負うと考えることは可能だが、刑事責任を問う意義については議論がある。

1　ロボット・AIに関わる刑事責任

　電子的なプログラムやソフトウェアといったAIと、そのようなAIを搭載した機械であるロボットの挙動・動作が、人を死傷させたり、物を損壊したりした場合に、誰が（何が）、いかなる刑事責任を負うことになるのだろうか。
　また、当該犯罪に該当する挙動・動作をしたロボットやAIが、何らかの刑事責任を負うことがあるのだろうか。刑事責任を負う場合、どのようにして責任を負うのだろうか。
　自律的に行動するロボット・AIが犯罪を行い、そのロボット・AI自体の刑事責任が問題になり得るのは、まだしばらく先の未来のことだと考えられる。近時は、ロボット・AIと刑事責任に関しては、自動車の自動運転に関して広く論じられており、そこでは自動運転車の運転者、設計者、製造者の刑事責任について論じられている（Q4-2参照）。
　本項では、ロボット・AI自体の刑事責任に関する議論を紹介する。

2　ロボット・AIの刑事責任

(1) ロボット・AIの刑事責任を想定できるか
　ロボット・AIが犯罪を行ったとき、ロボットの設計者、製造者、自動運

の場合の運転者、AIのプログラムの製作者などの自然人や法人の刑事責任は、イメージしやすいだろう。

では、ロボット・AI自体の刑事責任を想定することはできるだろうか。

ロボット・AIの刑事責任能力について、倫理的な判断を行う主体が刑事責任を負うことを前提とする伝統的な刑法理論からは、ロボット・AIの挙動（動作）を「行為」と扱うことができるのか、ロボット・AIの「責任能力」を想定することができるのかという観点から議論されている[1][2]。

(2) ロボット・AIの「人格」

ロボット・AIの刑事責任に関連して、ロボット・AIの「人格」を肯定できるかとの議論がある。これには、自然人との類似性からロボット・AIの「人格」を考えるアプローチと、ロボット・AIに「人格」を付与して刑罰を科すことの可能性を考えるアプローチがあるとされている[3]。

前者では、どのような点が自然人と類似していれば「人格」を認めることができるのかが問題になる。このアプローチによれば、事物を認識して判断する能力があり、言語を用いることができ、かつ人間と同じような形をしたロボット・AIであれば、「人格」を認めやすいとも考えられる。しかし、これに対しては、人間と類似した要保護性という過度な要求がされるとの指摘がある。また「人間とは何か」との論争につながるという指摘もある。

他方、後者では、ロボット・AIに刑罰を科すことの意義が正面から問題となる（(5)参照）[4]。

なお、ドイツでは、ロボット・AIの電子的人格について議論されている[5]。

---

(1) 今井猛嘉「自動車の自動運転と刑事実体法―その序論的考察」山口厚ほか編『西田典之先生献呈論文集』(有斐閣、2017年) 524～528頁。

(2) ほかにAIと刑事責任について論じたものとして、笹倉宏紀「AIと刑事法」山本龍彦編著『AIと憲法』(日本経済新聞出版社、2018年) 404～414頁。

(3) 深町晋也「ロボット・AIと刑事責任」弥永真生・宍戸常寿編『ロボット・AIと法』(有斐閣、2018年) 218頁。

(4) 深町・前掲（注3）217頁、根津洸希「スザンネ・ベック『インテリエント・エージェントと刑法』」千葉大学法学論集31巻3・4号117頁。

(3) ロボット・AIの「行為」

ロボット・AIの刑事責任を論じる前提として、ロボット・AIに固有の「行為」を想定できるかについて議論がある。[6]

まず、ロボット・AIが、自ら収集した情報に基づいて、プログラムに従って演算処理を行い、その挙動を選択、実行した場合、これを、プログラムの処理に起因する「ロボット・AIの意思に基づく行為」と評価することは可能であるとの見解がある。

他方、行為とは善悪を判断する倫理観を有する人間についてのみ想定すべきという伝統的な考え方から、ロボット・AIに固有の行為は想定できないとする見解がある。これに対しては、ロボット・AIが収集した情報に基づく挙動の選択の適否を自ら判断し学習する機能が高度化し、ロボット・AI自体が人間の善悪の区別に即して情報処理するようになれば、倫理的判断に基づくAIの行為を想定することも可能になり得るとの見解もある。

(4) ロボット・AIの責任能力

刑事法において、刑事責任を問うことができる能力、すなわち責任能力は、事理弁識能力と行動制御能力であるとされている。このうち事理弁識能力は、行為の結果が社会的に許されるものかを判断する能力である。

ロボット・AIが、その行為（行為性を肯定できるとして）が社会的に許されるものであるか（違法なものか）という倫理的な判断を行うことができるのであれば、伝統的な刑法学の立場からも、ロボット・AIに事理弁識能力を認めることは可能と考えられる。[7]ロボット・AIに人の善悪の判断と同様の選択を行うプログラムを搭載することができれば、ロボット・AIの事理弁識能力を肯定することもでき得るのではないだろうか。

そして、ロボット・AIは、収集した情報に基づいてその行動を選択し、実

---

(5) 「AIと人格」について、AIの「権利能力」とAIの「人権享有主体性」の二つの意義から論じているものとして、栗田昌裕「AIと人格」山本編著・前掲（注2）201頁以下。
(6) 今井・前掲（注1）524～526頁参照。
(7) 今井・前掲（注1）526～528頁参照。

行するのであるから、行動制御能力を肯定することも可能とも考えられる。

　以上のように考えれば、理論上はロボット・AI の刑事責任能力を想定することは可能と言い得る。

(5) ロボット・AI と刑罰

　ロボット・AI に刑罰を科すことができるかについて、刑罰の抑止効果の観点から、自然人とは別に人格を認めて刑罰を科す意義が基本的に存在しないという見解がある。[8]この見解は、ロボット・AI は所有者や製造者など自然人や企業にロボット・AI に関する経済的利益が帰属するのであり、ロボット・AI に対する罰金刑は意義がなく、ロボット・AI を拘束する自由刑としての懲役刑・禁固刑、ロボット・AI を破壊、消去することによる生命刑としての死刑を科す意義も基本的にないとする。なお、ロボット・AI の刑罰に関しては、法人処罰と比較されることがあるが、法人処罰は自然人とは別に法人に刑罰（罰金刑）を科すことにより抑止効果が発揮されるとされている点が、ロボット・AI の場合と異なっている。

　他方、刑罰の応報的機能の観点から、違法行為を引き起こしたプログラムを消去したり、一定期間作動させないようにすることが可能であるとの見解もある。[9][10]

（秋山淳）

---

(8) 深町・前掲（注3）218～219 頁。
(9) 今井・前掲（注1）529 頁。
(10) 「意思の自由を否定し、犯罪は行為者の性格・素質と環境から生じる必然的事象である」とする新派刑法学の立場から、現在の AI は人の脳の機構を模倣・再現したものであることから、AI の社会に対する危険性を除去するために、アルゴリズムの改修やバイアスの除去などを施し、または誤りを除去するために新たな学習を強制するなどの措置をとることが可能との見解もある。笹倉・前掲（注2）413 頁。

第 4 章　刑事法分野

> **Q4-2**　自動車の自動運転により事故が発生した場合に、運転者、設計者、製造者はどのような刑事責任を負うことが考えられますか。

Point
・自動運転技術は運転者の関与の有無、程度により 6 段階に分類される。
・運転者、設計者、製造者が過失運転致死傷罪等の刑事責任を負うことが考えられる。

1　自動運転について

　ロボット・AI と刑事法に関して論じられる多くの場合は、自動車の自動運転について「過失犯」を中心として論じられている。これは、自動運転技術が日々進化し、広く紹介されるようになり、刑事責任にロボット・AI が関係する場面として、市民にとって身近で一番想定しやすいからであると考えられる。[1]
　自動運転システムは、高度情報通信ネットワーク社会推進戦略本部・官民データ活用推進戦略会議「官民 ITS 構想・ロードマップ 2018」（平成 30 年 6 月 15 日）では、レベル 0 からレベル 5 の 6 段階に定義・分類されている（図表 4-1）。[2] これは SAE International の「J3016」の定義を採用したものである。[3]
　レベル 0 では運転者が運転のすべてを実行し、レベル 1～2 では運転者が運転の一部を実行することになり、運転中の監視や対応は運転者自身が行うことになる。レベル 3～5 では、自動運転システムが運転の動作をすべて実行するが、システムの作業継続が困難な場合の運転者（搭乗者）の関与の要否、関与の範囲が異なっている。

---

(1) 福岡真之介編著『AI の法律と論点』（商事法務　2018 年）150 頁。
(2) 〈https://www.kantei.go.jp/jp/singi/it2/kettei/pdf/20180615/siryou9.pdf〉
(3) Society of Automotive Engineers

図表 4-1　自動運転レベルの定義の概要

レベル	概要	安全運転に係る監視、対応主体
運転者が一部又は全ての動的運転タスクを実行		
レベル0 運転自動化なし	・運転者が全ての動的運転タスクを実行	運転者
レベル1 運転支援	・システムが縦方向又は横方向のいずれかの車両運動制御のサブタスクを限定領域において実行	運転者
レベル2 部分運転自動化	・システムが縦方向及び横方向両方の車両運動制御のサブタスクを限定領域において実行	運転者
自動運転システムが（作動時は）全ての動的運転タスクを実行		
レベル3 条件付運転自動化	・システムが全ての動的運転タスクを限定領域において実行 ・作動継続が困難な場合は、システムの介入要求等に適切に応答	システム （作動継続が困難な場合は運転者）
レベル4 高度運転自動化	・システムが全ての動的運転タスク及び作動継続が困難な場合への応答を限定領域において実行	システム
レベル5 完全運転自動化	・システムが全ての動的運転タスク及び作動継続が困難な場合への応答を無制限に（すなわち、限定領域内ではない）実行	システム

出典：「官民ITS構想・ロードマップ2018」5頁

　また「ロードマップ」では、近い将来に市場化・サービス実現が見込まれる具体的な自動運転システムとして、「準自動パイロット」「自動パイロット」を挙げている（図表4-2）。

　なお、現行法下では、道路交通に関する条約（ジュネーブ条約）により、レベル3以上の自動運転車を公道で走行させてはならないこととなっている（Q5-13参照）。

第 4 章　刑事法分野

図表 4-2　具体的な自動運転システム等とその概要

システム名	概要	該当するレベル
「準自動パイロット」	・高速道路での自動運転モード機能（入口ランプウェイから出口ランプウェイまで。合流、車線変更、車線・車間維持、分流など）を有するシステム。 ・自動運転モード中もドライバーが安全運転に係る監視・対応を行う主体となるが、走行状況等について、システムからの通知機能あり。	レベル 2
「自動パイロット」	・高速道路等一定条件下での自動運転モード機能を有するシステム。 ・自動運転モード中はシステムが全ての運転タスクを実施するが、システムからの要請に応じ、ドライバーが対応。	レベル 3

出典：「官民 ITS 構想・ロードマップ 2018」8 頁

2　運転者の刑事責任（自動運転車が交通事故を起こして人を死傷させた場合）

(1) レベル 0〜2 の場合

レベル 0〜2 では、運転中の監視を行う注意義務が課されているのは運転者であり、事故が生じた場合には、従来の自動車運転と同様に運転者が刑事責任を負う。

(2) レベル 3 の場合

レベル 3 以上では、運転環境を自動モニタリングする自動運転システムが搭載され、運転はシステムが行う。レベル 3 では、通常の運転は自動運転システムが行うが、緊急時など自動制御に限界が生じる場合には、運転者に運転を交代（自動運転から運転者による運転に切り替えることを「オーバーライド」という）することを、自動運転システムから求められる。レベル 4、5 では、オーバーライドは想定されていない。

レベル3において、システムからオーバーライドを要請されて運転を交代した運転者が即時に回避行動をとっていれば事故を回避できたにもかかわらず、回避行動をとれずに死傷事故が発生した場合は、運転者に過失運転致死傷罪（自動車の運転により人を死傷させる行為等の処罰に関する法律5条）が成立する可能性が高いと考えられる。

過失運転致死傷罪は「自動車の運転上必要な注意を怠り」（過失）、「人を死傷させる」ことが構成要件となっている。運転者が「自動車の運転上必要な注意を怠った」といえるか（過失があるといえるか）については、交通事故発生の予見可能性があり、事故発生の回避可能性があったにもかかわらず、事故発生の予見義務に違反し、事故の回避義務に違反したことが必要である。

この過失の有無の判断は、自動運転の技術水準、信頼性の程度、自動運転に対する社会的受容の程度によると考えられる。[4]

運転者がいかなる注意義務を怠ると「自動車の運転上必要な注意を怠った」ことになるだろうか。この点、運転者は自動運転中であっても、オーバーライドを求められた場合に備えて前方を注視している義務があるとする考え方と、前方注視義務は負わないが、オーバーライドを求められた場合に即時に対応する義務があるとする考え方がある。[5]いずれの考え方をとるかは、自動運転技術がどの程度信用性の高いものとして受け容れられるかによると考えられる。すなわち、自動運転システムが適切に危険を認識し、運転者が事故を回避できるタイミングでオーバーライドを求める信頼性が高いものとして社会的に受け容れられるのであれば、前方注視義務は課されないと考えることはできるだろう。

なお、前者の考え方については、自動運転のため運転操作を行わない運転者が、自ら運転操作を行う運転者と同じ前方注視義務を課されるのであれば、運転操作を行わない運転者に一定の前方注視をさせる仕組みを自動運転車に備える設計が必要であるとの指摘がある。[6]

---

(4) 福岡編著・前掲（注1）156頁。
(5) 深町晋也「ロボット・AIと刑事責任」弥永真生・宍戸常寿編『ロボット・AIと法』（有斐閣2018年）214頁。
(6) 深町・前掲（注5）215頁。

(3) レベル4、5の場合

レベル4、5では、搭乗者（利用者）[7]が運転操作を行うことは想定されておらず（すなわち、運転者は存在しない。）、搭乗者には交通事故の発生の予見義務・回避義務は認められないことから、搭乗者は刑事責任を負わないことになるだろう。[8][9]

3 自動運転自動車の設計者・製造者の責任

自動運転システムの欠陥により発生した交通事故で人が死傷し、当該欠陥について予見・回避が可能であった場合には、当該システムを搭載した自動運転車の設計者・製造者には、業務上過失致死傷罪（刑法211条）が成立し得ると考えられる。[10]また、自動運転システムの欠陥が判明してもなお、当該システムを搭載した自動運転車のリコール等を行わずに事故が発生した場合にも、設計者・製造者には業務上過失致死傷罪が成立し得ると考えられる。

では、極めて安全な自動運転技術を開発するためには多額の費用と時間が必要になると考えられるが、絶対に事故を起こさない自動運転システムを開発しなければ、設計者・製造者の過失責任が生じることになるのだろうか。この点、自動運転システムが社会にもたらす利益や効果を考慮すると、コストを度外視した開発は自動運転技術の普及を阻害することになり、一定の条件下では事故を回避できないと想定されても、「許された危険」として正当化されるべきであり、法令（道路運送車両法等）でどのような水準が要求されることになるのかが、今後の検討課題であると指摘されている。[11]

（高橋涼子）

---

(7) レベル4、レベル5の自動運転車では搭乗者は運転を行わないため、「官民ITS構想・ロードマップ2017」では「利用者」としている。

(8) レベル4以上の自動運転車でも、運転者が自動運転システムを作動させる行為を、過失犯の構成要件に該当する行為と扱う見解もある（冨川政満「アルミン・エングレーダー『自動運転自動車とジレンマ状況の克服』」千葉大学法学論集第32巻第1・2号157頁）。

(9) なお、被害者保護の観点から、レベル4以上の自動車運転についても、搭乗者が救護・報告義務を負うべきではないかという議論がある（内匠舞「自動車運転をめぐる道路交通法上の課題」『自動運転技術の動向と課題：科学技術に関する調査プロジェクト報告書』91頁）。

(10) 深町・前掲（注5）220頁、福岡編著・前掲（注1）159頁。
(11) 福岡編著・前掲（注1）161〜162頁。

第4章　刑事法分野

> $Q4\text{-}3$　自動運転車による死傷事故が発生した場合に、プログラムの設計者や製造者が刑事責任を負わない場合とは、どのようなときですか。

Point
- 「トロッコ問題」は主に倫理面での思考問題として議論されてきたが、自動運転車のプログラミングに関しても問題となる。
- 刑事責任との関係では、緊急避難（刑法37条1項）、「許された危険」が問題となる。

1　トロッコ問題

「トロッコ問題」とは、「制御不能になったトロッコが走行する先の線路上に5名の作業員がおり、このままトロッコが走行すれば5人に衝突して死なせてしまうが、手前の線路の分岐点で進路を別の線路に変えると、その線路上には1名の作業員がおり、前記の5名は助かるが、その1名を死なせてしまう状況で、進路を変えるべきか」という倫理的な思考問題である（Q3-4ほか参照）。

このトロッコ問題は、自動運転車が緊急の状況でいかなる選択をするかについてのプログラミングに関して問題となる。[1]

---

(1) 米マサチューセッツ工科大学の研究チームが2016年6月からウェブサイトにおける調査「モラル・マシン」〈http://moralmachine.mit.edu/〉を実施し、自動運転車の事故を想定して誰の命を優先するかについて、233か国から約4千万件の回答を得て分析し、国、年齢、性別などによる傾向を発表した（Nature 563. 59〜64（2018）〈https://www.nature.com/articles/s41586-018-0637-6〉、朝日新聞2018年10月15日）。

2　自動運転車について問題になるケース

(1) ケース1

> 細い道を自動運転車が走行していたところ、車両前方に急に子どもが飛び出してきて、ブレーキを掛けても間に合わず子どもに衝突し、子どもが死んでしまう状況である。このとき、自動運転車が子どもに衝突しないよう左右に避けると、車両は道の脇の崖下に転落し、搭乗者（大人）は死んでしまう。

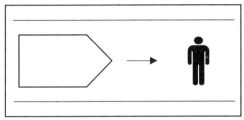

　このような場合に、自動運転車がどのような選択をするようプログラムすべきだろうか。自動運転車の搭乗者の安全を優先したり、大人より子どもを優先したりすべきなのか、そのような選択が許されるのかという点が問題とされている。(2)

(2) ケース2

> 自動運転車の速度の制御が困難となり、前方を走行する2台のバイク（1台の運転者はヘルメットを着用、もう1台の運転者は未着用）のいずれかに衝突せざるを得ない状況である。(3)

---

(2) この点について、ヒトの命は平等に扱うべきはないか、余命や寿命の長短で評価することが許されるのかとの指摘や、過誤のある者を保護するのは不公平ではないかとの指摘がある（平野晋『ロボット法　AIとヒトの共生にむけて』（弘文堂、2017年）139頁、福岡真之介編著『AIの法律と論点』（商事法務　2018）379頁）。
(3) 平野・前掲（注2）135～136頁。

第 4 章　刑事法分野

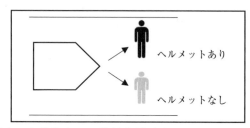

このような場合、人的被害の可能性を低減するために、ヘルメットを着用した運転者のバイクに衝突するようプログラムすべきなのか、そのような選択が許されるのかという点が問題とされている。[(4)]

(3) ケース 3

> 大きな川の上に掛かっている片側 1 車線の橋の上を自動運転車 A（搭乗者は 1 名）が走行中、対向車線を走行していたスクールバス B（搭乗者は運転士 1 名、小学生 10 名）が突然、対向車線からセンターラインを大きく超えて A に突っ込んできた。
>
> A がそのまま直進すれば、スクールバス B と衝突し、A の搭乗者は衝突により死亡する状況である。このとき、スクールバス B の搭乗者は負傷するが、バスは橋からの転落を免れる。A がハンドルを切って衝突を避ければ、A の搭乗者は無事だが、スクールバス B は川に転落し、運転士と子ども 10 名は死亡する。

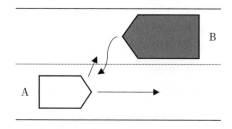

---

(4) この点については、ヘルメット着用を怠った者を優遇するのは不公正ではないかとの指摘がある（平野・前掲（注 2）136 頁）。

このような場合、多数の生命を救うために自動運転車 A がスクールバス B に衝突するようプログラムすべきか、A の搭乗者の安全を優先すべきなのかという点が問題とされている。

3　刑事法との関係

上記の各ケースのような状況における自動運転車の選択について、刑事法との関係では、プログラムの設計者や自動運転車の製造者は刑事責任を負うのだろうか。

刑法 37 条 1 項は「自己又は他人の生命、身体、自由又は財産に対する現在の危難を避けるため、やむを得ずにした行為は、これによって生じた害が避けようとした害の程度を超えなかった場合に限り、罰しない。ただし、その程度を超えた行為は、情状によりその刑を減軽し、又は免除することができる。」と規定している。

上記の各ケースのような状況での選択について、緊急避難が成立し、その違法性が否定される場合があり得る。行為が過剰であった場合でも、刑が減軽されたり、免除される場合もあるだろう。

また、プログラムにより事前に損害を最小化するための方策を取ることは、「許された危険」として許容されるとの見解もある。[5]

（秋山淳）

---

[5] 深町晋也「ロボット・AI と刑事責任」弥永真生・宍戸常寿編『ロボット・AI と法』（有斐閣、2018 年）227 頁。

第4章　刑事法分野

> *Q4-4*　AIによる犯罪予測（予測警備）とはどのようなものですか。

Point
・AIによりビックデータを分析して犯罪発生を予防することを予測警備（Predictive policing）という。
・予測警備は、海外および国内で運用されているが、問題点も指摘されている。

1　予測警備（Predictive policing）とは何か

　AIによりビッグデータを分析して犯罪の発生を予測し犯罪予防を行うことを、予測警備（predictive policingまたはpredpol）という。
　予測警備は、海外ではすでに複数の都市の警察で運用されており、一定の効果を上げているとされている。また、国内でも運用が開始された地域もある。
　犯罪の発生は特定の時間、特定の場所・空間に集中する傾向が認められると考えられており、犯罪の発生を予測する手法がさまざま開発されている。具体的には、ホット・スポット分析、回帰分析、近接反復被害分析、リスク・テレイン・モデリング（Risk Terrain Modeling）などがある。
　このうち、ホット・スポット分析は、特定の地区に犯罪が集中するとの傾向を踏まえ、過去の犯罪発生データから犯罪発生の危険性が高い場所や地域を予測するもので、地図上をグリッド状に分け、犯罪発生の危険性の程度により色分けするなどの方法により視覚化される。
　回帰分析は、特定の犯罪の過去の発生件数に加えて、他の種類の犯罪の発生件数や、人口などの犯罪に関連する他の変数を独立変数とし、犯罪発生との関係を分析・推論し、将来の犯罪数を予測するものである。
　近接反復被害分析は、一部の犯罪は時間的・距離的に、過去に発生した犯罪と近接して発生するとの仮説に基づき、犯罪発生を予測するものである。
　リスク・テレイン・モデリングは、店舗の種類、道路の規模などの地理的特

性や、住民構成、年齢、性別などの人口統計学的特性が犯人の行動に影響を与えるものと考え、当該特性に着目して犯罪発生を予測するものである(1)。

2 予測警備の実態

(1) 海外の状況

米ニューヨーク市警察では1994年から犯罪の削減および防止を目的とした戦略管理システム「CompStat (Comparison Statistics：比較統計)」を導入し、コンピュータによる犯罪情報を収集・解析し、効果的な人員配置などを行ってきた。さらに2013年からは、統計データからだけでは読み取れない犯罪発生パターンを分析して犯罪発生予測を行うシステム「HunchLab」も導入している。

米シカゴ市警察では「HunchLab」を試験運用しており、2017年8月には、同年1～7月において、シカゴ全域で殺人事件が前年同期より3％増えるなか、同システムを運用した地域では発砲事件が39％、殺人事件が33％減少したと発表された(2)(3)。

また英ダラム市警察では、容疑者の犯罪の可能性を3段階に分類する評価ツールである「Hart」を導入し、容疑者の拘束の必要性の判断に用いると報じられている(4)。

その他、米テネシー州ハイウェイ・パトロールでは、交通事故の減少を目的として、天気やスポーツイベント、地域のお祭り、過去の事故データ等を総合的に分析し、事故の発生予測を行う、「C. R. A. S. H (Crash Reduction Analyzing

---

(1) 犯罪・交通事象・警備事象の予測におけるICT活用の在り方に関する有識者検討会（警視庁）「犯罪・交通事象・警備事象の予測におけるICT活用の在り方に関する提言書」15～19頁。
(2) 〈https://www.reuters.com/article/us-chicago-police-technology-idUSKBN1AL08P〉
(3) なお、米シカゴ市警では、「場所」ではなく「人」に着目した、「heat list」と呼ばれる、さまざまな経験的データから暴力犯の実行者と犠牲者を予測するアルゴリズムを用いたリストが作成され、犯罪抑止のために用いられているが、同リストの運用に対しては、犯罪前の法執行を現実化する差別的ツールである、などとの批判も寄せられているとのことである（山本龍彦「予想的ポリシングと憲法―警察によるビッグデータ利用とデータマイニング―」慶應法学31号325～326頁）。
(4) 〈https://www.bbc.com/news/technology-39857645〉

第 4 章　刑事法分野

Statistical History)」と呼ばれる交通事故予測アルゴリズムを導入しており、6 か月の運用期間中に 72% の精度で事故発生を予測できたとされている。⁽⁵⁾

(2) 国内の状況

　国内では、京都府警察が 2016 年 10 月から、過去 10 年の約 10 万件の事件情報等の分析により、窃盗や性犯罪が発生する時間帯や場所をコンピュータで予測する「予測型犯罪防御システム」の運用を開始している。犯罪の種類と時間帯を指定すると、犯罪発生の高いエリアを地図上に色分けして表示するというもので、京都府警の発表によれば、当該システム等の活用により、2016 年度においては、強制わいせつ罪等の重要犯罪の検挙率が前年比で 7.7% 上昇し、重要窃盗犯の検挙率も前年比で 27.6% 上昇したとのことである。⁽⁶⁾

　また神奈川県警察は、2018 年春から企業と共同で調査研究を実施し、連続発生した事件の容疑者が同一かどうかを分析したり、容疑者の次の行動を予測したりするほか、事件事故が起きやすい時間帯と場所を確率で示すシステムの構築を目指すことが報道されている。⁽⁷⁾

　その他、2018 年 4 月には、警視庁の有識者検討会が「犯罪・交通事象・警備事象の予測における ICT 活用の在り方に関する提言書」を公表しており、⁽⁸⁾また警察庁においても、2019 年度に捜査の高度化や犯罪防止を目的として AI を活用した 3 種類の実証実験を実施することを発表しており、疑わしい金融取引の選別や、大量の監視カメラからの不審者・不審物の割り出しなどが検討されている。⁽⁹⁾

---

(5) 〈https://www.timesfreepress.com/news/local/story/2014/aug/01/new-software-predicts-when-and/263323/〉
(6) 〈http://www.pref.kyoto.jp/unei/28/documents/28tassei16keisatu.pdf〉
(7) 〈https://www.sankei.com/affairs/news/180129/afr1801290003-n1.html〉
(8) 〈http://www.keishicho.metro.tokyo.jp/kurashi/anzen/anshin/ict_teigen.files/ict_teigensyo.pdf〉
(9) 毎日新聞 2018 年 8 月 30 日朝刊。

3 予測警備の効用と問題点

(1) 効用

いつ、どこで、どのような犯罪が発生する可能性が高いか。その予測精度が高まれば、より多くの犯罪を容易に摘発することができるであろうし、犯罪の発生自体を未然に防ぐこともできるようになる。そのためには、予測性の高い理論を踏まえ、膨大な犯罪関連のデータを分析する必要があるが、AI を用いれば、膨大な情報を効率的に処理・分析することが可能となる。

予測性向上により犯罪件数が減少することで、治安（特に体感治安）の向上につながることが考えられるほか、各種の警察業務の効率化にも資するものと考えられる。さらに、経験や勘を有さない新人警察官も含め、犯罪の抑止に効果的な警察官の配置が可能となるため、地域警らだけでなく、大規模イベント等の警備活動などさまざまな場面における警察資源の適正な配置といった効果も期待される。その他、効果的な交通安全対策の実施等にも資するものと考えられている。

(2) 予測警備の抱える問題点

他方で、予測警備については複数の問題が指摘されている。

(A) 予測結果の正確性の問題

まず、犯罪発生地域を予測するタイプの予測警備システムの場合、予測の根拠となる犯罪データは、あくまで過去に認知された事件に限られるため、予測が必ずしも正確なものとなるわけではなく、実際には犯罪発生の可能性があるにもかかわらず、不正確な予測により、当該地域へのパトロールが減り、かえって犯罪発生のおそれが高まることも考えられる。さらに、警察の偏見や恣意による偏った警察活動の実態がある場合には、当該警察活動に基づく逮捕履歴のデータ等が分析データに含まれることで、予測結果も偏ったものとなり、恣意や偏見による警察活動が助長されかねない、との指摘もある[10][11]（前述した、「Hart」のような評価ツールに関しても、米国において、黒人と白人とで差別的な評価が下される傾向にある旨の指摘がなされている[12]）。

また、仮に予測の正確性が向上するとしても、プロファイリングに使用する

情報に人種や宗教等の偏見につながる情報を含めてしまうことが妥当か、との問題提起もなされている[13]（なお、刑事法分野に限らないAIとプロファイリング一般の問題については、Q2-2およびQ5-10を参照）。

(B) 予測結果に基づく捜査手続の適法性

予測警備システムによる犯罪予測はビッグデータに基づく一般的な予測にすぎず、犯罪予測に基づいて疑わしい人物を引き留めて捜検するための「合理的な疑い」は、個別具体的な疑いでなければならないとの指摘がある[14]。

また、裁判において犯罪捜査の違法性が問われた際に、予測の合法性を確認するために、犯罪予測のアルゴリズムとデータに透明性が求められるべきとの指摘もあるが[15]、予測警備システムを開発、提供する民間企業の多くは、そのアルゴリズム等については営業秘密等としてこれを公開しない傾向にある。

(C) プライバシー権の侵害の可能性

特定の個人による犯罪行為を予測するとの内容の予測警備システムの場合、特定の個人の性質や傾向を具体的に割り出すことになる。

このことについて、一定の精度が担保されたアルゴリズムにより出された分析結果（個人の性質や傾向）が真実であるかのように解釈されることで、当該予測された個人のプライバシー権（憲法13条）の侵害となり得るとの指摘があ

---

(10) 平野晋『ロボット法 AIとヒトの共生にむけて』（弘文堂、2017年）90頁では、貧困マイノリティ居住区における恣意的な逮捕者増のデータにより、当該居住区において引き続き過剰な警察の取り締まりが実施される、などの例が示されている。

(11) 笹倉宏紀「AIと刑事法」山本龍彦編著『AIと憲法』（日本経済新聞出版社、2018年）420～431頁も、AIによる予測はあくまで確率的判断であり、誤りの可能性が伴い、それが差別や偏見に繋がり得ることは不可避的である旨を指摘する。なお、刑事法は最終的な処罰に至るまでの過程では一定の誤りを許容しており、どの程度の誤りを甘受すべきかの問題であるものの、その負担が一部の個人に許容限度を超えて偏ることが問題であると指摘する。

(12) https://www.propublica.org/article/bias-in-criminal-risk-scores-is-mathematically-inevitable-researchers-say

なお、同指摘は米国にて主に使用されている評価ツールである「COMPAS (Correctional Offender Management Profiling for Alternative Sanctions)」を主たる対象とするもの。

(13) 平野・前掲（注10）92頁。
(14) 平野・前掲（注10）93頁
(15) 平野・前掲（注10）92頁

(16)(17)(18)
る。

Q4-4

(川野智弘)

---

(16) 山本・前掲（注3）332〜333頁。
(17) 特定の個人の未来の出来事を予測するものであることから、統計的な予測から当該個人がいかなる人物であるかを判断している点で個人の尊重原理に抵触するとの指摘や、行動の前段階の、本人すら気づいていない内心の動向を覗き見る行為であるとして、思想・良心の自由を広く捉えれば、これを侵害するものともなり得るとの指摘がある（山本・前掲（注3）333〜336頁）。
(18) いまだ発生していない犯罪の犯人を予測することは、その者を機械による予測に基づいて犯罪者扱いすることになり、推定無罪の原則に反するとの指摘もある（平野・前掲（注10）91頁）。

第5章
行政法分野

第5章　行政法分野

> *Q5-1*　AI・ロボットの活用が見込まれる行政分野には、どのようなものがありますか。

Point
・行政分野においては、書面（データ）による情報収集・整理・解析、ある程度定型的であり、かつ、書面での審査が可能な業務、ある程度定型的な作業の代替など、弱い AI・ロボットの活用が見込まれる。
・実証研究・実験段階に入っているもの、商用サービス段階に入っているものが複数あり、AI・ロボットの行政分野における活用は、現実のものになってきている。

1　AI・ロボットと行政

　行政を取り巻く状況は、相変わらず厳しい。一般の会社と同じように、行政にあっても、仕事を進めるうえでは、ヒト・モノ・カネが必要であるが、いずれも潤沢にあるとはいえない。例えば、ここ 10 年ほどのヒトの変化を見てみると、一般職国家公務員の在職者数は、1980 年の 85 万 4286 人をピークとして、2016 年の 27 万 8581 人へ[1]、地方公共団体の総職員数は、1994 年の 328 万 2492 人をピークとして、2017 年の 274 万 2596 人へと大きく減少している[2]。
　一方、行政の仕事はというと、民営化、独立行政法人制度、指定管理者制度の導入など、一部には行政から切り離された仕事もあるものの、ことに地方においては、1990 年代以降の地方分権改革によって、増大の傾向にある。
　このような中、限られたヒトで仕事をこなしていくためには、AI・ロボットの活用が欠かせなくなっていくであろう。以下、主な行政分野について概観

---
(1) 人事院「平成 29 年度年次報告書」〈http://www.jinji.go.jp/hakusho/pdf/index.htm〉257 頁。
(2) 総務省ウェブサイト〈http://www.soumu.go.jp/main_content/000328098.pdf〉。

する。

2　AI・ロボットの活用が見込まれる行政分野

　清水充宏「国家行政にAIを導入するメリット」[3]では、AIと親和性が高い国家行政の制度・業務例として、①社会保障（雇用保険、労災保険、公的年金、健康保険、介護保険）、②税（申告審理、税務調査、滞納整理、還付、税関検査）、③産業振興（補助金審査・支給、助成金審査・支給）、④その他（特許審査、入国審査、犯罪予測、職業紹介（マッチング））が挙げられている。

　①～③および④の特許審査、入国審査については、ある程度定型的であり、かつ、書面での審査が可能なものであることから、過去の審査例をAIに学習させることにより、「あやしい」事例をピックアップさせ、それをヒトが重点的に審査するといった方法が想定されよう。④の犯罪予測、職業紹介については、ヒトのカン（主観）をAIの分析（客観）により補うことが期待されるであろう。

　また、澤部直太「AI活用で魅力的な住民サービスを」[4]では、自治体職員の業務へのAI活用例として、⑤問合せ対応（チャット、電話、窓口等での問合せ・相談対応をAIやロボットで代替／戸籍業務のノウハウをAIで蓄積し、問合せ対応業務を支援）、⑥政策立案（各種統計データや過去の実績、類似事例などをもとに政策立案をAIで支援）、⑦条例等作成（法律や条例などの文案の作成やチェックをAIで支援）、⑧議会議事録（音声認識による議会議事録の作成支援、解析）、⑨インフラ管理（道路や上下水道などの社会インフラの状況把握や補修計画作成をAIで支援）、⑩交通（コミュニティバスやごみ収集車、除雪車などの自動走行／監視カメラ等の動画から交通量調査をAIで代替）が、住民向けサービスへのAI活用例として、⑪翻訳（外国人居住者や観光客向けに、各種情報を自動翻訳して母国語で提供／案内人にリアルタイム翻訳機を持たせて観光案内）、⑫予測・予防（犯罪・火災・災害などの発生をAIで予測し未然に防ぐ／糖尿病重症化や生活保護受給

---

(3)　三菱総合研究所ウェブサイト〈https://www.mri.co.jp/opinion/mreview/topics/201706-3.html〉。

(4)　三菱総合研究所ウェブサイト〈https://www.mri.co.jp/opinion/column/AIcs/aics_20180420.html〉。

第5章 行政法分野

の可能性がある人を AI で予測し事前に支援）、⑬お薦め（イベント、給付金、支援制度など、一人ひとりに応じた住民サービスを AI でお薦め）、⑭教育（一人ひとりの状況に応じた学習メニューを AI で作成）、⑮医療・介護（医療診断・治療法アドバイス、ケアプラン作成を AI で支援／ケアマネージャの訪問ルートを AI でお薦め）、⑯子育て（認定保育所の入所選考を AI で支援／子育て関連情報を AI で自動収集して住民に情報提共）が挙げられている。

　⑤⑯については、ある程度定型的な応対についての代替、⑥〜⑨・⑫〜⑮については、書面（データ）による情報収集・整理・解析、⑩⑪については、ある程度定型的な作業の代替が可能になると考えられよう。

　このほかにも、AI・ロボットの活用例が、AI ネットワーク社会推進会議「報告書2017」(5)の別紙3で示されている。そこでは、災害時に、被災者（要救助者）のスマートフォンやウェアラブル端末から得られる位置情報やバイタルデータ等を AI システムが解析し、要救助者の容体の変化に応じて、救助を要請することや、カメラを搭載したドローンが空からの目視が困難な被災者の探索を行い、救助を要請することが挙げられている。また、同別紙4では、カメラの映像から、迷子や困っている人を捜し、即時に対話型ロボットが対応して、困りごとを解決するとともに、不審者を見つけて警備を強化することが挙げられている。さらに、同「報告書2018」（平成30年7月17日）の別紙1(6)では、ソーシャル・ネットワーキング・サービス（SNS）等により発信される市民からの情報を収集し、行政として取り組むべき課題を洗い出し、類似の課題を抱える他の地方自治体等の事例を参考にして、適切な対応策を提案することなどが挙げられている。

　以上のような AI・ロボットの活用例のうちいくつかは、すでに実証研究・実験段階に入っている。総務省「地方公共団体における行政改革の取組」（平成30年3月28日）(7)によれば、職員が道路パトロールによって行っていた道路損傷の発見、判定・補修の優先順位付けの作業を AI が行うことを目指した研

---

(5) 〈http://www.soumu.go.jp/menu_news/s-news/01iicp01_02000067.html〉

(6) 〈http://www.soumu.go.jp/main_content/000564148.pdf〉

(7) 〈http://www.soumu.go.jp/main_content/000541643.pdf〉

究（千葉市）、チャットアプリ「LINE」を活用し、子育てに関する問い合わせを打ち込むと、AIがリアルタイムで自動応答するシステムの研究（渋谷区）、区役所窓口の戸籍担当業務において、AIによる職員問い合わせ対応システムを構築（大阪市）、RPA（Robotic Process Automation）を活用し、「ふるさと納税」と「時間外申請」業務について職員が行っていた作業（端末操作）を自動化する実証実験（宇城市）がすでに実施されている。また、株式会社三菱総合研究所が手がける、行政向けの子育て関連の住民問い合わせサービス「AIスタッフ」（仮）の実証実験が川崎市、掛川市で行われ、これを踏まえたAIによる総合案内サービス（子育て、税金など住民向け行政サービス全般の問い合わせにAIが回答し、最終的には的確な自治体ウェブページに誘導するもの）の実証実験に30以上の地方公共団体が参加しており、2018年10月から本格サービスが提供されている。[8]

　このように、さまざまな行政分野でのAI・ロボットの活用が現実のものになりつつあるが、いずれも、人間が知能を使ってすることを機械に一部代替させようとする立場からの、AI（弱いAI）の活用であると評価できよう。

3　おわりに

　価値観が多様化している現在、家庭や地域の自助・共助力が低下している現在、行政に対する国民・住民からの要望も多様化している。また、平成の大合併を経た市町村にあっては、行政区域の広域化といった問題にも直面している。にもかかわらず公務員が減少し、マンパワーが確保できない状況下で、職員個人の資質・能力・努力に依存した「旧来型」の行政サービスの提供を続けることには限界がある。そこで、AI・ロボットを活用した行政活動が今後ますます注目されてこよう。

　もっとも、AI・ロボットというモノの活用により、ヒトに係る問題をある程度解消することができるとしても、それを導入するために必要なのはカネで

---

(8) 三菱総合研究所ウェブサイト〈https://aistaff.mri.co.jp/ai%E3%82%B9%E3%82%BF%E3%83%83%E3%83%95%E7%B7%8F%E5%90%88%E6%A1%88%E5%86%85%E3%82%B5%E3%83%BC%E3%83%93%E3%82%B9/〉参照。

第5章 行政法分野

ある。限られた予算をどの分野に振り分けるべきかについて、AI・ロボットが援助してくれることはあるにせよ、AI・ロボット自体が行政のためにカネを生み出してくれるわけではない。その意味では、AI・ロボットも、ワードプロセッサーやパソコンのように、行政目的のために利用される道具の1つにすぎないのかもしれない。

(早川和宏)

> *Q5-2* 行政分野で AI・ロボットを導入する場合、民間分野と比較してどのような点に注意する必要がありますか。

Point
・行政分野と民間分野とでは、それぞれに適用される法の考え方が異なる。
・行政分野には、公益判断が要求される、プロセスが重視されるといった特徴がある。

1 私法と公法（行政法）の違い

　われわれが日常的に接している民間分野（私人間）を規律する法を、私法という。私法は、個人の利益の調整・配分を目的とする。そこで、私法の領域では、財産権の保障、私的自治（意思自治・契約自由）の原則、過失責任（自己責任）の原則が支配することになる。民間分野で AI・ロボットを導入する場合も、基本的にこれらの原則が支配することになるため、強行法規に反しない限り、私人間の意思の合致により自由な導入が可能となる。
　一方、行政分野を規律する行政法は、公法に属する。公法は、国・公共団体の関係、公共団体相互の関係や、国・公共団体が「優越的な意思の主体（公権力の主体）」として私人に対峙する、支配関係や権力関係の規律を基本とする。そこでは、基本的に相手方との意思の合致を要素としない。そのうち行政法は、公益と私益の調整・配分を機能の1つとしている。そのため、公益と私益の比較衡量が、常に要求されることになる。また、ここでいう比較衡量では、「行政―規制を受ける私人」という二面関係のみならず、「行政―規制を受ける私人―当該規制によって利益を受ける第三者」といった三面関係も考慮に入れなければならないケースがある。
　このように、民間分野を規律する私法と、行政分野を規律する公法（行政法）とでは、基本となる考え方が異なるため、民間分野で導入されていること

第 5 章　行政法分野

を理由として、行政分野に AI・ロボットを安易に導入することには、慎重でなければならない。以下、主な注意点を検討してみる。

2　行政分野における注意点

(1)　公益の多様性

　行政分野においては、公益に係る判断が必要になるが、この公益について最適な解は存在しない。例えば、国の防衛という公益と、米軍基地がある地域の住民の、平穏な生活を営む権利という公益とは両立していない。つまり、公益判断においては、「誰にとっての」という価値判断が入り込む可能性があるのである。また、東京都で問題となった築地市場移転問題を考えてみると、築地市場のある中央区にとっての公益と、移転先である豊洲市場のある江東区にとっての公益とは両立していない。さらにいえば、ごみ焼却施設近隣住民の公益と、当該施設でごみを焼却してもらっている住民の公益も、両立してはいない。つまり、公益判断においては、地域的利害が入り込む可能性があるのである。

　現在の AI・ロボット技術においては、「様々な社会的背景や人間関係をも考慮して判断することはできない」ため「特に、人の権利義務を左右するような事案においては人工知能に意思決定を委ねること自体、行政の説明責任の観点から受け入れられるものではない」[1]とされている。このことから、行政分野で AI・ロボットを導入するとしても、公益判断は人が行い、AI・ロボットは人の判断を支援するにとどまるもの（弱い AI）にすべきと考えられる。

(2)　公益と経済的合理性

　地方自治法 2 条 14 項は、「地方公共団体は、その事務を処理するに当つては、……最少の経費で最大の効果を挙げるようにしなければならない」とし、いわゆる最小経費・最大効果原則を定めている。この原則は、経済的合理性を志向するものであり、民間分野においても重視される考え方であるため、その実現

---

[1]　一般社団法人行政情報システム研究所「平成 27 年度　人工知能技術の行政における活用に関する調査研究」（平成 28 年 3 月 31 日）〈https://www.iais.or.jp/ja/wp-content/uploads/2016/08/H27人工知能行政活用調査研究報告書_本文_20160810.pdf〉67 頁。

を目指した民間分野の AI・ロボットを行政分野に導入することは、容易であるようにも思える。しかしながら、先に述べたように、行政分野では公益判断が大きな地位を占めている点に留意が必要である。

例えば、特別地方公共団体たる広域連合が借主として締結した、相場よりも高額な土地賃貸借契約の違法性が争われた事例において、最判平成 25・3・28 裁集民 243 号 241 頁は以下のように述べ、これを適法であるとしている（下線は筆者による。以下同じ）。

「地方公共団体の長がその代表者として一定の額の賃料を支払うことを約して不動産を賃借する契約を締結すること及びその賃料の額を変更する契約を締結することは、<u>当該不動産を賃借する目的やその必要性、契約の締結に至る経緯、契約の内容に影響を及ぼす社会的、経済的要因その他の諸般の事情を総合考慮した合理的な裁量に委ねられており</u>、当該契約に定められた賃料の額が鑑定評価等において適正とされた賃料の額を超える場合であっても、上記のような諸般の事情を総合考慮した上でなお、地方公共団体の長の判断が裁量権の範囲を逸脱し又はこれを濫用するものと評価されるときでなければ、当該契約に定められた賃料の額をもって直ちに当該契約の締結が地方自治法 2 条 14 項等に反し違法となるものではないと解するのが相当である。」

つまり、行政分野においては、経済的合理性の実現を目的とした AI・ロボットの判断とは異なる判断が、許容され得るのである。

(3) プロセスの重視

行政機関の保有する情報の公開に関する法律、独立行政法人等の保有する情報の公開に関する法律、情報公開条例は、行政機関・独立行政法人等・地方公共団体の長等が「国民（住民）に説明する責務」を負っている旨定めている。この説明責務は、行政文書・法人文書といった文書の開示によって果たされるが、行政文書は、「当該行政機関における経緯も含めた意思決定に至る過程並びに当該行政機関の事務及び事業の実績を合理的に跡付け、又は検証することができるよう」（公文書等の管理に関する法律 4 条）作成されるものである[2]。つまり、行政分野では、結果のみならず結果に至るプロセスについても説明できるようにしておかなければならないのである。

第5章　行政法分野

　最判平成18・2・7民集60巻2号401頁は、「裁量権の行使が逸脱濫用に当たるか否かの司法審査においては、その判断が裁量権の行使としてされたことを前提とした上で、その判断要素の選択や判断過程に合理性を欠くところがないかを検討し、その判断が、重要な事実の基礎を欠くか、又は社会通念に照らし著しく妥当性を欠くものと認められる場合に限って、裁量権の逸脱又は濫用として違法となるとすべきものと解するのが相当である」と述べ、結果だけではなく、判断過程の合理性が、行政判断の適法・違法を基礎づける要素であることを明らかにしている。

　このような観点からすると、行政分野においては、判断理由が示せないブラックボックス型のAI・ロボットを導入することは困難であると考えられよう[3]。

　また、行政庁には、行政手続法8条1項によって、申請により求められた許認可等を拒否する処分をする場合の理由の提示が、同法14条1項によって、不利益処分をする場合の理由の提示が義務付けられていることからすると、これらの処分についてもAI・ロボットの導入は慎重であるべきであろう[4]。

(4) 適用法令の違い

　戸籍・住民基本台帳をはじめとして、行政分野では多数の個人情報を取り扱っている。民間分野においても、同様に多数の個人情報が取り扱われている。そのため、民間分野で導入されている個人情報を取り扱うAI・ロボットを行政分野に導入することは、容易であるように思えるかもしれない。しかしながら、民間分野と行政分野とでは、守るべき法が異なっている点に注意が必要である。民間分野に適用されるのは「個人情報の保護に関する法律」（Q5-9参照）であるが、行政分野では、その主体によって「行政機関の保有する個人情報の

---

(2) 法人文書については、同法11条1項によって、独立行政法人等は、同法4条から6条までの規定に準じて、法人文書を適正に管理しなければならないとされている。
(3) この点を指摘するものとして、一般社団法人行政情報システム研究所・前掲（注1）39頁の本村陽一氏の助言がある。
(4) 地方公共団体においても、行政手続条例で同様の規定が置かれている。もっとも、法が定める一定の数量を超えているなど、形式的理由のみに基づいて申請拒否処分や不利益処分を行うような場合であれば、逆にAI・ロボットの導入に適しているケースもあると考えられる。

保護に関する法律」「独立行政法人等の保有する個人情報の保護に関する法律」「個人情報保護条例」に分かれる。そのため、民間病院で導入されている個人情報にかかるAI・ロボットを個人情報保護条例の適用がある公立病院に導入する場合には、当該条例に違反していないかどうか確認する必要がある。

(早川和宏)

第5章　行政法分野

> Q5-3　AI・ロボットは従来の法の世界では予定されていない技術であるため、その開発・製造・利用は行政が関与する領域ではありませんでした。これまで行政はどのようなときに、どのような目的で、どのような手法で技術や市場に関与してきたのですか。

Point
・行政による技術や市場への関与の手法には、規制的手法、誘導的手法、自主的取組手法などがある。
・AI・ロボット分野が発展途上にあることを考慮すると、現時点では、規制的手法ではなく、誘導的手法・自主的取組手法を活用することが望ましいと考えられる。

1　行政による関与手法

　一般的に、行政が技術や市場に関与する場合、以下のような手法が用いられる。

(1) 規制的手法

　関与の相手方の意思を問わず、一方的に権利を制限したり義務を課したりするものがこれに当たる。行政がこの手法を用いる場合、原則として法律・条例による授権が必要となる。また、相手方が規制的手法に従わない場合には、行政強制（強制執行・即時強制）や行政上の制裁（行政刑罰・秩序罰、許認可の取消し、加算税・課徴金など）がなされることもある。規制的手法としては、以下のものがある。

　① 下命
　　相手方に特定の作為義務を課する。

② 禁止
相手方に不作為義務を課する。
③ 許可
一般的な禁止を特定の場合に解除する。
④ 協議
相手方が一定の行為を行う場合に行政との協議を必要とする
⑤ 届出
相手方が一定の行為を行う際に、その旨を事前または事後に届け出ることを義務付ける。

(2) 誘導的手法
　相手方に何らかのインセンティブ（誘導）を与えることによって、一定の作為・不作為を働きかけるものがこれに当たる。行政がこの手法を用いる場合、原則として法律・条例による授権は必要とされない。誘導的手法としては、以下のものがある。

① 補助
相手方に対して補助金などの経済的なインセンティブ（誘導）を与えて、一定の行動を選択させるように誘導する。
② 経済的手法
相手方に経済的なディスインセンティブ（心理的圧迫）を与えることによって、一定の行動を選択しないように誘導する。
③ 情報提供
相手方に対して各種の情報の公表、提供、表示等をすることによって、相手方を適正な方向へ誘導する。
④ 行政指導
一定の行政目的を実現するために、特定の者に一定の作為または不作為を求める指導、勧告、助言等をすることによって、相手方を適正な方向へ誘導する。

第 5 章　行政法分野

(3) 自主的取組手法[(1)]

　事業者等が、自らの行動に一定の努力目標を設け、自主的に取組みを行うものがこれに当たる。単に、事業者等のみによって取り組まれている場合には行政による関与は存在しないが、その効果が最大限発揮されるためには、当該取組みに対する社会的な信頼感が醸成される必要があるため、そこに行政的関与が生ずる余地がある。行政的関与が存在する自主的取組手法には、以下のものがある。

① 　公的自主計画
　　行政指導や行政が定めたガイドラインに誘導される形で、個々の企業等が自主的に一定水準の、あるいは、共通の枠組みによる取組みを行う。これは、(2) の誘導的手法の一種として位置付けることもできる。
② 　自主協定
　　行政と各種団体または個々の企業との交渉による取決めに基づき、自主的な取組みを行う。これは、協定という契約の一種に基づくものであり、行政と相手方との意思が合致しない限り締結できないという性格を有する。

2　AI・ロボット分野と行政による関与手法の親和性

(1) 規制的手法

　規制的手法については、法的強制力を背景とした一律性、確実性という特徴をもつ。しかしながら、規制は、その対象者の自由を一定程度制限するものであるため、AI・ロボット分野の発展可能性を阻害することが考えられる。また、行政強制や行政上の制裁を備えた規制的手法については、AI・ロボット分野に対する萎縮効果を発生させることも懸念される。さらに、規制内容を決定する立法府・行政府が、社会的に最適な規制内容のあり方を決定するための

---

(1) 自主的取組手法については、経済社会のグリーン化メカニズムの在り方検討チーム「『経済社会のグリーン化メカニズムの在り方』報告書」(平成 12 年 5 月)〈https://www.env.go.jp/policy/kihon_keikaku/plan/kento-team/ref08.pdf〉を参照。

十分な情報を必ずしも有しておらず、間違った内容の規制を設定してしまう危険性があることも指摘されている。[(2)]

現在、AI・ロボットに係る技術は日進月歩であり、変化が激しい。そのため、変化に応じた規制対象・手段を日々アップデートする必要がある。しかしながら、法律・条例の制定には議会の議決を必要とするため、迅速な対応は困難である。そこを政令・規則等に委任するとしても、委任を受けた行政側が十分な情報を必ずしも有していない可能性があることは、先に述べたとおりである。

また、規制を含む法律・条例を制定するには、立法事実が必要である。立法事実とは、立法を必要とする社会的・経済的・政治的・科学的事実をいうが、AI・ロボットの利用シーンは日々増えているとはいうものの、開発・構想段階のものが多く、ドローンなどすでに実用化されているものを除いては、立法を必要とするだけの成熟性に欠けていると評価できよう。

なお、今後、AI・ロボット分野が成熟してきた場合には、規制を含む立法が必要になってこよう。AI・ロボット分野は多岐にわたるため、個別の事項についての立法が乱立すると、相互の関係性やバランスを欠くなどの弊害が生じることが懸念される。そのため、環境分野の法制度のように、基本法を定め、基本法の理念に則った個別法を定めていくといった方法が考えられよう。[(3)] また、AI・ロボット分野における社会的害悪発生のリスクは多様であるため、リスクの高低に応じた規制手法の強弱が要求されよう。[(4)]

---

(2) この点を指摘するものとして、森田果「AI の法規整をめぐる基本的な考え方」RIETI Discussion Paper Series 17-J-001 〈https://www.rieti.go.jp/jp/publications/dp/17j011.pdf〉10 頁がある。

(3) 基本法といえども法の一種であるため、後法は前法を破るという法原則から自由であるわけではない。基本法の特色、基本法の解釈問題については、塩野宏「基本法について」日本学士院紀要 63 巻 1 号 1 頁が参考になる。

(4) リスクの高低に応じて規制手法に強弱を付けるという方法は、医薬品、医療機器等の品質、有効性および安全性の確保等に関する法律、環境影響評価法、再生医療等の安全性の確保等に関する法律など多数の法律で用いられている。

(2) 誘導的手法・自主的取組手法

　誘導的手法・自主的取組手法（協定が締結された場合を除く。以下同じ）は、相手方を拘束するものではないため、規制的手法においてみられた、AI・ロボット分野の発展可能性の阻害、萎縮効果の発生といった問題は生じにくい。一方、相手方を拘束しないものである以上、その実効性は決して高くない。また、誘導や自主的取組みの内容の妥当性が常に問題になり続けるという課題も抱えている。とはいえ、規制的手法と比べ、迅速なアップデートが可能であることから、現在の状況においては、まず、誘導的手法・自主的取組手法を活用していくことが有益であろう。

　AI・ロボット分野に関してすでに公表されているものとしては、AIネットワーク社会推進会議「報告書2017」（2017年7月28日）の別紙1「国際的な議論のためのAI開発ガイドライン案[5]」が参考になる。同ガイドライン案は、「AIに関する技術がその発展の途上にあることに鑑みれば、国際的な『AI開発原則』およびその内容の解説からなる『AI開発ガイドライン』は、規制の導入を目指すものとすることは適当ではない」ことから、「非規制的で非拘束的なソフトローとして国際的に共有される指針の案として作成された」（同ガイドライン案2頁）ものであるとされている。また、「ベストプラクティスの共有や非規制的・非拘束的な指針など（いわゆるソフトロー）により、関係するステークホルダー間においてコンセンサスを形成するといったアプローチを基本とすることが適切である」との考え方を示した、AIネットワーク社会推進会議「報告書2018」（2018年7月17日[6]）や、「AIで起こりうることを想定して、予防的なルールを整備しておくことが、社会的受容性を高め、積極的な利活用、開発を進めることにつながる」、「国民に受け入れられるためにも、萎縮効果のないレベルの法規制が必要」といった検討がなされている、人間中心のAI社会原則検討会議「第1回会合（平成30年5月8日開催）における主な意見」（2018年6月1日）が、今後の動向を占ううえで参考になろう。なお、ソフト

---

(5) 同ガイドライン案の全文は、総務省ウェブサイト〈http://www.soumu.go.jp/main_content/000499625.pdf〉で入手できる。

(6) 〈http://www.soumu.go.jp/main_content/000564147.pdf〉

ローについては、Q7-3を参照されたい。

3 おわりに

　以上で述べてきたように、現時点においては、行政がAI・ロボット分野に規制的手法を用いることには謙抑的であるべきと考えられる。しかし、AI・ロボットの開発・利活用による社会的害悪が発生した場合（あるいは発生の蓋然性が高度に認められる場合）に誘導的手法・自主的取組手法で対応することには限界がある。その場合には、規制的手法を備えた立法を迅速に行う必要があろう。

（早川和宏）

第5章　行政法分野

> Q5-4　AI・ロボットに関する規制が不明確な場合や規制を受ける場合に、どのような制度を利用することができますか。

Point
・事業者が AI・ロボットに関して新しく事業を開始する際に、①規制の解釈・適用の有無を確認したい場合はグレーゾーン解消制度を、②規制の特例措置を設けて事業化したい場合は新事業特例制度を、③事業の実証を行い、事業化につなげたい場合はプロジェクト型「規制のサンドボックス制度」を利用することが考えられる。また、構造改革特区や国家戦略特区において、さまざまな実証実験が行われている。

1　総論

事業者が AI・ロボットに関して新しく事業を開始する際、そもそも当該事業が既存の法令の規制を受けるのかどうかが不明確な場合がある。このような場合、事業者は、グレーゾーン解消制度を利用し、規制の適用の有無を確認することができる。

そして、グレーゾーン解消制度の利用の結果、当該事業が規制の適用を受けることが判明した場合であっても、新事業特例制度を活用することにより、事業化が可能となる場合がある。

また、当該事業の事業化のために実証実験が必要な場合には、プロジェクト型「規制のサンドボックス制度」や特区を利用することが考えられる。

このように、目的や状況に応じて、各制度を利用することが考えられる。

以下、各制度について紹介する。

2　グレーゾーン解消制度

まず、グレーゾーン解消制度（通称）という制度がある。この制度は、既存

Q5-4

図表 5-2 グレーゾーン解消制度：申請の流れ

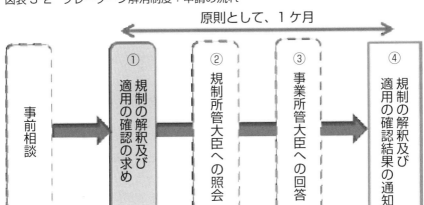

出典：経済産業省「産業競争力強化法「企業実証特例制度」及び「グレーゾーン解消制度」の利用の手引き」（平成26年1月20日）20頁。

の法令の規制の適用範囲が不明確な分野においても、事業者が、具体的な事業計画に即して、あらかじめ、規制の適用の有無を確認できる制度である（産業競争力強化法）。

　例えば、AI・ロボットの領域等、事業者が、既存の法令が想定していない新たな事業に取り組むケースでは、当該事業が規制の対象となるか明確ではないことがある。このような場合に、事業者が、事前に規制の適用の有無を確認できる。

　具体的には、新たな事業を実施しようとする事業者が、事業所管大臣に対し、規制の適用の有無の照会を要請すると、事業所管大臣を通じて、規制所管大臣からの規制の適用の有無に関する照会結果が事業者に回答される仕組みとなっている。[1]

---

[1] この制度は、事業者の事業所管省庁が事業者に代わって、規制について規定する法令を所管する官庁（規制所管省庁）に対して照会を行うことに特徴がある。

第5章 行政法分野

3 新事業特例制度(2)

グレーゾーン解消制度の利用により、新たな事業に規制の適用があることが判明した場合等、規制がボトルネックとなって、事業者が事業を行えない場合がある。

このような場合に、規制が求める安全性等を確保する措置を事業者が実施することを条件として、事業者単位で規制の特例措置を適用する新事業特例制度（通称）という制度がある（産業競争力強化法）。

事業者は、規制の適用があることが判明した事業の事業化を目指したい場合には、この制度を利用することが考えられる。

具体的には、新たな事業を実施しようとする事業者が、事業所管大臣に対し、そのボトルネックを解消する規制の特例措置を提案し、規制の特例措置が創設された場合に、事業者が、規制が求める安全性等を確保する措置を盛り込んだ「新事業活動計画」を作成し、事業所管大臣の認定を受けることで、事業化が可能となる仕組みとなっている(3)。

4 特区

(1) 総論

以上は、事業者単位で利用できる制度であるが、地域単位で実施可能な仕組みとして特区があり、構造改革特区や国家戦略特区が活用されている。

---

(2) 当初の「企業実証特例制度（通称）」から「新事業特例制度（通称）」へと名称変更されているようである。
(3) 特区制度（構造改革特別区域または総合特別区域）では規制改革を求める事業者からの要望を、規制改革を推進する観点から内閣府などが取りまとめて、規制所管官庁に規制緩和の検討を求めるスキームとなっているが、新事業特例制度は、新たな規制の特例措置の整備を求める事業者からの要望を受け付けた主務大臣が、産業競争力の強化を図る観点から、規制所管省庁に対して、新たな規制の特例措置の整備を要請するスキームとしていることに特徴がある。

Q5-4

図表 5-3　新事業特例制度：申請の流れ

企業実証特例制度では、
1. 規制の特例措置の求め（法第8条）
2. 新事業活動計画の認定（法第10条）

の2段階の申請手続きを経ることとなります。

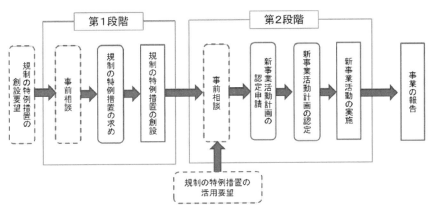

出典：経済産業省「産業競争力強化法「企業実証特例制度」及び「グレーゾーン解消制度」の利用の手引き」（平成26年1月20日）4頁。

(2) 構造改革特区

　実情に合わなくなった国の規制が、民間事業者の経済活動等を妨げている場合に、地方公共団体の申請により、特定の地域を構造改革特別区域に設定し、特例措置を適用することが行われている。当該区域は、構造改革特区と呼ばれる。

　これまで、ロボットの実証実験に関し、いくつかの地域が構造改革特区に設定され、特例措置を適用の上、実証実験が行われてきている。

　例えば、2011年3月27日、茨城県つくば市で「つくばモビリティロボット実験特区」（特例措置番号105（106・107・108）1222）が認定された。これまで搭乗型移動支援ロボットは、その原動機の総排気量または定格出力の大小により、自動車または原動機付自転車となり、歩道で運行の用に供することができ

121

第5章　行政法分野

ないとされていたところ、当該特区内の一定の公道において、必要な安全措置を講じることにより実証実験を行うことができる特例措置が適用された。その後、この特例措置は、2015年7月には全国展開され、構造改革特別区域に限り可能であった公道実証実験が全国において実施可能となった。[4]

このほかにもロボットに関する特区が設定され、実証事件が行われている。[5]

(3) 国家戦略特区

わが国の経済社会の活力の向上および持続的発展に相当程度寄与することが見込まれる区域がある場合に、国家戦略特別区域会議の申請により、当該区域を国家戦略特別区域に認定し、規制の特例措置等の支援をすることが行われ、当該区域は、国家戦略特区と呼ばれる。[6]

国家戦略特区に関する最近の動きとして、「新しい経済政策パッケージ」(平成29年12月8日)において、「Society 5.0の社会実装と破壊的イノベーションによる生産性革命」のために国家戦略特区内に地域限定型のサンドボックス制度を設け、事前規制の合理化を図ることが記載され、国家戦略特区内に、地域限定型のサンドボックス制度を設けるための改正が2018年3月に閣議決定された。[8][9]

(規制の)サンドボックス制度とは、イノベーション促進のために、一時的に規制の適用を停止するなど、新たなビジネスの実験場の仕組みとしてイギリスなどで始められた「規制の砂場（Regulatory Sandbox）」をいい、これを参考

---

(4) 搭乗型移動支援ロボットの公道実証実験事業の全国展開までの経緯の詳細について、つくば市つくばモビリティロボット実証試験推進協議会「平成27年度つくばモビリティロボット実証実験（搭乗型移動支援ロボット公道実証実験）報告書」2頁〜4頁。

(5) 「ロボット開発・実証実験特区」（特例措置番号103）が、平成15年11月28日付けで、北九州市および福岡市の全域で認定され、道路交通法77条1項4号に基づく都道府県公安委員会規則の改正を行うよう、都道府県警察に対し通達が出され、平成17年度には全国展開された。その他の特区として、羽田空港ロボット実験特区、豊田市立ち乗り型パーソナルモビリティ実験特区等がある。

(6) 構造改革特区との連携について国家戦略特区に関する提案のうち、構造改革の推進等に資すると認められるものは、構造改革特区の提案とみなして構造改革特区として支援される。

(7) 内閣府「新しい経済政策パッケージ」（平成29年12月8日）〈http://www5.cao.go.jp/keizai1/package/20171208_package.pdf〉3-5〜3-6頁。

に、国家戦略特区においても、監視・評価などの事後チェックルールを整備し、近未来技術実証に関する事前規制・手続を見直すことで、迅速・円滑に実証実験を実現する仕組みを設けることが目指された。

今後は、自動車の自動運転、無人航空機（ドローン）、これらに関連する電波利用などの高度で革新的な近未来技術に関連する過去に類例のない実証実験が、より迅速・円滑に実現することが期待される。

5 その他の直近の動向

また、「新しい経済政策パッケージ」（平成29年12月8日）においては、「Society 5.0の社会実装と破壊的イノベーションによる生産性革命」のために、プロジェクト型「規制のサンドボックス」を創設することも明記された。[10]

これを受け、現行の規制では想定していなかった新技術や新たなビジネスモデルについて、分野・省庁横断的な推進体制の下での一定の手続を通じ、参加者や期間を限定することにより関連規制が直ちに適用されない環境の下で実証を行うことができることを目的として、2018年6月には、生産性向上特別措置法が施行され、新技術等実証制度（いわゆるプロジェクト型「規制のサンドボックス」）が創設された。

同制度は、期間や参加者を限定すること等により、既存の規制の適用を受けることなく、新しい技術等の実証を行うことができるとされ、今後の活用が期待される。

---

(8) 平成29年9月22日の国家戦略特別区域法改正時において、自動車の自動運転、小型無人機の実証事業が積極的に行われるよう、同法施行後1年以内を目途として、規制の見直し等の施策を検討し、必要な措置を講ずる旨が附則に規定されていた。

また、構造改革徹底推進会合「第4次産業革命」会合においても、イノベーションの社会実装をスピーディに進めるにあたり、規制当局は規制改革に必要なデータ等が証明されなければ、規制改革に踏み切れない一方、事業者は規制の存在のために試行錯誤できず、制度改革に必要なデータ等を取得できないという悪循環が生じており、実証による政策形成を目指すプラットホームが不存在である等の課題が指摘されていた。資料は、第1回会合に掲載。首相官邸ウェブサイト〈https://www.kantei.go.jp/jp/singi/keizaisaisei/miraitoshikaigi/suishinkaigo2018/〉。

(9) 「国家戦略特別区域法の一部を改正する法律案」の閣議決定の内容については、内閣府ウェブサイト〈https://www.kantei.go.jp/jp/singi/tiiki/kokusentoc/kettei/h300313.html〉参照。

(10) 内閣府・前掲（注7）3-5～3-6頁。

第 5 章　行政法分野

図表 5-4　参考：各制度の関係

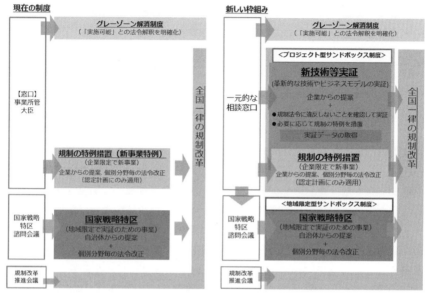

出典：経済産業省「生産性向上特別措置法について」（平成 30 年 6 月）5 頁。

（後呂佳那）

Q5-5

> Q5-5　AI・ロボットの技術が実用化された場合、その安全性を確保するためにどのような行政による関与手法が用いられる可能性があるのでしょうか。

Point
・AI・ロボットの技術が実用化される領域は多岐にわたる。実用化によって生じるデメリット（危険）とその程度は、実用化の領域おいてそれぞれ異なり、その内容も、知見の発展に応じて変化していくと思われる。そのため、AI・ロボットの技術が実用化された場合、その安全性を確保するために一律に同じ関与手法を用いることは相当ではなく、当該関与手法を採用することのメリット（恩恵）とデメリット（危険）を正しく把握し、当該時点において最適な関与手法が選択されることが望ましいと思われる。

1　AI・ロボットの領域の安全性の確保

　Q5-3 のとおり、行政による国民の活動に対する関与手法は、規制的手法、誘導的手法、自主的取組手法などさまざまな手法がある。
　AI・ロボットの技術の社会への実装が「第4次産業革命」、「Society 5.0」[1]と評価されているように、AI・ロボットの技術は、社会に大きなインパクトを与える技術であり、実用化の領域は多岐にわたると予想される。
　そして、AI・ロボットの技術の実用化により、社会に対し、さまざまなメリット（恩恵）がもたらされる一方、デメリット（危険）が生じる可能性も否定できない。また、そのデメリット（危険）は、予測不能な可能性もある。
　例えば、自動運転車の実用化については、「交通事故の削減や渋滞緩和等に

---
[1] Society 5.0 とは、「サイバー空間（仮想空間）とフィジカル空間（現実空間）を高度に融合させたシステムにより、経済発展と社会的課題の解決を両立する、人間中心の社会（Society）」と定義されている。内閣府ウェブサイト〈http://www8.cao.go.jp/cstp/society5_0/index.html〉。

第5章　行政法分野

よる、より安全かつ円滑な道路交通社会の実現」等のさまざまなメリットが期待される一方で、自動運転車の走行の安全性に問題があれば、国民の生命・身体・財産等に危険をもたらすことになる。すでに身近な存在となっているAIスピーカーも、生活にさまざまな利便性をもたらす一方、利用者の個人情報・プライバシー等へ影響を与える可能性がある。

このように、AI・ロボットの技術が実用化された際に生じる可能性のあるデメリット（危険）の内容や程度は、実用化の領域においてそれぞれ異なり、その内容も、知見の発展に応じて変化していくと考えられる。

そのため、「AI・ロボットの技術の実用化」ということのみをもって、一律に同じ関与手法を用いることは相当ではなく、当該関与手法を採用することのメリットとデメリットを正しく把握し、当該時点において最適な関与手法が選択されることが望ましいと思われる。

2　安全性を確保するための関与手法

ところで、AI・ロボットの技術が実用化された場合、その安全性に問題があれば、人の生命・身体・財産等に危害を加える可能性がある。このような事態を防止するため、行政が関与して、AI・ロボットの技術が利用された製品、施設、設備等の安全性を確保する場合があり得る。

例えば、自動運転車の場合、自動運転車の安全性に問題があれば、死亡事故のような重大な事故を生じさせる可能性がある。そのような事態を防止するため、行政が関与して、自動運転車等の安全性を確保することが考えられる。

それでは、行政は、どのような関与手法により、AI・ロボットの技術が利用された製品、施設、設備等の安全性を確保すべきか。

事業活動等の安全性を確保する規制的手法の1つに、許可制がある。

許可制とは、国民活動を一般的に禁止したうえで、国民からの申請に基づき審査を行い、一定の要件に合致する場合、禁止を個別具体的に解除する法的仕組みをいう。許可の対象は、事業であることもあれば、施設、行為等であるこ

---

(2) 高度情報通信ネットワーク社会推進戦略本部・官民データ活用推進戦略会議「自動運転に係る制度整備大綱」（平成30年4月17日）4頁。

ともある。また、人的要素に着目した対人許可、物的要素に着目した対物許可、双方に着目した許可がある。(3)

また、許可制の一種に、基準認証制度がある（前記の分類では対物許可に該当する）。生命、身体、財産等の保護のために製品、施設、設備等の安全等の確保のために遵守すべき基準を定め、各製品が当該基準に合致していることを認証し、基準に適合しない製品の流通・使用を事前に規制する制度である。この基準認証制度は、認証主体に着目して、政府認証制度(4)、第三者認証制度(5)、自己適合宣言制度(6)に分類される(7)。

例えば、自動運転車について許可制を採用するとすれば、自動運転車の公道の走行を原則禁止とし、安全性を確保するための一定の基準を満たした自動運転車に対してのみ、禁止を個別的に解除するという仕組みが考えられる。

また、現時点でも、消費生活用製品安全法における特別特定製品や電気用品安全法における特定電気用品については、第三者認証制度が採用されており、消費生活用製品安全法における特定製品や電気用品安全法における電気用品については、自己適合宣言制度が採用されている。そのため、現時点においても、AI・ロボットの技術が利用された製品が、これらの法の適用を受ける場合には、これらの規制を受けることになる（詳細は、Q5-7、Q5-8を参照）。

以上は、許可制を前提とした例であるが、現行法は、AI・ロボットの技術の実用化を前提としておらず、今後、必要に応じて法改正が行われることになると思われる。仮に、何らかの事前規制が必要となった場合に、許可制のような規制的関与手法がふさわしいか、誘導的手法、自主的取組手法等その他の関与手法がふさわしいかについては、当該時点において、最適な関与手法が個別に選択されることになると思われる。

---

(3) 宇賀克也『行政法概説Ⅰ（第5版）』（有斐閣、2013年）85頁。
(4) 政府認証制度とは、国またはその代行機関が製造業者等からの申請を受けて認証を行う制度である。宇賀・前掲（注3）85〜86頁。
(5) 第三者認証制度とは、国の代行機関ではない第三者機関が製造業者等からの申し込みを受けて認証を行う制度である。宇賀・前掲（注3）87頁。
(6) 自己適合宣言制度とは、製造業者等が自ら技術基準への適合性評価を行う制度である。宇賀・前掲（注3）87〜88頁。
(7) 宇賀・前掲（注3）85〜88頁。

第 5 章　行政法分野

3　安全性の基準

ところで、安全性の確保のために許可制を選択した場合、その安全基準（許可基準）を作成することになる。また、自主的取組手法を選択した場合も、その基準（ガイドライン等）を作成することになる。

例えば、自動運転車の安全を確保するために許可制を用いる場合は、自動運転車の安全性に関する基準を作成することになる。この場合、自動運転車の安全性は、国民の生命・身体に危険をもたらす可能性があるため、当該危険を回避できるような基準となる必要があると考えられる。

もっとも、自動運転車は、自動運転レベルにいくつかの段階があり（Q3-5、Q4-2 参照）、それぞれの自動運転レベルに応じて、どのように自動運転車の走行の安全性の確保のための基準を設定するかという課題がある。また、知見の発展や国際的な動向に応じて安全基準は改訂されることも考えられ、改訂の手続についても、適切な体制の整備が求められる。

この点について、2018 年 9 月、国土交通省は、自動運転の早期実用化に向けて、安全な自動運転車の開発・実用化を促進するため、自動運転車の安全技術ガイドラインを策定し、レベル 3、4 の自動運転車が満たすべき安全性に関する要件を明確化し、「自動運転車の安全技術ガイドライン（概要）」を公表している[8]。なお、このガイドラインは、自動運転車が満たすべき基本的な考え方を示したものとされ、今後、具体的な要件の検討を行うとともに、今後の技術開発や国際基準の策定動向等を踏まえ、適宜見直すことになっている。

なお、AI のブラックボックス化（AI の思考のプロセスが人間には分からないこと）の懸念も指摘されており、安全基準の作成において、今後の課題となり得る。

4　事後的な関与手法

以上のような事前の関与手法に加え、事後的な関与手法として、安全に関する問題が生じた場合には、調査権限を活用したり、事故を起こした事業者に対

---

(8) 国土交通省ウェブサイト〈http://www.mlit.go.jp/report/press/jidosha07_hh_000281.html〉。

し報告を求めたり、事業停止命令や商品回収命令等を行ったりという対応があり、AI・ロボットの技術が実用化された場合も同様の対応が必要となる場合があると考えられる[9]。

（後呂佳那）

---

[9] 横田明美「ロボット・AIの行政規制」弥永真生・宍戸常寿編『ロボット・AIと法』（有斐閣、2018年）108頁。

第5章 行政法分野

> *Q5-6* 自動運転について、行政規制との関係で注意すべき法規制はありますか。

Point
・現行法は、自動運転を前提とした法規制となっておらず、自動運転車を公道で走行させるためには法改正等の必要があるものの、実用化に向けた規制緩和や検討が進んでおり、動向を注視する必要がある。

1 自動運転レベルの定義

わが国では、自動運転レベルの定義は、米国運輸省国家道路交通安全局（NHTSA）[1]が発表した定義[2]を参考にしてきたが、現時点では、SAE（Society of Automotive Engineers）International の基準（SAE International の J3016（2016年9月）およびその日本語参考訳である JASO TP 18004（2018年2月））を採用している。[3]

SAE International の J3016（2016年9月）およびその日本語参考訳である JASO TP 18004（2018年2月）では、自動運転レベルは6段階に定義され、定義の概要は、Q3-5、Q4-2 に記載のとおりである。

---

(1) Nation Highway Traffic Safety Administration
(2) NHTSA の基準の内容は、平野晋『ロボット法　AI とヒトの共生にむけて』（弘文堂、2017年）81頁。
(3) 「官民 ITS 構想・ロードマップ」では、米国 NHTSA が 2013年5月に発表した Policy on Automated Vehicle を参考に、レベル0からレベル4の5段階の定義を採用していたが、米国 NHTSA の Federal Automated Vehicle Policy の発表（2016年9月）に伴い、欧米とも SAE J3016 を全面的に採用したことになったことを踏まえ、「官民 ITS 構想・ロードマップ 2017」以降、SAE International の J3016（2016年9月）の定義を全面的に採用している。

2 自動運転に関連する法規制

(1) 国際法の現状

自動運転に関連する国際法として、わが国が批准する1949年ジュネーブ道路交通条約がある。この条約では、「一単位として運行されている車両又は連結車両には、それぞれ運転者がいなければならない（8条1項）」こと、「運転者は、常に、車両を適正に操縦し（略）なければならない（8条5項）」こと、「車両の運転者は、常に車両の速度を制御していなければならず、また、適切かつ慎重な方法で運転しなければならない（10条）」ことが規定されている。

これらの規定を前提にすると、現行制度下では、「運転者」が、自動運転の場合であっても常に車両を制御下におくことが必要となり、レベル3以上の自動運転車を公道で走行させてはならないこととなる。

現状では、このような規制があるものの、1968年ウィーン道路交通条約（日本未加盟）では、自動運転を一部許容する改正が行われていること[4]、国連自動車基準調和世界フォーラム（WP29）において国際的な議論が行われていること[5]から、今後の改正が期待される。

(2) 国内法の現状

国内法では、目的と対象を異にした法律が組み合わさりながら規制が行われている[6]。

例えば、道路における危険を防止し、その他交通の安全と円滑を図り、および道路の交通に起因する障害の防止に資することを目的とした法律として、道路交通法がある。道路交通法は、車両に「運転者」が存在することを前提に、「車両等の運転者は、当該車両等のハンドル、ブレーキその他の装置を確実に操作し、かつ、道路、交通及び当該車両等の状況に応じ、他人に危害を及ぼさ

---

(4) 人工知能法務研究会編『AIビジネスの法律実務』（日本加除出版、2017年）55～56頁。
(5) 国土交通省ウェブサイト〈http://www.mlit.go.jp/report/press/jidosha07_hh_000186.html〉。
(6) 目的と対象の視点から安全のための行政規制を考察しているものとして、横田明美「ロボット・AIの行政規制」弥永真生・宍戸常寿編『ロボット・AIと法』（有斐閣、2018年）108～109頁。

第5章　行政法分野

ないような速度と方法で運転しなければならない」(70条)と規定している。また、同法は、自動車の運転という行為について、「運転者」という人に着目して許可制(運転免許)とし(84条)、無免許運転は道路交通法上犯罪として処罰対象としている(117条の2の2)。

また、道路運送車両法は、国土交通省令で定める保安上または公害防止その他の環境保全上の技術基準(以下、「保安基準」という)に適合するものでなければ、自動車を運行の用に供してはならないとし、物としての「自動車」に対する規制をしている(40条、41条)。

(3) 規制緩和等

以上のような規制がある一方、段階的な規制緩和も進んでいる。

例えば、前記のとおり、道路運送車両法では、一定の保安基準に適合するものでなければ、自動車を運行の用に供してはならないとしている。しかし、現行の保安基準は、車内の運転者席に運転者が存在することを前提としており、無人自動走行による移動サービスに係る公道実証実験の課題となっていた。

そこで、2017年2月、無人自動走行による移動サービスに係る公道実証を実現するため、保安基準の改正が行われた。この法改正により、代替の安全確保措置(走行ルートの限定や緊急停止ボタンの設置等)が講じられることを条件に、ハンドル・アクセル・ブレーキペダル等を備えない自動運転車の公道走行が可能となった。[7]

このような法改正を前提に、遠隔型自動運転システム[8]による公道実証実験が開始されているところ、この公道実証実験がより円滑に行われる環境を整備するため、2018年3月30日には、「遠隔型自動運転システムを搭載した自動車の基準緩和認定制度」が創設された。これにより、公道実証実験の実施に必要な道路運送車両法に基づく手続等が明確化され[9]、公道実証実験がより円滑に行われることが期待されている。

---

(7) 国土交通省ウェブサイト〈http://www.mlit.go.jp/report/press/jidosha07_hh_000239.html〉。
(8) 自動車から遠隔に存在する運転者が電気通信技術を利用して監視し、必要に応じその運転操作を行うことができるシステム。
(9) 国土交通省ウェブサイト〈http://www.mlit.go.jp/report/press/jidosha07_hh_000271.html〉。

なお、公道における実証実験については、警察庁が、2016年5月に、適正かつ安全な公道実証実験の実施に資することを目的として、「自動走行システムに関する公道実証実験のためのガイドライン」を策定している。

3 自動運転をめぐる検討状況

自動運転に関する検討は、世界一安全で円滑な道路交通社会構築に向けた自動走行システムと交通データ利活用に係る戦略として、高度情報通信ネットワーク社会推進戦略本部・官民データ活用推進戦略会議において、「官民ITS構想・ロードマップ」[10]（平成26年6月3日）として検討されて以降、継続的に改定が重ねられ、現時点での最新の改定版では、自動運転システムに係るロードマップ[11]（自家用自動運転車、物流サービス、移動サービス）、イノベーション推進に係るロードマップ等が示されている。

加えて、2018年4月、高度情報通信ネットワーク社会推進戦略本部・官民データ活用推進戦略会議は、「自動運転に係る制度整備大綱」（平成30年4月17日）を決定した。同大綱では、自動運転車と従来の一般車とが混在し、かつ自動運転車が少ない過渡期を想定した法制度のあり方が検討され、自動運転が目指すもの[12]、自動運転に係る制度の見直しに向けた進め方、重点的に検討する範囲と方向性等が示されている。

また、自動走行分野において世界をリードし、社会課題の解決に貢献するため、2015年2月に「自動走行ビジネス検討会」が設置され、2018年3月には「自動走行の実現に向けた取組方針 Verison 2.0」（平成30年3月30日）が公表

---

(10) Intelligent Transport System（高度道路交通システム）
(11) 高度情報通信ネットワーク社会推進戦略本部・官民データ活用推進戦略会議「官民ITS構想・ロードマップ2018」（平成30年6月15日）〈https://www.kantei.go.jp/jp/singi/it2/kettei/pdf/20180615/siryou9.pdf〉
(12) 自動運転車の実用化の目的として、①交通事故の削減や渋滞緩和等による、より安全かつ円滑な道路交通社会の実現、②きめ細かな移動サービスを提供する、新しいモビリティサービス産業を創出、③自動運転車による日本の地方再生、④世界的な自動運転車の開発競争に勝ち、日本の自動車産業が、引き続き世界一を維持することが示されている。高度情報通信ネットワーク社会推進戦略本部・官民データ活用推進戦略会議「自動運転に係る制度整備大綱」（平成30年4月17日）〈https://www.kantei.go.jp/jp/singi/it2/kettei/pdf/20180413/auto_drive.pdf〉3頁～5頁。

されている。

4　まとめ

以上のとおり、現行法は、自動運転を前提とした法規制となっておらず、自動運転車を公道で走行させるためには法改正等の必要があるものの、実用化に向けた規制緩和や検討が進んでいる。

執筆時点での最新情報は以上のとおりであるが、引き続き、最新の動向を注視する必要がある。

（後呂佳那）

> *Q5-7* AI・ロボットは電気用品安全法の電気用品に該当しますか。

Point
・AI・ロボットは、電気用品安全法上の電気用品の区分・品目に指定されていないが、AI・ロボットの用途、構造等によっては、電気用品安全法施行令別表第一および第二が現在指定している区分・品目の1つに当たるものとして取り扱われ、電気用品安全法の電気用品に該当し得る。

1 電気用品安全法の概要

　既存の電気製品については、粗悪品による火災の発生などを防止して安全性を確保する必要があることから、電気用品安全法による安全規制が行われてきたところである。AI・ロボットは、電気製品の形で今後ますます一般消費者の日常生活に定着していくものと思われるが、電気製品としてのAI・ロボットについても、従来の電気用品安全法の規制があてはまるのかが検討される必要がある。
　同法の規制の概要は次のようなものである。

(1) 法の目的
　電気用品安全法は、「電気用品」の製造、販売等を規制するとともに、電気用品の安全性の確保につき民間事業者の自主的な活動を促進することによって、電気用品による危険および障害の発生を防止することを目的としている（1条）。

(2) 「電気用品」
　電気用品安全法の規制対象となる「電気用品」とは、①一般用電気工作物（600V以下の電圧で用いられるなど、安全性の高い電気工作物）の部分となり、またはこれに接続して用いられる機械、器具または材料、②携帯発電機、③蓄電

第5章 行政法分野

池の①〜③のうち、政令（電気用品安全法施行令）で定めるものである（2条1項）。「電気用品」のうち、構造または使用方法その他の使用状況からみて特に危険または障害の発生するおそれが多い電気用品については、「特定電気用品」（同法2条2項）に指定されており、より厳格な規制の対象となっている。

「電気用品」および「特定電気用品」については、電気用品安全法施行令別表第一および第二で具体的な区分・品目が指定されているほか、経済産業省のウェブサイト上でも公開されている。[1]

(3) 規制の概要
(A) 届出義務

電気用品の製造または輸入を行う事業者は、電気用品の形式の区分等を経済産業大臣へ届け出なければならない（電気用品安全法3条）。

(B) 技術基準適合性

電気用品安全法3条の届出をした届出事業者は、届出をした電気用品について、国が定める技術基準に適合させなければならず（同法8条1項）、届出事業者自身が電気用品について検査を行い、検査記録の作成・保存義務を負う（同条2項）。届出事業者が技術基準適合義務に違反していると認められた場合、改善命令の対象となり得る（同法11条）。また、電気用品の検査等を行わなかった場合は罰則の対象となる（同法58条2号）。

届出をした電気用品が特定電気用品である場合には、届出事業者は、当該特定電気用品を販売する時までに、経済産業大臣の登録を受けた者の検査を受けなければならず、かつ、当該特定電気用品が基準に適合する旨を記載した証明書の交付を受け、これを保存しなければならない（同法9条1項）。同証明書の交付を受けず、または証明書を保存しなかった場合も罰則の対象となる（同法58条3号）。

---

(1) 特定電気用品につき、〈http://www.meti.go.jp/policy/consumer/seian/denan/specified_electrical.html〉。特定電気用品以外の電気用品につき、〈http://www.meti.go.jp/policy/consumer/seian/denan/non_specified_electrical.html〉。

(C) PSE マークの表示

届出事業者は、電気用品の技術基準適合性について必要な検査等を行ったときは、当該電気用品に PSE マークを付することができる（電気用品安全法 10 条 1 項）。PSE マークの付されていない電気用品の販売や陳列は原則として禁止されており（同法 27 条 1 項）、これに違反した場合は危険等防止命令の対象となり得る（同法 42 条の 5 第 1 号）ほか、罰則の対象にもなる（同法 57 条 3 号）。

2 AI・ロボットが電気用品安全法の電気用品に該当するか

(1) はじめに

「電気用品」および「特定電気用品」の具体的区分および品目を指定している電気用品安全法施行令別表第一および第二には、「AI」および「ロボット」は指定されておらず、「AI」および「ロボット」と同様の機能用途を有するものも指定されていない。上記のような電気製品に対する安全規制は、これまで発生した製品事故を踏まえながら行われており、AI・ロボットの技術進歩に対応するにはなお時間を要すると思われる。[2]

なお、経済産業省ウェブサイトにおいて、電気用品安全法の対象・非対象関係に関する運用解釈事例が公表されている。[3]ここで公表されている事例には、すでに実用化されているロボット製品について、電気用品該当性を認めたものも散見される。現時点においても、AI・ロボット製品の用途、構造等によっては、AI・ロボット製品が電気用品安全法施行令別表第一および第二で指定されている区分および品目の 1 つに該当すると判断されることはあり得る。

経済産業省ウェブサイトにおいて公表されている事例のうち、AI・ロボットに関係するものを以下紹介する。

---

(2) ロボット革命実現会議が 2015 年 1 月 23 日付けで発表した「ロボット新戦略」〈http://www.meti.go.jp/press/2014/01/20150123004/20150123004b.pdf〉においても、消費者保護の観点から必要となる枠組みの整備が規制制度改革の課題として取り上げられる（45 頁）とともに、電気用品安全法等の見直しにかかる工程表が発表されている（86 頁）。

(3) 〈http://www.meti.go.jp/policy/consumer/seian/denan/subject01.html〉

第5章　行政法分野

(2) 電気用品安全法の対象となると判断された事例
(A)「電動式おもちゃ」(特定電気用品)に当たるとされた例[4]

同事例は、店舗等において、PR効果を得るために使用される女性型(人形)ロボット(以下、「PRロボット」という)が、特定電気用品のうち「電動式おもちゃ」に当たるとされたものである。

PRロボットは、ターンテーブル上に固定されており、ターンテーブル内部には超音波センサー、音声用アンプ、およびスピーカーが備え付けられているほか、ターンテーブル上面にカラーLEDライトが取り付けられている。PRロボットは、超音波センサーにより周囲の人の動きを感知し、テーブルを旋回させて感知した方向にロボットを向け、上半身を折り曲げてお辞儀をし、あらかじめ設定された音声(BGMおよびPRメッセージ)データを再生する。また、周囲の人の動きが、おあらかじめ設定された時間内に感知されない場合、ターンテーブルが左右に移動し、その間、PRメッセージを再生する。

PRロボットに搭載されているアンプおよびスピーカーならびにLEDライトは、それぞれ特定電気用品以外の電気用品として定められている「その他の音響機器」、「装飾用電灯器具」および「広告灯」に該当し得るものである。しかし、同事例においては、PRロボットが「全体をロボット(人形)として完成させたものであってロボットの動きによって子供の関心を惹くものと考えられる」として、「電動式おもちゃ」として取り扱うことが妥当とされている。

(B)「その他の電気吸じん機」(特定電気用品以外の電気用品)に当たるとされた事例[5]

同事例は、介護施設等で使用される自動排泄処理ロボットが、特定電気用品以外の電気用品のうち、電動力応用機械器具の「その他の電気吸じん機」に当たるとされた例である。

自動排泄処理ロボットは、自動排泄処理装置として用いられるものであり、装置内に内蔵されたセンサーが排尿・排便を感知し、排出物を吸引して、温水

---

[4] 〈http://www.meti.go.jp/policy/consumer/seian/denan/kaishaku/taishou_hitaishou/20111025/pr_robot.pdf〉

[5] 〈http://www.meti.go.jp/policy/consumer/seian/denan/file/08_subject/15_mmd/Jidou_haisetsu_shori_robot.pdf〉

で局部を洗浄する機能を有する。一方で、局部を乾燥する機能はない。

　同事例においては、自動排泄処理ロボットが乾燥機能を有さず、汚物を吸引するための装置であることを理由に、「その他の電気吸じん機」として取り扱うことが妥当とされた。ただし、乾燥機能を有するものについては、特定電気用品のうち、電動力応用機械器具の「自動洗浄乾燥式便器」として取り扱うことになるとされた。

（小野高広）

第 5 章　行政法分野

> *Q5-8*　AI・ロボットに消費生活用製品安全法の適用はありますか。

Point
・AI・ロボット製品のうち、一般消費者の生活の用に供されるものについては、「消費生活用製品」として、消費生活用製品安全法の適用があり得る。
・AI・ロボットは、消費生活用製品安全法上の「特定製品」、「特別特定製品」、および「特定保守製品」に指定されていないが、AI・ロボット製品の構造等によっては、現在指定されている「特定製品」、「特別特定製品」、および「特定保守製品」に該当し、消費生活用製品安全法が適用される可能性がある。

1　消費生活用製品安全法の概要

　日常生活に用いられる製品のうち、一般消費者の生命・身体に対する危険を及ぼすおそれがあるものについては、これまで消費生活用製品安全法による安全規制が行われてきた。AI・ロボット製品は、今後ますます一般消費者の日常生活に浸透していくものと思われるが、一般消費者の日常生活に用いられるAI・ロボット製品についても、従来の消費生活用製品安全法の規制が当てはまるかが検討される必要がある(1)。
　同法の規制の概要は次のとおりである。

---

(1) 消費生活用製品安全法も、電気用品安全法と同様に、AI・ロボットの技術進歩に合わせて規制の見直しが検討されている（Q5-7参照）。ロボット革命実現会議が2015年1月23日付けで発表した「ロボット新戦略」〈http://www.meti.go.jp/press/2014/01/20150123004/20150123004b.pdf〉においても、消費者保護の観点から必要となる枠組みの整備が規制制度改革の課題として取り上げられる（45頁）とともに、消費生活用製品安全法等の見直しにかかる工程表が発表されている（86頁）。

140

(1) 法の目的
　消費生活用製品安全法は、消費生活用製品のうち一般消費者の生命または身体に対する危害を及ぼすおそれのある製品の製造および販売等を規制し、あわせて製品事故に関する情報の収集、提供措置を講じることをもって、消費生活用製品による一般消費者の生命または身体に対する危害の防止を図り、一般消費者を保護するものである（1条）。

(2) 規制の対象となる生活用製品
　消費生活用製品安全法の規制対象は、一般消費者の生活の用に供される「消費生活用製品」（2条1項）である。「消費生活用製品」のうち、①構造、材質、使用状況等からみて、一般消費者の生命または身体に対して特に危害を及ぼすおそれが多いと認められるものについては「特定製品」（同条2項）、②経年劣化により安全上支障が生じ、一般消費者の生命または身体に対して特に危害を及ぼすおそれが多いものについては「特定保守製品」（同条4項）とされている。さらに、「特定製品」のうち、その製造または輸入の事業を行う者のうちに、危害発生防止のために必要な品質の確保が十分でない者がいると認められるものについては、「特別特定製品」とされている。
　「特定製品」、「特別特定製品」、および「特定保守製品」については、消費生活用製品安全法施行令別表第一ないし別表第三において具体的な区分・品目等が指定されている。

(3) 特定製品に対する規制の概要
　下記の消費生活用製品安全法の規制内容のうち、特定製品に対するものについては、電気用品安全法と類似している。電気用品安全法の規制内容についてはQ5-7を参照されたい。
　（A）事業の届出義務
　特定製品の製造または輸入を行う事業者は、特定製品の形式の区分等法定の事項について主務大臣への届出が必要である（消費生活用製品安全法6条）。
　（B）基準適合義務
　届出事業者は、届出に係る特定製品を製造または輸入する場合、主務大臣が

定める技術基準に適合させなければならず（消費生活用製品安全法11条1項）、届出事業者自身が特定製品について検査を行い、検査記録の作成・保存義務を負う（同条2項）。

届出をした特定製品が特別特定製品である場合には、届出事業者は、当該特別特定製品を販売する時までに、主務大臣の登録を受けた者の検査を受けなければならず、かつ、当該特別特定製品が基準に適合する旨を記載した証明書の交付を受け、これを保存しなければならない（同法12条1項）。

(C) PSC（Product Safety of Consumer Products）マークの表示義務

届出事業者は、特定製品の技術基準適合性について必要な検査等を行ったときは、当該特定製品にPSCマークを付することができる（消費生活用製品安全法13条）。PSCマークの付されていない特定製品の販売や陳列は禁止されており（同法4条1項）、これに違反した場合には販売した当該特定製品の回収を図ること等の危害防止命令の対象となり得る（同法39条1項）。

(4) 特定保守製品に対する規制

特定保守製品の製造または輸入を行う事業者（特定製造事業者等）は、届出義務（消費生活用製品安全法32条の2第1項）のほか、点検期間を設定して（同法32条の3）これを製品に表示しなければならず（同法32条の4第1項）、特定保守製品の引渡し時にも法定の事項の説明義務を負う（同法32条の5第1項）。また、特定製造事業者等は、特定保守製品の点検その他の保守を適切に行うために必要な体制を整備しなければならない（同法32条の19）。

(5) 消費生活用製品による重大製品事故の報告義務等

上記の規制は消費生活用品のうち特に特定製品、特別特定製品、および特定保守製品に対するものであるが、消費生活用製品全般に対する規制として、次のような製品事故の報告義務等がある。

① 消費生活製品の使用に伴い生じた事故のうち、一般消費者の生命または身体に対する危害が発生した場合や、消費生活用製品の滅失・毀損に伴って生命または身体に対する危害が発生するおそれのあるものについては、

「製品事故」（消費生活用製品安全法2条5項）に当たる。「製品事故」のうち、死亡、重症、一酸化炭素中毒、火災等の重大な危害が発生したものについては、「重大製品事故」に当たる（同法2条6項）。

② 事業者は、製品事故に関する情報を収集して一般消費者に対し提供する努力義務を負う（消費生活用製品安全法34条）ほか、重大製品事故が発生した場合には、事故発生を知った日から10日以内に国に対する報告義務を負う（同法35条1項）。内閣総理大臣は、事業者からの報告を受けて、当該重大製品事故に係る消費生活用製品の名称および形式、事故の内容等の公表を行う（同法36条1項）。

2 AI・ロボットに消費生活用製品安全法が適用されるか

(1) 「消費生活用製品」として消費生活用製品安全法が適用され得ること

AI・ロボット製品のうち、一般消費者が家電量販店やホームセンター等で購入して生活の用に供することが想定されるものについては、消費生活用製品安全法の「消費生活用製品」に該当する可能性がある。「消費生活用製品」に該当する場合、消費生活用製品安全法の上記規制のうち、重大製品事故の報告義務等（前記1(5)②）を負うことになる。

なお、事業者が業務用としてAI・ロボット製品を製造又は輸入した場合であっても、その製品の仕様や販路等から判断して、一般消費者がホームセンター等で容易に購入可能で、一般家庭でも使用できるような製品であれば、消費生活用製品として扱われる可能性がある(2)。

(2) 「特定製品」、「特別特定製品」、「特定保守製品」該当性について

「特定製品」、「特別特定製品」、および「特定保守製品」を指定している消費生活用製品安全法施行令別表第一ないし別表第三には、「AI」および「ロボット」は指定されていない。

---

(2) 経済産業省「新しい消費生活用製品安全法について」（平成19年2月版）〈http://www.meti.go.jp/committee/materials/downloadfiles/g70403b05j.pdf〉。

第 5 章　行政法分野

　しかし、今後 AI・ロボット技術が進歩するにつれて、現在「特定製品」、「特別特定製品」、および「特定保守製品」に指定されている製品に AI が搭載されたり、ロボットに「特定製品」、「特別特定製品」、および「特定保守製品」に指定されている製品が組み込まれることも考えられる。このような場合には、AI・ロボット製品が「特定製品」、「特別特定製品」、および「特定保守製品」に該当し、前記 1 の規制が適用される可能性がある。

（小野高広）

Q5-9 AI・ロボットが個人に関する情報を取り扱う場合、日本の個人情報保護法制との関係で留意すべき点はありますか。

Point

・AI・ロボットにおいて取り扱う個人に関する情報（ここでは、個人情報保護法制上の個人情報を含む特定個人と関係するすべての情報を意味するものとする[1]）が個人情報保護法制上の個人情報または匿名加工情報（非識別加工情報）であれば、これらの規定に従う必要がある。

1 適用される法令

　AI・ロボットの活用にあたっては、大量の学習用データの必要性が指摘されている[2]。また、不特定多数の者のデータの中から特定の特徴をもつ者のデータを識別するといった用途も考えられる[3]。このようなデータが個人情報または匿名加工情報（非識別加工情報）である場合には、個人情報保護法制に従って利用する必要が出てくる。

　一口に個人情報保護法制といっても、日本の個人情報保護法制は、取扱いの主体により具体的な義務規定を定める法令が異なっていることに注意が必要である。

　まず、民間事業者が取り扱う場合には、個人情報保護法が適用される。国が

---

(1) 宇賀克也『個人情報保護法の逐条解説（第6版）』（有斐閣、2018年）37頁は、個人情報保護法2条1項で用いられている「個人に関する情報」の意義として、個人の属性・行動、個人に対する評価、個人が検索した表現等、当該個人と関係するすべての情報が含まれるとしている。

(2) 例えば、一般社団法人行政情報システム研究所「平成27年度人工知能技術の行政における活用に関する調査研究報告書」（平成28年3月31日）〈https://www.iais.or.jp/ja/wp-content/uploads/2016/08/H27人工知能行政活用調査研究報告書_本文_20160810.pdf〉17頁。

(3) 一般社団法人行政情報システム研究所・前掲（注2）72頁。

取り扱う場合には行政機関個人情報保護法が適用される。地方自治体が取り扱う場合には、各地方自治体が定めた個人情報保護条例が適用される。独立行政法人等の場合には、独立行政法人等個人情報保護法が適用される。

このように適用される法令が異なり得る点に注意が必要であるものの、基本的な考え方は共通していることから、AI・ロボットにおいて個人に関する情報を利用するに際して一般的に注意すべき規制について個人情報保護法を中心に解説する。

2　個人情報保護法制上の一般的な規制事項の概説[4]

(1) 個人情報の該当性（個人情報保護法2条1項等）

個人に関する情報が、個人情報に該当するか否かは、特定の個人を識別することができるか否かという点がポイントである。その情報自体に識別できる情報が含まれていなくても他の情報と組み合わせて容易に識別ができる場合も個人情報に該当する[5]。また、識別性がなくても匿名加工情報に該当する場合には、後述の規制がある。

なお、近時利用が進んでいるカメラ画像は、特定の個人の識別ができる場合には個人情報に該当する。また、カメラで撮影された画像から、顔の骨格および皮膚の色ならびに目、鼻、口その他の顔の部位の位置および形状によって定まる容貌を数値化し、その「特徴点のデータ（テンプレート）」を作成・登録する情報を取得する場合、その情報は個人情報保護法2条2項が定める「個人識別符号」に該当し[6]、当該情報と結びつく情報は個人情報として取り扱わなければならない[7]。カメラ画像については、Q5-11も参照されたい。

---

(4) 個人情報保護法の内容についての詳細な解説は、第二東京弁護士会情報公開・個人情報保護委員会編『完全対応　新個人情報保護法』（新日本法規出版、2017年）を参照していただきたい。
(5) 個人情報保護法と異なり行政機関個人情報保護法および独立行政法人等個人情報保護法には「容易に」という要件がなく、個人情報保護条例の多くも同様なので注意が必要である。
(6) 新保史生「AIの利用と個人情報保護制度における課題」福田雅樹ほか編著『AIがつなげる社会　AIネットワーク時代の法・政策』（弘文堂、2017年）223頁。

(2) 目的外利用の制限（個人情報保護法 15 条等）

　個人情報を取り扱うにあたっては利用目的をできる限り特定し、その変更は合理的に認められる範囲を超えてはできないことが原則である。したがって、利用目的を確認し、AI・ロボットでの利用が目的外の利用にならないか注意する必要がある。

　AI・ロボットでの利用をどの程度具体的に利用目的に記載しておけばよいかについては、本人にとって合理的に想定できる程度に具体的に特定する必要がある。[8]この点、AI・ロボットでの利用の仕方は一般人にとって想定しにくいと考えられるため、AI・ロボットで利用していること、その利用態様を記載することが望ましいと考えられる。[9]

　なお、目的外利用が許容される例外も法令で定められており、また、統計データに加工して利用する場合には個人情報としての規制はされない。

(3) 適正な取得（個人情報保護法 17 条 1 項等）

　個人情報を「偽りその他不正の手段」により取得してはならない。[10] AI との関連では、サイト管理者がクローリングを拒否する設定にしていたにもかかわ

---

(7) 個人情報保護法施行令 1 条では、①細胞から採取されたデオキシリボ核酸（別名 DNA）を構成する塩基の配列、②顔の骨格および皮膚の色ならびに目、鼻、口その他の顔の部位の位置および形状によって定まる容貌、③虹彩の表面の起伏により形成される線状の模様、④発声の際の声帯の振動、声門の開閉並びに声道の形状およびその変化、⑤歩行の際の姿勢および両腕の動作、歩幅その他の歩行の態様、⑥手のひらまたは手の甲もしくは指の皮下の静脈の分岐および端点によって定まるその静脈の形状、⑦指紋または掌紋、のいずれかを電子計算機の用に供するために変換した文字、番号、記号その他の符号であって、特定の個人を識別するに足りるものとして個人情報保護委員会規則で定める基準に適合するものを個人識別符号としている（詳細は個人情報保護委員会「個人情報の保護に関する法律についてのガイドライン（通則編）」9 頁以下参照）。これらを利用する場合は注意されたい。

(8) 個人情報保護委員会・前掲（注 7）26 頁。

(9) プロファイリングを行う場合には、Q5-10 の GDPR における透明性の確保の内容が参考になると思われる。

(10) 一般的な例としては、本人に対して個人情報を収集しているという事実や取得する目的を偽って取得する場合、正当な権限なく他人が管理する個人情報を取得したり隠し撮りする場合、十分な判断能力を有していない子どもから親の個人情報を取得する場合等が挙げられる（園部逸夫・藤原静雄編『個人情報保護法の解説（第二次改訂版）』（ぎょうせい、2018 年）148 頁。

らず、サイト内の情報をすべて取得し結果的に個人情報が取得されてしまうような場合が指摘されている(11)。また、不正の手段により取得された個人情報であることを知り、または容易に知ることができるにもかかわらず、当該個人情報を取得することも違反例とされている(12)。

(4) 要配慮個人情報の取得制限（個人情報保護法17条2項等）

　個人情報保護法では、人種、信条、社会的身分、病歴、犯罪の経歴、犯罪により害を被った事実、その他政令で定める記述等が含まれる個人情報は秘匿性の高い要配慮個人情報として、原則として本人の同意がなければ取得ができない(13)。個人情報保護条例でも収集制限がされている場合があるので注意が必要である。ただし、許容される例外がある。また、要配慮個人情報を推知させる個人情報は要配慮個人情報には該当せず(14)、プロファイリング等により推知することも取得に当たらないと一般的に解釈されている(15)。もっとも、個人情報保護法に違反しない場合でも、別途プライバシー侵害として民法上の不法行為責任を負うことはあり得るので注意が必要である。また、プロファイリングの規制状況に関してはQ5-10を参照されたい。

(5) 安全管理（個人情報保護法20条～22条等）

　個人情報（個人情報保護法上は個人データ(16)。以下、(7)まで同じ）を取り扱うにあたっては、漏洩、毀損がないよう注意する必要がある。また、違法、不適切な取扱いがなされないよう、従業者および委託先の適切な監督も求められている。

---

(11) 新保・前掲（注6）227頁。
(12) 個人情報保護委員会・前掲（注7）32頁。
(13) 行政機関個人情報保護法および独立行政法人個人情報保護法上は、取得制限はない。
(14) 個人情報保護委員会・前掲（注7）12頁。宇賀・前掲（注1）48頁。
(15) 宇賀克也ほか「［鼎談］個人情報保護法改正の意義と課題」行政法研究13号11頁（藤原静雄発言）。ただし、センシティブな情報を一定の精度で予測するプロファイリングは少なくとも個人情報保護法17条2項のいう要配慮個人情報の「取得」に該当するとの見解もある（山本龍彦『プライバシーの権利を考える』（信山社、2017年）265頁）。

Q5-9

(6) 第三者提供の制限（個人情報保護法 23 条等）

　個人情報の第三者提供は、事前の本人同意がない限り原則禁止されている（例えば個人情報保護法 23 条 1 項）。ただし、第三者提供が許容される例外も法令で定められているため、過度に制限していないか検討すべきである。

(7) 開示請求等への対応（個人情報保護法 27 条～30 条等）

　本人から、その本人に関して個人情報取扱事業者が保有している個人情報の利用目的を聞かれたり、開示、訂正、利用停止等の請求がされたりする場合には、これに適切に対応する必要がある。特に AI・ロボットにおいて利用している場合には、どのように利用されているか丁寧にわかりやすく説明すべきである。また、本人の権利に重大な影響を与えるような利用態様である場合には、訂正、利用停止等については法律の要件よりも緩やかに応じる等の対応も考えられる。

(8) 匿名加工情報（非識別加工情報）（個人情報保護法 36 条～39 条等）

　匿名加工情報（行政機関個人情報保護法等においては非識別加工情報）は、特定の個人を識別することができないように個人情報を加工して得られる個人に関する情報であって、当該個人情報を復元できないようにしたものである。匿名加工情報の取扱いにあたっては、再識別化が禁止されている（個人情報保護法 36 条 5 項、38 条）。AI・ロボットで利用する際にも他の情報とマッチングすることで再識別することがないように取扱いに注意する必要がある。[17]

---

(16) 個人情報保護法上の「個人データ」とは、個人情報データベース等を構成する個人情報である（2 条 6 項）。この点に関し、ビッグデータには「特定のデータがデータベース等を用いて体系的に構成されているのではなく、大量の情報が散在したままの状態の非構造化データ」である場合も考えられると指摘されており（新保・前掲（注 6）231 頁）、この場合には個人データに該当しないと解されるので、注意が必要である。

(17) 非識別加工情報の場合、個人情報保護委員会「行政機関の保有する個人情報の保護に関する法律についてのガイドライン（行政機関被識別加工情報編）」8 頁では、「行政機関非識別加工情報は、個人情報保護法上の匿名加工情報に包含される概念であることから、行政機関非識別加工情報取扱事業者に該当する者は、個人情報保護法における匿名加工情報取扱事業者に係る規律の対象となることに留意する必要がある。」とされている。

第 5 章　行政法分野

（牧田潤一朗）

> *Q5-10* AI・ロボットがプロファイリングをすることについて注意すべき点はありますか。

Point
・プロファイリングは、現在の日本の法令上は直接規制されていないが、EUの一般データ保護規則（GDPR）等で規制されており、外国の規制動向にも注意する必要がある。

1 プロファイリング規制の現状[1]

(1) GDPRにおける規制

EUの一般データ保護規則（GDPR）における規制は、直接に日本国内におけるプロファイリング行為を規制するものではないが[2]、今後、日本の個人情報保護法制の議論に影響を及ぼす可能性がある。

（A）プロファイリングの意義

GDPR4条（4）号では、「プロファイリング」とは、「自然人と関連する一定の個人的側面を評価するための、特に、当該自然人の業務遂行能力、経済状態、健康、個人的嗜好、興味関心、信頼性、行動、位置及び移動に関する側面を分析又は予測するための、個人データの利用によって構成される、あらゆる形式の、個人データの自動的な取扱いを意味する[3]」と定めている。

GDPRのプロファイリングに関するガイドライン（以下、本稿では「ガイドラ

---

(1) 現代的なプロファイリングの特徴やその法的問題点については、山本龍彦『プライバシーの権利を考える』（信山社、2017年）257頁参照。
(2) 事案によっては適用の可能性がないとはいえないが、GDPRの適用範囲については、紙幅の都合でここでは立ち入らない。
(3) GDPR（条文及び前文）の日本語訳（仮訳）は個人情報保護委員会ウェブサイト〈https://www.ppc.go.jp/files/pdf/gdpr-provisions-ja.pdf〉に掲載されている仮訳による。以下同じ。

イン」という）によると、プロファイリングは、3つの要素で構成されている。[5]
①自動化された取扱いの形式でなければならない、[6]②個人データについて実施されなければならない、③プロファイリングの目標は、自然人についての個人的側面を評価するためのものでなければならない。

(B) 異議申立権

GDPR 21条1項は、プロファイリングを含め、GDPR 6条1項（e）[7]号または（f）[8]号に基づく個人データの取扱いについて異議申立権を認めている。異議が申し立てられた場合には、管理者は、データ主体の利益、権利および自由[9]よりも優先する取扱いについて、または訴えの提起および攻撃防御について、やむをえない正当な根拠があることをその管理者が証明しない限り、以後、その個人データの取扱いができない。

また、GDPR 21条2項は、個人データが、ダイレクト・マーケティング目的で行われる場合には、プロファイリングの場合を含めて、異議申立権を認めているが、この場合は、無条件に個人データの取扱いができなくなる。[10]

---

(4) Guidelines on Automated individual decision-making and Profiling for the purposes of Regulation 2016/679. As last Revised and Adopted on 6 February 2018。日本語訳と頁数は個人情報保護委員会ウェブサイト〈https://www.ppc.go.jp/files/pdf/profiling_guideline.pdf〉に掲載されている仮訳とその頁数による。以下同じ。

(5) ガイドライン・前掲（注4）9頁。

(6) ガイドライン・前掲（注4）9頁では、自動化された取扱いに関し、「第4条（4）は、『もっぱら』自動化された取扱い（第22条に規定）というよりも、むしろ『あらゆる形の自動化された取扱い』と規定している。プロファイリングは、一人的な介在が必ずしもその行為を定義から除外することになるものではないが―何らかの形式の自動化された取扱いを含んでいなければならない。」としている。

(7) 「公共の利益において、又は、管理者に与えられた公的な権限の行使において行われる職務の遂行のために取扱いが必要となる場合。」

(8) 「管理者によって、又は、第三者によって求められる正当な利益の目的のために取扱いが必要となる場合。ただし、その利益よりも、個人データの保護を求めるデータ主体の利益並びに基本的な権利及び自由のほうが優先する場合、特に、そのデータ主体が子どもである場合を除く。」

(9) 「管理者」とは、自然人または法人、公的機関、部局またはその他の組織であって、単独でまたは他の者と共同で、個人データの取扱いの目的および方法を決定する者を意味する（GDPR 4条（7））。

（C）プロファイリングを含む個人に対する自動化された意思決定の対象とされない権利

GDPR 22 条 1 項は、データ主体は、当該データ主体に関する法的効果を発生させる、または、当該データ主体に対して同様の重大な影響を及ぼすプロファイリングを含むもっぱら自動化された取扱いに基づいた決定の対象とされない権利を有するという原則を規定している。

ただし、上記原則は、①データ主体とデータの管理者の間の契約の締結またはその履行のために必要となる場合、②管理者がそれに服し、かつ、データ主体の権利および自由並びに正当な利益の安全性を確保するための適切な措置も定める EU 法又は加盟国の国内法によって認められる場合、または③データ主体の明示的な同意に基づく場合には適用されない（同条 2 項）。

もっとも、①および③に規定する場合、そのデータの管理者は、データ主体の権利および自由ならびに正当な利益の保護を確保するための適切な措置を講じる必要があり、少なくとも ⅰ 管理者の側での人の関与を得る権利、ⅱ データ主体の見解を表明する権利、および ⅲ その決定を争う権利を確保する措置を講じなければならない（同条 3 項）。

さらに、GDPR 9 条 1 項に規定する、特に秘匿性の高い特別な種類の個人データについては、同条 2 項（a）号または（g）号で例外的に取扱いが許容され、データ主体の権利および自由並びに正当な利益の保護を確保するための適切な措置が設けられている場合を除き、決定の基礎としてはならない（GDPR 22 条 4 項）。

（D）透明性の確保等

GDPR 13 条 2 項（f）号および 14 条 2 項（g）号は、データ主体に関する公正かつ透明性のある取扱いを確保するために、管理者が、プロファイリングを

---

(10) 山本龍彦教授は、GDPR 21 条について、プロファイリングそれ自体については、データ主体の申し出があるまでは実行できるという建て付けになっており、いわゆるオプト・アウト方式に近い規律を採用しているとする（山本龍彦「AI と個人の尊重、プライバシー」山本龍彦編著『AI と憲法』（日本経済新聞出版社、2018 年）100 頁）。

(11) もっぱら自動化された取扱いとは、決定プロセスにおいて人的な介在がないことを意味している（ガイドライン・前掲（注 4）38 頁）。

含め、22条1項および4項に定める自動的な決定が存在すること、また、これが存在する場合、その決定に含まれている論理(16)、ならびに、当該取扱いのデータ主体への重要性およびデータ主体に生ずると想定される結果に関する意味のある情報を提供すること(17)を定め、他方、GDPR 15条1項(h)号では、データ主体に、これらの情報へのアクセス権を定めている。

データ主体は、情報に基づいて、不正確な自己の個人データに関する訂正の請求(GDPR 16条)(18)、個人データの消去の請求(GDPR 17条)、個人データの取扱いの制限の請求(GDPR 18条)等をすることができる。

---

(12) ガイドライン・前掲(注4) 63頁以下では、推奨する運用例として、「個人が公正に扱われ差別されないことを確保するため、システムについての定期的な品質確保チェック」、「アルゴリズムの点検:アルゴリズムが意図したように実際に動作し、差別的、誤りのある又は不当な結果をもたらしていないことを証明するため、機械学習システムにより利用されまた開発されたアルゴリズムを検査すること」、「独立した『第三者』による監視の際(プロファイリングに基づく意思決定が個人に大きな影響を与える場合)、アルゴリズム又は機械学習システムがどのように動作するかについて必要な情報の全てを監視者に提供すること」、「第三者のアルゴリズムについて監視と検査が実施され、アルゴリズムが合意された標準に対応していることを契約で確保を得ること」、「プロファイルの作成又は適用の際に使用されるプロファイルと個人データの明確な保存期間を含むデータ最小化のための特別措置」、「プロファイリングのコンテクストにおいて匿名化又は仮名化の技術を利用すること」、「データ主体による意見の表明と決定に対する異議の申し立てを可能にする方法」および「決められたケースにおける人的介在のメカニズム。例えば、自動化された決定がデータ主体に提供される際に、レビューのための合意された期間及び問い合わせのために示された連絡先と共に、異議申し立てプロセスへのリンクを提示することを講じること」等が示されている。
(13) 「人種的若しくは民族的な出自、政治的な意見、宗教上若しくは思想上の信条、又は、労働組合への加入を明らかにする個人データの取扱い、並びに、遺伝子データ、自然人を一意に識別することを目的とする生体データ、健康に関するデータ、又は、自然人の性生活若しくは性的指向に関するデータ」
(14) 「データ主体が、一つ又は複数の特定された目的のためのその個人データの取扱いに関し、明確な同意を与えた場合」
(15) 「求められる目的と比例的であり、データ保護の権利の本質的部分を尊重し、また、データ主体の基本的な権利及び利益の安全性を確保するための適切かつ個別の措置を定めるEU法又は加盟国の国内法に基づき、重要な公共の利益を理由とする取扱いが必要となる場合」
(16) 必ずしも完全なアルゴリズムを明らかにして複雑な説明をすることが求められているわけではなく、背景にある論拠、又は決定に至る際に依拠する基準について説明するシンプルな方法を見いだすべきであるとされている(ガイドライン・前掲(注4) 48頁)。

Q5-10

　さらに、GDPR 35 条 3 項（a）号では、特に、プロファイリングを含め、自動的な取扱いに基づくものであり、かつ、それに基づく判断が自然人に関して法的効果を発生させ、または、自然人に対して同様の重大な影響を及ぼす、自然人に関する人格的側面の体系的かつ広範囲な評価の場合には、管理者にデータ保護影響評価を行うことを求めている。[19]

(2) アメリカでの議論

　アメリカで民間部門の個人情報保護を担当する連邦取引委員会は、2016 年 1 月のレポート[20]において、ビッグデータの分析について、適用され得る法律[21]のほか、以下の点に注意を求めている。

　① 特定の人々の情報を欠いたデータ群になっていないか考慮し、もしそう

---

(17) ガイドライン・前掲（注4）51 頁では、「保険会社は『顧客』の運転行動をモニタリングすることに基づいて自動車保険の保険料を設定する取扱いのために、自動化された決定を用いる。その取扱いの重大性と想定される帰結を示すために、その会社は危険な運転が高い保険料になることを説明し、急加速や急ブレーキのような危険な運転習慣を含む架空のドライバーになぞらえたアプリケーションを提供する。」「同社はグラフを用いて、そうした運転習慣をどのように改善するか、そしてその結果どのように保険料が安くなるかについての秘訣を示す。」という例が紹介されている。
(18) この請求は、プロファイリングに利用されたインプットデータだけでなく、プロファイリングの結果取得されたアウトプットデータにも適用される。GDPR 17 条の消去請求も同様である（ガイドライン・前掲（注4）32 頁）。
(19) 個人データの取扱いの開始前に、予定している取扱業務の個人データの保護に対する影響についての評価を行うこと。
(20) アメリカ連邦取引委員会（Federal Trade Commission）「BIG DATA A Tool inclusion or Exclusion?」（2016 年 1 月）〈https://www.ftc.gov/system/files/documents/reports/big-data-tool-inclusion-or-exclusion-understanding-issues/160106big-data-rpt.pdf〉。
(21) Federal Trade Commission・前掲（注 20）は、適用され得る法律として、①消費者信用報告機関に対してその保有情報の正確性と本人に訂正の機会を与えることを義務付け、またはその提供を制限している公正信用報告法（FCRA）、②人種、肌の色、性別、宗教、年齢、障害、出身国、結婚歴、遺伝子情報といった情報に基づく差別を禁じる連邦の各種平等機会法（同一信用機会法（ECOA）、市民的権利に関する法律第 7 編、障害を持つアメリカ人法（ADA）、雇用における年齢制限禁止法（ADEA）、公正住宅法（FHA）、遺伝子情報差別禁止法（GINA））、③商取引における不公正または欺瞞的な行為または取扱いを禁じる FTC 法を挙げている。

であれば、この問題に対応する適切な措置をとること。
② 隠れたバイアスが特定の人々に意図しない影響を与えないかデータ群およびアルゴリズムを検証すること。
③ ビッグデータにおいて相関性が見つかったからといって、その相関性が意味のあるものとは限らないことを念頭に置くこと。そのため、特に特定の人々に不利に影響する場合には、それらの結果を用いることのリスクとのバランスをとること。医療、与信、雇用と関係がある重要な決定にビッグデータを用いる場合には、データおよびアルゴリズムについて人間によるチェックを行うこと。
④ 公正さおよび倫理的考慮から、特定の状況においてビッグデータを使うことについて差し控えるべきか否かについて検討すること。また、従前過小評価されてきた人々のチャンスを促進するようなビッグデータの使い方が可能か否かより一層考えること。

2　日本の動向

日本ではプロファイリングを直接規制する法律はないが、その規制についての検討は継続的に行われている。

2017年の個人情報保護法改正に先立ち2013年から2014年末まで設置されたパーソナルデータに関する検討会では、第8回検討会において鈴木正朝委員（新潟大学教授）から、「一事業者に閉じて用いられる識別子で若干懸念しているのは、具体的にいえば例えばプロファイリングである。それで差別的な取り扱いもできるので、やはり元に返ると人格的権利利益のインパクトを見ている」との指摘がされ、他の委員からはプロファイリングすべてが悪いわけではないという議論や、やはり予防的に規律すべきであるとの議論がされている。また、第10回検討回では、論点整理表が事務局より提示され「諸外国における取組については、未だ確立したところがあるとは認めがたく、プロファイリングに関する問題は、データの利活用についての新たな課題であることから、現状においては、消費者、事業者双方にとってよりよい個人に関する情報の取扱いをし、かつ、そのための環境整備を図るため、自主規制によることが望ま

しく、将来的に検討すべき課題とする。」とされた。[22]

　最終的に、高度情報通信ネットワーク社会推進戦略本部「パーソナルデータの利活用に関する制度改正大綱」（平成26年6月24日）においては、「多種多量な情報を、分野横断的に活用することによって生まれるイノベーションや、それによる新ビジネスの創出等が期待される中、プロファイリングの対象範囲、個人の権利利益の侵害を抑止するために必要な対応策等については、現状の被害実態、民間主導による自主的な取組の有効性及び諸外国の動向を勘案しつつ、継続して検討すべき課題とする。」と記載された。

　その後「放送受信者等の個人情報保護に関するガイドライン」（平成29年4月27日総務省告示第159号）34条は、「受信者情報取扱事業者は、視聴履歴を取り扱うに当たっては、要配慮個人情報を推知し、又は第三者に推知させることのないよう注意しなければならない」と規定し、視聴履歴から要配慮個人情報を推知することを制限した。

　また、総務省設置のAIネットワーク社会推進会議「国際的な議論のためのAI開発ガイドライン案」（平成29年7月28日）[23]11頁では、「開発者は、採用する技術の特性に照らし可能な範囲で、AIシステムの学習データに含まれる偏見などに起因して不当な差別が生じないよう所要の措置を講ずるよう努めることが望ましい」と述べられている。

　2018年5月に施行されたGDPRで具体的な規制が始まっていることに照らし、日本でも近い将来、法的規制について具体的議論が始まる可能性は十分にある。

（牧田潤一朗・森山裕紀子）

---

(22) パーソナルデータに関する検討会の議事録等は、以下のウェブサイトにて入手可能である。
　〈https://www.kantei.go.jp/jp/singi/it2/pd/index.html〉
(23) 〈http://www.soumu.go.jp/main_content/000499625.pdf〉

第5章　行政法分野

Q5-11　民間事業者が商用目的でカメラ映像を用いて人工知能に分析させるシステムを開発・利用する場合に注意すべきことはありますか。

Point
・個人情報保護法の規制に基づく対応が必要となる。
・プライバシー保護の観点からは、「カメラ画像利活用ガイドブック」に記載のある配慮事項を参考とした対応が望ましい。

1　カメラ画像の個人情報保護法上の位置付け

　事業者がカメラ画像を利活用する場合に、当該情報が個人情報に該当するか否かが大きな分岐点である。カメラ画像が、そこに写る顔等により特定の個人を識別できるものであれば、個人情報（個人情報保護法2条1項1号）に該当する。写り込みも同様に解される(1)。顔の部位の位置および形状によって定まる容貌や歩行の態様など本人を認証することを目的とした装置やソフトウェアにより、本人を認証することができるようにしたものは個人識別符号に該当する（同条2項1号、個人情報保護法施行令1条1号ロ・ホ）(2)。
　そして、顔認証データとして識別可能なように加工する等してカメラ画像や

---

(1) 個人情報保護委員会「個人情報の保護に関する法律についてのガイドライン（通則編）」（平成28年11月、平成30年12月一部改正）〈https://www.ppc.go.jp/files/pdf/181225_guidelines01.pdf〉5頁、IoT推進コンソーシアム・総務省・経済産業省「カメラ画像利活用ガイドブック Ver 2.0」（平成30年3月）（以下、本稿では「ガイドブック」という）〈http://www.meti.go.jp/press/2017/03/20180330005/20180330005-1.pdf〉9〜10頁。
(2) 個人情報保護委員会・前掲（注1）10頁。なお、ガイドブックでは、取得した画像から人物の目、鼻、口の位置関係等の特徴を抽出し、数値化したデータを「特徴量データ」と定義している（同3頁）。特徴量から元の顔情報をとることは不可逆であるが、不可逆だからといって個人情報にならないわけではないことに注意が必要である（菊池浩明「カメラ画像の利活用の課題：技術的立場から（特集カメラ画像の保護と利活用に関するシンポジウム（中））」NBL1133号70頁）。

Q5-11

顔認証データを体系的に構成して個人情報データベース等を構築した場合、個々のカメラ画像や顔認証データを含む情報は個人データに該当し（個人情報保護法2条4項・6項）、そのうち事業者が開示等の権限を有し、6か月を超えて保有する個人情報は「保有個人データ」に該当する（同条7項、同法施行令5条）。

撮影による個人情報の取得(4)、個人情報の利用目的の変更や個人データの第三者提供等については Q5-9 を参照。

2　カメラ画像利活用ガイドブック Ver 2.0 の意義

(1)　カメラ画像の保護と利活用に向けた取組み

個人情報保護法はミニマムスタンダードを示すものであり、カメラ画像の取扱いを検討する際にはプライバシーへの配慮等について十分考慮することも重要である(6)。保護を図りつつ流通・利活用へのさまざまな取組みがなされている。

---

(3) 個人情報保護委員会「『個人情報の保護に関する法律についてのガイドライン』及び『個人データの漏えい等の事案が発生した場合等の対応について』に関する Q&A」（平成 29 年 2 月 16 日、平成 30 年 12 月 25 日更新）〈http://www.ppc.go.jp/files/pdf/181225_APPI_QA.pdf〉Q1-11。なお、検索性をもたせないまま顔等の特徴が含まれる画像保存の場合については意見が分かれる（ガイドブック 10 頁）。

(4) 外形上明らかな、身体の不自由な方の様子が店舗に設置された防犯カメラに映り込んだ場合、外形上明らかな要配慮個人情報の取得として、あらかじめ本人の同意を得ることなく取得することができる（個人情報保護法 17 条 2 項 6 号、個人情報保護法施行令 7 条 1 号、個人情報保護委員会・前掲（注1）35 頁）。カメラに単に犯罪行為が疑われる映像が映ったのみでは、犯罪の経歴にも刑事事件に関する手続が行われたことにも当たらないため、要配慮個人情報に該当しない（個人情報保護委員会・前掲（注3）Q1-28、松尾剛行『最新判例にみるインターネット上のプライバシー・個人情報保護の理論と実務』（勁草書房、2017 年）301 頁）。

(5) 防犯目的のみのために取得したカメラ画像やそこから得られた顔認証データについて、他の目的に利用しようとする場合、本人の同意を得る必要がある（個人情報保護委員会・前掲（注3）Q1-12）。

(6) 星周一郎「カメラ画像の利活用の課題：法的立場から（特集カメラ画像の保護と利活用に関するシンポジウム（中））」NBL1133 号 63～64 頁、小川久仁子「個人情報保護の枠組みとカメラ画像の保護（特集カメラ画像の保護と利活用に関するシンポジウム（上））」NBL1132 号 14 頁。ミニマムスタンダードである反面、社会的信頼性・許容性を生み出していく手段でもあるとの指摘がある（「パネルディスカッション（特集カメラ画像の保護と利活用に関するシンポジウム（下））」NBL1134 号 74 頁〈宍戸常寿発言〉）。

第5章　行政法分野

　IoT 推進コンソーシアム・経済産業省・総務省は、2018 年 3 月、小売事業者等を対象に、カメラ画像利活用についてのニーズを調査し、特に検討ニーズの高かった、特定空間（店舗等）に設置されたカメラでの単一店舗もしくは同一の事業主体（複数店舗を運営）によるリピート分析についての検討を加えた「カメラ画像利活用ガイドブック Ver 2.0」を公表した。同書は、生活者のプライバシーを保護し、生活者からの理解を得るために配慮すべき事項（事業者へ対応を強制するものではない）として、次の 16 項目を挙げる。[7]

・基本原則（①リスク分析の適切な実施、一元的な連絡先の設置等）
・事前告知時の配慮[8]（②事前告知の実施、③事前告知内容の配慮、④多言語化）
・取得時の配慮（⑤通知の実施、⑥通知内容の配慮、⑦多言語化）
・取扱い時の配慮（⑧画像の破棄、⑨処理方法の明確化、⑩処理データの保存の配慮）
・管理時の配慮（⑪適切な安全管理対策、⑫利用範囲、アクセス権、⑬開示請求対応、⑭削除請求対応、⑮個人情報でないデータの第三者提供時の適切な契約締結、⑯契約変更時の事前告知）

(2)　ケースごとの配慮事項の整理

　ガイドブックは、事業展開を想定している事業者より提供されたユースケース等を参考とした 6 ケースにつき、配慮事項を組み込んだ例を示す。以下では、AI 活用の観点から対照的な 2 つのケースについての整理を紹介する。

---

　(7) ガイドブックのケースとしては取り扱っていない、撮影画像や特徴量データ、それに紐づく情報の共同利用や、第三者提供などを実施する場合には、法令に基づいた適切な運用がなされるよう、留意する必要があるとされる。また、防犯目的や公共目的で取得されるカメラ画像の取扱いについても、検討の対象として取り上げていないが、当該目的での取扱いの際にもガイドブックの記載内容が参考になるものと思われるとされる（7、8 頁）。防犯目的につき、個人情報保護委員会・前掲（注 3）Q1-13-2 を参照。
　(8) 利用者の立場で事前に丁寧に説明することは炎上を防ぐ大事なポイントとされる（菊池・前掲（注 2）68、72 頁）。

Q5-11

(3) ケース：店舗内設置カメラ（人物の行動履歴の生成）
 (A) ケースの概略（ガイドブック33頁）
　品揃えや棚割り・店舗内レイアウト等の変更を効率的に実施するために、来店者の店舗内の移動・滞留状況等の行動履歴を取得し分析することを想定する。店舗等に設置されたカメラで、空間内を人物等が行動する画像を取得し、座標値を取得し、動線データを生成した後、速やかに撮影画像と特徴量データを破棄する。座標値を取得した段階で特徴量データを破棄するため、座標値の連続として生成する動線データには原則として個人情報を含まない。[9]

 (B) 望ましいと思われる対応例（ガイドブック34～38頁）
　ガイドブックでは、データのライフサイクル等を分析し、システム管理者等を定めた運用体制の構築、問い合わせ窓口を設置する（①）ほか、事前告知時の配慮として、事前に自社HP上でのリリースを実施し、新聞等メディアへの掲載を促すこと（②）、告知内容は、多言語で、運営実施主体として「当社が店舗を対象に実施する」こと、「お客様の店舗内での行動履歴を分析する」こと、および個人特定にはつながらないことを明記し、事業者の実施したい内容および問い合わせ先を記載すること（③④）、取得時の配慮として、主語を運用実施主体である「株式会社○○」と記載し、上記告知内容に加え生活者に対するメリットもあわせて、ポスターに記載の上店舗入口の見やすい位置に掲示し、自社HP上へ掲載して通知すること（⑤⑥⑦）、取扱い時の配慮として、カメラ画像そのものはシステムメモリ上で処理され、保存されることなく破棄し（⑧）、座標値を取得する範囲を、「店舗内」に限定し、個人の特定には至らない動線データに処理して保存すること（⑨⑩）、管理時の配慮として、撮影したカメラ画像データは特徴量データ抽出後、直ちに破棄し、特徴量データは座標値取得のために利用し、対象が移動し、次の座標値を取得した時点で破棄することとして（⑪）、データの利活用は自社グループ内に、またデータアクセスをシステム管理者のみに限定し（⑫）、他社へ提供しないことを自社HP上に明記する（⑮）ことを例示している（括弧内の数字は（1）で述べた配慮事項に準じる）。

---

[9] 個人情報保護委員会・前掲（注3）Q1-13。なお、同Q1-13-3も参照。

(4) ケース：店舗内設置カメラ（リピート分析）
　(A) ケースの概略（ガイドブック39～40頁）
　品揃え等の変更をより効率的に実施するために、前記ケースの過程に加えて、特徴量データから人物属性の推定を行ううえ、撮影画像を破棄しつつ特徴量データのみ一定期間保持し、同一人物の2回目以降の入店の判定キーとして、一定期間中、特徴量データをキーにして、来店履歴、店舗内動線、購買履歴等を紐付けて保存し、一定期間経過後、速やかに特徴量データ（個人識別符号）を破棄するケースを想定する。この場合、特徴量データに紐づく来店履歴、動線データ、推定属性、購買履歴の蓄積は個人情報データベースに当たる。会員情報等の紐付け、法令に基づく場合を除く第三者提供や共同利用は想定していない。

　(B) 望ましいと思われる対応例（ガイドブック41～48頁）
　ガイドブックでは、前記ケースの①～⑮の対応に加え、店を限定して実証実験を行い、生活者からの意見をくみ取って他店舗での実施を検討すること（①）、事前告知時から店舗入口の見やすい位置にポスター掲示を加え、自社HP上でのリリースは開始1か月前に実施すること（②）、事前告知・取得時の通知内容には、取得目的・リピート分析であることを明記し、イラストも用いて実施内容・社会的メリットを含むメリットの記載を加えること（③⑥）、特徴量データは、一定期間保存し、再来店時のキーとして利用し、来店履歴、動線データ、購買データ以外に、画像やその他の情報等の紐付けは行わず、一定期間経過後遅滞なく破棄し（⑧⑨⑪）、紐付けられた来店履歴、動線データ、購買履歴を、特定の個人を識別できない形で保存すること（⑩）、データの利活用は自社内（同一事業者内）に限定すること（⑫）、開示請求を受けつける体制を整え（⑬）、削除請求があった場合の画像特定の手順を決め、特定できなかった場合には可能性のあるレコードをすべて削除すること（⑭）が示されている。

3　まとめ

　事業者がカメラ画像の利活用に際し配慮すべき範囲は、個人情報保護法により守られるべき範囲に加え、プライバシー保護の観点で考慮すべき範囲も含ま

れる。プライバシーの侵害として民事上の問題が生じる場合もあるため（第3章参照）、適法性の十分な確認とリスク分析の実施が望まれる。

（中村道子）

第5章 行政法分野

> **Q5-12** AI・ロボットに電波法上の問題はありますか。また特定実験局制度を利用したいと思います。概要を教えてください。

Point
・電波を利用するには、無線局を開設する必要がある。
・無線局の開設には、原則として総務大臣の免許が必要となるが、免許不要で開設できる無線局もある。
・特定実験局制度とは、一定の条件の下、免許手続を大幅に短縮できる制度である。

1 電波法の規制概要

　AI・ロボットを利用する際には、その操縦や、画像伝送のために、無線通信が広く利用されている。無線通信のために電波を利用するには、電波法の定める技術基準に合致した無線設備を使用し、原則、総務大臣の免許や登録を受け、無線局を開設することが必要である。ただし、微弱な無線局や一部の小電力無線局など、免許を必要とすることなく開設できる無線局もある。

2 免許を必要としない無線局[1]

　発射する電波が極めて微弱な無線局や、一定の技術的条件に適合する無線設備を使用する小電力無線局については、無線局の免許および登録が不要である。

(1) 微弱無線局

　発射する電波が著しく微弱な無線設備で、総務省令で定めるものをいう。無

---

[1]「免許及び登録を要しない無線局」（総務省電波利用ホームページ）〈http://www.tele.soumu.go.jp/j/adm/proc/free/index.htm〉をもとに作成。

Q5-12

線設備から500メートルの距離での電界強度（電波の強さ）が200μV/m以下のものとして、周波数などが総務省告示で定められており、例えば、模型類の無線遠隔操縦を行うラジコン用発振器やワイヤレスマイクなどで用いられている。

(2) 小電力無線局

　コードレス電話、小電力セキュリティシステム、小電力データ通信システム、デジタルコードレス電話、PHSの陸上移動局、狭域通信システム（DSRC）の陸上移動局、ワイヤレスカードシステム、特定小電力無線局等の特定の用途および目的の無線局であり、以下の①～④の条件をすべて満たすものをいう。例えば、Wi-FiやBluetooth等の小電力データ通信システムの無線局等がこれに当たる。

① 空中線電力が1W以下であること。
② 総務省令で定める電波の型式、周波数を使用すること。
③ 呼出符号または呼出信号を自動的に送信しまたは受信する機能や混信防止機能をもち、他の無線局の運用に妨害を与えないものであること。
④ 技術基準適合証明を受けた無線設備だけを使用するものであること。

3　免許を必要とする無線局[(2)]

　微弱無線局や小電力無線局などの免許を要しない無線局を除き、電波を利用するには、原則として総務大臣から免許を受けて無線局を開設する必要がある。免許の申請から免許状が交付されるまでの流れは以下のとおりである。なお、免許を受けずに、免許を必要とする無線局を開設した者は、1年以下の懲役または100万円以下の罰金に処せられる（電波法110条1号）。

[(2)]「免許」（総務省電波利用ホームページ）〈http://www.tele.soumu.go.jp/j/adm/proc/type/aptoli/index.htm〉をもとに作成。

第5章　行政法分野

図5-1　免許申請手続の流れ

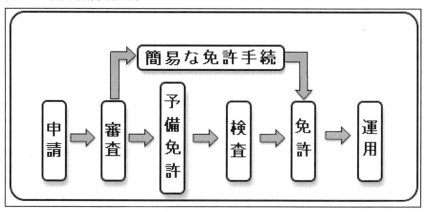

出典：総務省電波利用ホームページ「免許」〈http://www.tele.soumu.go.jp/j/adm/proc/type/aptoli/index.htm〉

(1) 申請

　申請には、申請書と、無線局の開設目的、設置場所、使用する無線機の工事設計などを記載した添付資料が必要で、オンライン申請も可能である。

(2) 審査

　審査事項はおおむね以下のとおりである。

① 　工事設計が電波法に定める技術基準に適合すること。
② 　周波数の割当が可能であること。
③ 　総務省令で定める無線局の開設の根本的基準に合致すること。

(3) 予備免許

　審査の結果、電波法令に適合している場合は、①工事落成の期限、②電波の型式、周波数、③運用許容時間、④呼出符号等、⑤空中線電力を指定して、予備免許が与えられる。

Q5-12

(4) 検査

予備免許を受けた申請者は、無線設備の工事が落成したときは、「落成届」を文書により各総合通信局に提出し、落成検査を受けなければならない。なお、登録点検事業者制度を利用すると、検査の一部を省略することができる。

(5) 簡易な免許手続

MCA無線の陸上移動局、簡易無線局、パーソナル無線、アマチュア無線など、小規模なものであって、使用する無線設備が技術基準適合証明を受けている場合には、予備免許、検査などの手続が省略され、審査した結果、法令に適合していると認められれば免許が与えられる。また、再免許を受ける場合にも、簡易な免許手続が適用される。

(6) 免許の有効期間

免許の有効期間は、無線局によって異なるが、原則として5年間とされているものが多い。有効期間が経過した後も引続き無線局を運用しようとする場合には、有効期間の満了前に申請を行い、再免許を受けなければならない。

4 特定実験局制度[3]

(1) 特定実験局制度の概要

特定実験局制度とは、周波数等をあらかじめ公示することにより短期で免許交付が可能となる制度である。免許手続は、通常、「免許申請→審査→予備免許→落成検査→免許」のプロセスを経るが、特定実験試験局では、技術革新の激しい情報通信の分野において無線システムの実験試験局を早期に開設したいというニーズに応えるため、主に混信の防止を図る観点から以下の①～④の一定の条件の下、免許手続を簡略化し（予備免許手続、落成検査の省略）、申請から免許までの期間を、1～2週間と大幅に短縮している。特定実験局を活用したロボットやドローンの実証実験の例として、福岡市[4]や多摩地域[5]での取組みが

---

[3] 「特定実験試験局関係」（総務省電波利用ホームページ）〈http://www.tele.soumu.go.jp/j/sys/spexp/〉をもとに作成。

167

第5章　行政法分野

なされているようである。国家戦略特別区域に係る特例措置を活用する場合は、原則申請から即日での免許付与となる。

① 周波数、空中線電力および使用可能な地域は、あらかじめ告示された範囲内とする。
② 免許期間は、特定実験試験局が使用可能な周波数等を定める告示に規定する周波数の使用期間を超えない範囲であって、かつ、最長5年である。
③ 登録検査等事業者による無線設備の事前点検が必要である。
④ 混信を回避するため、特定実験試験局同士の運用調整が必要である。なお、一部の周波数帯については、特定実験試験局以外の他の無線局との運用調整も必要な場合がある。

これらの事前手続の簡略化のほか、時計、無線検査簿および無線業務日誌の備え付けの省略や、許可を要しない工事設計の軽微な事項の見直し、無線設備の設置場所の変更による検査の省略等、事後手続も簡略化されている。

(2) 特定実験試験局用周波数と使用期間

特定実験試験局に使用可能な周波数等は、毎年見直しを行い、新たに告示することとされている。また、このほかに、毎年の見直しに適さない周波数（例えば、国家戦略特別区域で使用するなど周波数）であって、使用期限があらかじめ一定期間に定まっている周波数等は、別に告示されている。

告示する周波数の使用期間は最長でも5年と短期間であり、使用可能期限を過ぎた周波数は、新たな告示で再度指定されない限り使えなくなる。

(3) 特定実験試験局の周波数の使用期間が短期間である理由

現在、多くの電波は、携帯電話、放送、アマチュア無線、船舶・航空通信、レーダー等に使用されており、全国一律に、長期にわたって、空いている周波

---

(4) 〈http://island-city.city.fukuoka.lg.jp/news/detail/244/back:1〉
(5) 〈http://www.soumu.go.jp/soutsu/kanto/press/29/0508r3.html〉

数はほとんどないのが実状である。

　このため、無線局の免許手続においては、申請後に電波干渉検討を行って既存の無線局への混信を防止しているが、通常、実験試験局は、その性格からどの周波数を使用するか予測できず、個別に綿密な電波干渉検討が必要となる。

　そこで、実験試験局の免許手続を迅速に行うため、①将来実用システムを導入する予定はあるものの短期的には使用していない周波数、②既存の無線局の運用を阻害するような混信その他の妨害を与えるおそれがある場合であっても、それを回避するために運用者同士で各無線局の運用に関する調整その他の当該既存無線局の運用を阻害するような必要な措置、③現時点では一部の地域での使用にとどまっており、地域を限定すれば使用可能な周波数などの場合、周波数有効利用の観点から、特定実験試験局用周波数を選定して告示をしている。

　したがって、特定実験試験局用に告示している周波数は、将来的には他のシステムに使用する可能性が高いため、使用期間が最長5年に限定されている。

〈山岸哲平〉

第 5 章　行政法分野

> **Q5-13**　AI・ロボットを用いたアドバイス、高速取引に金融商品取引法の適用はありますか。

Point
・投資関連のロボアドバイザーサービスの提供をする場合、投資助言・代理業や投資運用業の登録が必要となる場合がある。
・2017 年改正の金融商品取引法で新しく高速取引の規定が盛り込まれた。

1　金融行政の IT 技術の進展への対応

　金融庁は、利用者のニーズに的確に対応しつつ、積極的に事業を展開できる環境を確保すると共に、市場の信頼確保や利用者の適切な保護を図るため、FinTech に関する一元的な相談・情報交換窓口「FinTech サポートデスク」でロボアドバイザーなどの事業の規制一般、登録・届出に係る手続等について相談受付を行ったり(1)、株式等の高速取引への制度的な対応を図るなどしている(2)。

2　ロボアドバイザーに対する取組み

(1)　ロボアドバイザーとは

　ロボアドバイザーは、金融取引において、従来は人が担当していた顧客に対する説明やアドバイス等の業務を機械に代替させることを指す(3)。
　投資のリスクを減らす方法として、資産や銘柄の間での値動きの違いに着目

---

(1) 金融庁「FinTech サポートデスクについて」〈https://www.fsa.go.jp/news/27/sonota/20151214-2.html〉
(2) 金融庁「平成 29 年度実施施策に係る事前分析表」（平成 29 年 12 月）〈https://www.fsa.go.jp/seisaku/siryou/20171215/29bunnsekihyou.pdf〉
(3) 森下哲朗「FinTech 時代の金融法のあり方に関する序説的検討」黒沼悦郎ほか編『企業法の進路――江頭憲治郎先生古希記念』（有斐閣、2017 年）814 頁。

Q5-13

して、異なる値動きをする資産や銘柄を組み合わせて投資を行う「資産・銘柄の分散」の手法等があり、価格変動のリスク等を軽減できる[4]。ロボアドバイザーのサービスは、例えば、各種質問（例：リスク選好）に対する顧客の回答内容を踏まえ、当該顧客に適した「（一般的な）資産クラス別の資産ポートフォリオ（構成割合）」や「個別の有価証券・金融商品」の提示などを行う[5]。

(2) 金融商品取引法に基づく登録の要否

現時点においては、ロボアドバイザーに対する金融規制のアプローチは、提供されるサービスが同一である限り、原則として人と同一のルールに服するべきという考え方が世界的潮流である[6]。

わが国においても、前記(1)の例で、潜在顧客を含めた顧客へのサービスの一環として報酬を得ずに行うもので、当該提示に関する契約の締結がない場合には、金融商品取引法に基づく登録は不要となる。一方、顧客から報酬を得て行うもので、個別の有価証券・金融商品の提示に関する契約の締結がある場合には、金融商品取引法上の投資助言行為に該当するため、投資助言業の登録が必要となる（28条6項、29条）[7]。また、アルゴリズムが提示するポートフォリオを顧客のために実現する行為は投資運用業（同条4項1号）に該当することが考えられる。そのため、新たにロボアドバイザーの提供を業として行うことを開始しようとするものは金融商品取引業者としての登録が必要となり、登録を受けることなくロボアドバイザーの提供を業として行うことは金融商品取引法に違反することになる（同法197条の2第10号の4）[8]。

---

[4] 金融庁「投資の基本」⟨https://www.fsa.go.jp/policy/nisa2/knowledge/basic/index.html⟩。

[5] なお、「有望銘柄を自動的にピックアップして売買するアルゴリズムはまだ」とのことである（角田美穂子ほか編『ロボットと生きる社会―法はAIとどう付き合う？』（弘文堂、2018年）317頁〔大崎貞和〕）。資産運用アルゴリズムの設計や運用について、事業者の公表するホワイトペーパー等を参照。

[6] 角田美穂子「ロボアドバイザーと金融業者の法的義務：フィンテックと金融商品取引法（金融法学会第35回大会〈シンポジウムⅡ〉資料）」金融法務事情2095号40頁。

[7] 金融庁・前掲（注1）。

第5章　行政法分野

(3) 業務をめぐる法規範

金融商品取引法上の行為に該当する場合、一定の書面交付や説明義務の履践(9)（37条の3）、（顧客の知識、経験、財産の状況、商品購入の目的に照らして不適当な勧誘をしてはならないという(10)）適合性の原則（40条1号）などの適用がなされる(11)。

ロボアドバイザーの特徴は、アルゴリズムをベースにした「自動化」や、人を介さずにオンラインで提供される「非対面性」にある。そのため、「自動化」あるいは機械の特性、限界、リスクといった情報のサービス利用者への提供、非対面であるために業者が取得する顧客情報が限定されていることへの対応、システムの機能充足を担保する態勢整備等について諸外国のガイドライン等で議論されている(12)。

3　高速取引に対する取組み

(1) 高速取引をめぐる動き

証券市場においてアルゴリズム高速取引の影響力が増大している(13)。アルゴリズム取引とは、注文の開始、タイミング、価格や数量、発注後の管理など注文のパラメータについて、人手の介入をなくして（あるいは最小化して）コンピ

---

(8) 加藤貴仁「ロボアドバイザーと1940年投資顧問法」金融法研究32号122頁。誰が投資判断を行う者として金融商品取引法上の規制対象となるかを含む、アルゴリズム・AIを用いて投資判断を行う場合に現行法を適用する場合の留意点については、日本銀行金融研究所「「アルゴリズム・AIの利用を巡る法律問題研究会」報告書：投資判断におけるアルゴリズム・AIの利用と法的責任」〈https://www.imes.boj.or.jp/japanese/kenkyukai/ken1809.html〉を参照。

(9) ロボアドバイザーの「業務」に適用されるべき法規範はいまだ流動的といってよいように思われる、との指摘がある（角田・前掲（注6）40～41頁）。

(10) 金融庁「金融商品取引法の疑問に答えます」〈https://www.fsa.go.jp/policy/br/20080221.pdf〉。

(11) 人工知能法務研究会編『AIビジネスの法律実務』（日本加除出版株式会社、2017年）113～114頁（括弧内の引用は筆者によるものである）。

(12) 角田・前掲（注6）38～40頁。海外のガイドラインには、"The Division of Investment Management in the US Securities and Exchange Commision, IM Guidance Update: Robo-Advisers"〈https://www.sec.gov/investment/im-guidance-2017-02.pdf〉などがある（加藤・前掲（注8））。

(13) 金融審議会市場ワーキング・グループ「金融審議会市場ワーキング・グループ報告：国民の安定的な資産形成に向けた取組みと市場・取引所を巡る制度整備について」（平成28年12月22日）〈https://www.fsa.go.jp/singi/singi_kinyu/tosin/20161222-1/01.pdf〉11頁。

ュータのアルゴリズムが自動的に決定する金融商品の取引をいう[14]。

取引所の売買システムに近接した場所に参加者サーバーの設置を許容するコロケーション・サービスの提供により、東京証券取引所によると、投資家の注文に係る情報が取引所の売買システムに伝達されるまで、コロケーションエリアから注文を行う場合は 4.7 マイクロ秒が必要となる一方、同エリア外から注文を行う場合には数ミリ秒とされ[15]、取引の高速化が進んでいる。

アルゴリズムを用いた高速取引については、市場に流動性が供給されているとの指摘や、流動性が厚くなることでスプレッドが縮まり一般投資家にもその恩恵が及んでいるとの指摘がある一方で、市場の安定性や効率性、投資家間の公平性、中長期的な企業価値に基づく価格形成、システムの脆弱性等の観点から、懸念を指摘する声が存在する[16]。

(2) 2017 年一部改正金融商品取引法による整備

(A) 改正の経緯

日本では、高速取引を行う投資家から直接情報を収集する枠組みはなかったことから、金融商品取引法が改正され、2018 年 4 月 1 日に施行された[17]。

(B) 改正の概要

(a) 登録制の導入

高速取引行為を行う者（金融商品取引業として高速取引行為を行う金融商品取引業者等を除く）は、内閣総理大臣の登録を受けなければならない（金融商品取引法 66 条の 50）。2018 年 10 月 9 日時点で 10 の行為者が登録されている[18]。高速取引行為の定義は、金融商法取引法 2 条 41 項、金融商品取引法施行令 1 条の 22、金融商品取引法第二条に規定する定義に関する内閣府令 26 条、平成 29 年 12

---

(14) 金融審議会「市場ワーキング・グループ」（第 1 回）資料 2〈https://www.fsa.go.jp/singi/singi_kinyu/market_wg/siryou/20160513/02.pdf〉。
(15) 平成 29 年 4 月 14 日衆議院財務金融委員会における池田唯一政府参考人（金融庁総務企画局長）答弁（193 回国会衆議院財務金融委員会議録（第 14 号））。
(16) 金融審議会市場ワーキング・グループ・前掲（注 13）13〜14 頁。
(17)「金融商品取引法の一部を改正する法律」（平成 29 年法律第 37 号）に係る説明資料〈https://www.fsa.go.jp/common/diet/193/02/setsumei.pdf〉。
(18) 金融庁「高速取引行為者登録一覧」〈https://www.fsa.go.jp/menkyo/menkyoj/kousoku.pdf〉。

第5章　行政法分野

月27日金融庁告示50号に定められている。なお、高頻度性は「高速取引行為」の要件とはされていない。[19]

登録を受けようとする者は登録申請書を内閣総理大臣に提出しなければならない（金融商品取引法66条の51）とされ、内閣総理大臣は金融商品取引法66条の53の規定により登録を拒否する場合（最低資本金額、最低純財産額に満たない者など[20]）を除くほか、登録しなければならないとされる（同法66条の52第1項）。

(b) その他のルール

体制整備・リスク管理に係る措置として、取引システムの適正な管理・運営、適切な業務運営体制の確保等や、当局への情報提供等に係る措置として、高速取引を行うことや取引戦略の届出、取引記録の作成・保存等などの措置を講ずることとされる。

あわせて、こうしたルールの実効性を確保するため、証券会社に対し、無登録で高速取引を行う者からの取引の受託を禁止するとともに、取引所において、高速取引を行う者の法令等の遵守の状況の調査その他の必要な措置を講ずる旨の規定が設けられている。[21]

法改正に係る政令・内閣府令の公布に伴い、監督指針が公表された。[22]

(中村直子)

---

[19] 平成29年金融商品取引法改正に係る政令・内閣府令案等に対するパブリックコメントの概要及びコメントに対する金融庁の考え方〈https://www.fsa.go.jp/news/29/syouken/20171227-0.html〉（回答47）。

[20] 個人である高速取引行為者については、資本金が観念できないことから資本金要件は求めていない（齋藤馨ほか監修『逐条解説2017年金融商品取引法改正』（商事法務、2018年）127頁。

[21] 野崎彰ほか「平成二九年改正金商法の解説(1) 株式等の取引の高速化への対応」商事法務2139号4頁、小澤裕史ほか「平成二九年改正金商法に係る政府令改正等の解説(1) 株式等の取引の高速化への対応等」商事法務2161号4頁参照。

[22] 平成29年金融商品取引法改正に係る政令・内閣府令案等に対するパブリックコメントの結果等について〈https://www.fsa.go.jp/news/29/syouken/20171227.html〉において、「金融商品取引業者等向けの総合的な監督指針（本編）」、「（別冊）高速取引行為者向けの監督指針」が公表されている。金融商品取引業等に関する内閣府令等についても一部改正されている。

Q5-14 ドローンの飛行には、どのような法的規制に注意する必要がありますか。

Point
・航空法に定める「無人航空機」に該当する場合には、飛行区域、飛行方法等に制限がある。
・小型無人機等飛行禁止法や各自治体の条例により、飛行区域に制限がある。
・ドローンが無線通信をする場合には電波法上の規制を受けるほか、所有権侵害や、ドローンで撮影を行う場合にはプライバシー権、肖像権侵害等にも注意する必要がある。

1 航空法[1]

(1) 規制対象となる機体

　航空法による規制対象となる無人航空機とは、「飛行機、回転翼航空機、滑空機、飛行船であって構造上人が乗ることができないもののうち、遠隔操作又は自動操縦により飛行させることができるもの（200g未満の重量（機体本体の重量とバッテリーの重量の合計）のものを除く）」であり、いわゆるドローン（マルチコプター）、ラジコン機、農薬散布用ヘリコプター等が該当する（2条22項、航空法施行規則5条の2）。

(2) 規制対象となる空域

　以下の(A)～(C)の空域のように、航空機の航行の安全に影響を及ぼすおそれのある空域や、落下した場合に地上の人などに危害を及ぼすおそれが高い空域において、無人航空機を飛行させる場合には、あらかじめ、地方航空局長

---

[1] 国土交通省「無人航空機（ドローン・ラジコン機等）の飛行ルール」〈http://www.mlit.go.jp/koku/koku_tk10_000003.html〉をもとに作成。

第5章　行政法分野

図表 5-5　無人航空機の飛行の許可が必要となる空域について

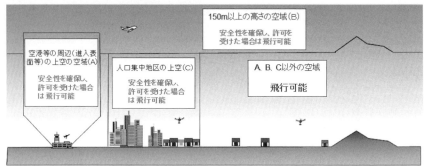

（空域の形状はイメージ）

出典：国土交通省「無人航空機（ドローン・ラジコン機等）の飛行ルール」〈http://www.mlit.go.jp/koku/koku_tk10_000003.html〉

の許可を受ける必要がある（航空法132条、同法施行規則236条）。

(3) 無人航空機の飛行方法

飛行させる場所にかかわらず、無人航空機を飛行させる場合には、以下のルールを守る必要がある（航空法132条の2）。

① 日中（日出から日没まで）に飛行させること。
② 目視（直接肉眼による）範囲内で無人航空機とその周囲を常時監視して飛行させること。
③ 人（第三者）または物件（第三者の建物、自動車など）との間に30ｍ以上の距離を保って飛行させること。
④ 祭礼、縁日など多数の人が集まる催しの上空で飛行させないこと。
⑤ 爆発物など危険物を輸送しないこと。
⑥ 無人航空機から物を投下しないこと。

上記のルールによらずに無人航空機を飛行させようとする場合には、あらかじめ、地方航空局長の承認を受ける必要がある。

図表５-６　承認が必要となる飛行の方法

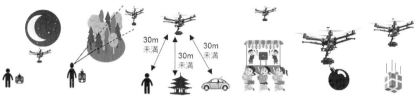

（夜間飛行）　（目視外飛行）　（30m未満の飛行）　（イベント上空飛行）（危険物輸送）（物件投下）

出典：国土交通省「無人航空機（ドローン・ラジコン機等）の飛行ルール」〈http://www.mlit.go.jp/koku/koku_tk10_000003.html〉

2　小型無人機等飛行禁止法[(2)]

　国会議事堂、内閣総理大臣官邸その他の国の重要な施設等、外国公館等及び原子力事業所の周辺地域の上空における小型無人機等の飛行の禁止に関する法律（平成28年法律第9号。以下、「小型無人機等飛行禁止法」という）は、国の重要な施設等の敷地および周辺地域における小型無人機等の飛行を制限する法律である。

(1) ドローンに関して規制対象となる機体

　小型無人機等飛行禁止法の規制対象となる小型無人機とは、飛行機、回転翼航空機、滑空機、飛行船その他の航空の用に供することができる機器であって構造上人が乗ることができないもののうち、遠隔操作または自動操縦により飛行させることができるものをいう（小型無人機等飛行禁止法2条3項）。

(2) 規制対象となる空域

　国会議事堂、内閣総理大臣官邸、外国公館、原子力事業所等の対象施設の敷地または区域およびその周囲おおむね300メートルの地域（以下、「対象施設周

[(2)]　警察庁「小型無人機飛行禁止法について」〈https://www.npa.go.jp/bureau/security/kogatamujinki/index.html〉をもとに作成。

辺地域」という）の上空においては、小型無人機等の飛行が禁止される（小型無人機等飛行禁止法8条1項、2条2項）。

ただし、①対象施設の管理者またはその同意を得た者が当該対象施設に係る対象施設周辺地域の上空において行う小型無人機等の飛行、②土地の所有者若しくは占有者（正当な権原を有する者に限る）またはその同意を得た者が当該土地の上空において行う小型無人機等の飛行、③国または地方公共団体の業務を実施するために行う小型無人機等の飛行については適用されない。この場合、小型無人機等の飛行を行おうとする者は、国家公安委員会規則で定めるところにより、あらかじめ、その旨を当該小型無人機等の飛行に係る対象施設周辺地域を管轄する警察署を経由して都道府県公安委員会に通報する必要がある（小型無人機等飛行禁止法8条2項、3項）。

なお、上記に違反して、対象施設およびその指定敷地等の上空で小型無人機等の飛行を行った者や、警察官の命令に違反した者は、1年以下の懲役または50万円以下の罰金に処せられる（小型無人機等飛行禁止法11条）。

3　各自治体の条例等

都市公園や湾港施設、寺院等の文化財の周辺などにおいては、都道府県などの各自治体が条例でドローンの飛行に制限を定めている場合がある。[3]

4　電波法

ドローンで無線通信を行う場合、電波法の規制対象となる。詳細は第5章Q5-12を参照されたい。

5　その他

土地の所有権は上空にも及ぶ（民法207条）ため、他人の土地の上空でドローンを飛ばせば、所有権侵害となるおそれがある。また、ドローンで上空から撮影を行う場合、プライバシー侵害や肖像権侵害の問題が生ずるおそれもある。総務省が公表している『「ドローン」による撮影映像等のインターネット上で

---

(3) 具体例として、奈良県立都市公園条例10条など。

の取扱いに係るガイドライン』(4)(平成27年9月)においては、住宅地にカメラを向けない、プライバシー侵害の可能性のある撮影映像等にはぼかしを入れる等の具体的な注意事項が示されている。

(山岸哲平)

---

(4) 〈http://www.soumu.go.jp/main_content/000487746.pdf〉

第5章 行政法分野

> Q5-15 AI・ロボットの保健医療分野における活用とその行政規制を教えて下さい。

Point
・厚生労働省は、保健医療分野において AI 開発を進めるべき 6 つの重点領域としてゲノム医療、画像診断支援、診断・治療支援、医薬品開発、介護・認知症、手術支援を挙げている。
・行政規制としては、医療機器規制、治療・診断における医業規制、医療ビッグデータ・要配慮個人情報の取扱いにおける規制が挙げられる。

1 保健医療分野における AI・ロボットの活用

　保健医療分野では、AI・ロボットの活用により医療の質が向上し患者・国民がメリットを得られるだけでなく、医療従事者の負担を軽減させ、結果として患者の治療等により専念できる好循環も期待できる。厚生労働省は、「保健医療分野における AI 活用推進懇談会報告書」（平成 29 年 6 月 27 日）において AI 活用を進めるべき以下の 6 つの重点領域を挙げている。これらの重点領域は、まず個別の領域ごとに技術開発・実用化が行われ、その後領域を超えた AI の活用が進むと考えられている。

(1) ゲノム医療

　ヒトの遺伝情報（ゲノム）は約 30 億塩基対で構成されている。塩基配列は個々人により異なり、また、その変異によっては疾患の原因となることから、診断や治療方針の決定に用いることが可能であり、特にがんや難病の分野でゲノム解析を用いた診療（ゲノム医療）が実用化しつつある。
　科学技術の発展によりゲノム解析のコストは大幅に低下していることから、ゲノム医療への期待が高まっているが、ゲノム解析はその性質上大量のデータ

を解析する必要があるため、人間が手作業で行うには限界がある。しかし、AIを活用すれば変異箇所を短時間で発見し解析することが可能であり、きめ細やかな個別化医療を実現できる。

また、多数のゲノム情報や臨床情報を集積しデータを包括的に解析することで、従来の方法では発見できなかった疾患の原因遺伝子を短時間で発見することが可能となる。現在、厚生労働省では研究ベースでのゲノム情報と臨床情報を統合したデータベース構築を行っている。今後は研究だけでなく、通常の医療を通じて得られるデータの集約も進むものと思われる。

(2) 画像診断支援

　画像診断分野では、ディープラーニングの活用により、診断系医療機器に疾患名候補や異常所見候補を提示する等の機能を付加できるようになると考えられている。これにより、専門医が十分に存在しない僻地で高水準の画像診断を受けられるようになる、医師による診断後のダブルチェックに利用して見落とし率を低下させる、大量の画像から医師が読影するべき画像を選び出して医師の負担を軽減させ、効率的な診断を可能にする等のメリットが期待できる。

(3) 診断・治療支援

　生命科学分野は日々進歩しており、常時、膨大な数の論文が公表され続けるところ、医師等の医療従事者が日常業務の傍らこれをすべて読破して最新の知見を把握し続けることは不可能である。さらに、論文以外にも動画やIoTデータ、ゲノムデータを含むビッグデータの活用等、保健医療分野における情報量は急激に増加することが予想され、これらの情報を人間がすべて処理・把握することは不可能である。しかし、AIを用いることで論文を始めとした膨大な量の医療関連データを処理・把握し、診断や治療に役立てることができ、医療従事者の負担軽減にもつながる。

　具体的な活用としては、例えば、①AIの診断・治療支援を活用することで専門外の疾患の診療も可能となり、医療過疎地でも都市部と変わらない質の高い医療を提供できるようになる、②診療データを蓄積することにより、比較的稀な診断の難しい疾患の見落とし防止にもつながる、③客観的なバイオマーカ

ー（評価指標）が乏しいと言われている精神科医療においても、患者の発話・表情・体動等のデータにAIを活用することにより診療の精度を上げることができる、等が考えられる。

(4) 医薬品開発

　医薬品が開発され実用化に至るまでには長い年月とコストがかかり、成功率も低い（研究開始から承認取得まで9～17年の年月、1成分あたり1000億円近くの開発費用、2万～3万分の1の成功率[1]）。しかし、AIを活用することにより開発期間の短縮と開発経費の削減が期待できる。

　医薬品開発プロセスは、まず最初に創薬ターゲット（医薬品が作用するタンパク質等の生体内分子）の決定が必要となるが、開発が容易なものはすでに多くが研究され尽くしている。しかし、AIにビッグデータを学習させることにより、これまで発見されていない創薬ターゲットの発見が期待できる。次に、創薬ターゲットと化合物との結合データをディープラーニングで学習させることにより、高い精度で当該創薬ターゲットに薬理活性をもつ化合物を設計することができる。また、医薬品候補となる化合物の有する毒性についても予測が容易となり、開発着手後に想定外の毒性の発覚のため開発を中止するリスクを低減することができる。

　もっとも現状において、オープン化されている医薬品関連のビッグデータの数は多くはない。今後、公的機関等が一定のルールのもとデータを集約し製薬企業等で共同使用できるようなデータベースを設置することができれば、製薬産業全体の競争力強化につながると期待されている。

(5) 介護・認知症

　Q5-16で解説する。

---

(1) 厚生労働省「医薬品産業ビジョン2013」（平成25年6月26日）〈https://www.mhlw.go.jp/seisakunitsuite/bunya/kenkou_iryou/iryou_shinkou/dl/vision_2013a.pdf〉。

(6) 手術支援

　手術は医療の中でも特に重要な領域であるが、外科医は手術中に迅速な意思決定を求められることが多い等から、精神的・身体的の負担が非常に大きいうえに、外科医師数は減少傾向が続いている。しかし、手術時のデータ、経過情報や合併症発生等の予後データを蓄積しAIを活用することにより、成功確率の高い手術の選択が可能となり、外科医の負担を軽減するだけでなく、患者の生命予後の改善も期待できる。

　手術用ロボットは、すでに一部で実用化されているが、(2)触覚が無い等の理由で現在のところ機能に限界がある。しかし、センサーを通じた外部認識データにディープラーニングを応用することにより将来的に触覚を獲得することが可能であり、ある程度の自動化も可能とみられ、今後、大幅な性能向上が期待されている。

　以上のように、AI・ロボットは保健医療分野の発展に寄与し、患者および医療従事者に多大な恩恵を与え得るものである。しかし、人の健康・生命に直接に関わる分野であるがゆえ、国はその活用を推進する一方で慎重に法整備を進めている。留意すべき問題点としては、①医療機器規制、②医師法等の医業規制、③医療ビッグデータと要配慮個人情報の問題がある。

2　医療機器規制

　手術用ロボットや画像診断ソフトウェア等、AI・ロボットを活用した機器等が「医療機器」（医薬品、医療機器等の品質、有効性及び安全性の確保に関する法律（以下、「医薬品医療機器等法」という）2条4項）に該当する場合、その製造・販売には許可等が要求され（同法23条の2、23条の2の3等）、個別の品目についても安全性や有効性が確認されたうえで承認制等となっている（同法23条の2の5等）。「医療機器」にはプログラムも含まれる（同法2条18項）。

　AI・ロボットを活用した機器等は、薬剤の混合調整ロボットから、一般個人が装着し自身の健康管理を行うウェアラブル端末のようなものまで多種多様

---

(2) 一例として外科医が遠隔操作する手術ロボット「ダ　ヴィンチ　サージカル　システム」（米国インテュイティヴ・サージカル社）が挙げられる。

第5章 行政法分野

であるため、医薬品医療機器等法上の医療機器該当性が問題となる。同法2条4項は、「医療機器」とは、「人若しくは動物の疾病の診断、治療若しくは予防に使用されること、又は人若しくは動物の身体の構造若しくは機能に影響を及ぼすことが目的とされている機械器具等（再生医療等製品を除く。）であって、政令で定めるもの」と定義する。もっとも、分野の性質上、個別の案件における該当性判断は容易ではなく行政当局への事前確認を含め慎重な検討が望まれる。

診断支援ソフトウェア等、医療用プログラムの医療機器への該当性については厚生労働省から基本的な考え方が示されており、(3)①プログラム医療機器により得られた結果の重要性に鑑みて疾病の治療、診断等にどの程度寄与するのか、②プログラム医療機器の機能の障害等が生じた場合において人の生命および健康に影響を与えるおそれ（不具合があった場合のリスク）を含めた総合的なリスクの蓋然性がどの程度あるか、の2点を考慮すべきとされている。

これによれば、医療機器に該当するプログラムとしては、①医療機器で得られたデータを加工・処理し、診断または治療に用いるための指標、画像、グラフ等を作成するプログラム、②シミュレーション等により治療計画・方法を支援するためのプログラム等が含まれる。他方、③医療機器で取得したデータを、診療記録として用いるために転送、保管、表示を行うプログラム、④データを（画像は除く）加工・処理し汎用コンピュータに表示させるプログラム（診断に用いるものを除く）、⑤教育用プログラム、⑥患者説明用プログラム等は、疾病の治療、診断等に直接寄与するものでない、または人の生命および健康に影響を与えるおそれが低いと考えられ、医療機器には該当しない。

なお、医療機器に該当するロボット技術を用いたリハビリテーション機器の開発については、経済産業省等から、安全性確保が必要な機器の研究開発において留意すべき事項が示されている。(4)

---

(3) 平成26年11月14日付薬食監麻発1114第5号「プログラムの医療機器への該当性に関する基本的な考え方について」、平成26年12月16日付厚生労働省医薬食品局監視指導・麻薬対策課「ソフトウェアの医療機器への該当性に関する基本的な考え方」。

3 医業の規制

AI・ロボットを活用して診断・診療を行う場合、医師法等との抵触が問題となり得る。同法等は、患者の生命・健康を保護する趣旨から、医師、歯科医師、看護師等の免許を有さない者による医業を禁止している（医師法17条、歯科医師法17条および保健師助産師看護師法31条等）。ここにいう「医業」とは、当該行為を行うにあたり、医師の医学的判断および技術をもってするのでなければ人体に危害を及ぼし、または危害を及ぼすおそれのある行為（医行為）を、反復継続する意思をもって行うことをいう。[5][6]ある行為が医行為であるか否かについては、個々の行為の態様に応じ個別具体的に判断される。

医師が全く関与することなく、AI・ロボットを利用した診断等の医行為が行われた場合、現行法上、医師法違反となることはいうまでもない。現状においても、AIが単独で診断確定・治療方針の決定を行っているわけではない。また、AIの推測結果には誤りがあり得る。今後、AIによる診断・治療支援が進歩しても、患者の生命・健康を保護する趣旨から診断確定や治療方針の最終的な意思決定は医師が行い、その意思決定の責任も医師が負うべきといえよう。この点に関し、厚生労働省は2018年12月、人工知能（AI）を用いた診断・治療支援を行うプログラムを利用して診察を行う場合についても、診断、治療等を行う主体は医師であり、医師が最終的な判断の責任を負うとの見解を示し、全国の都道府県に通知して関係機関への周知を求めている。[7]

---

(4) 経済産業省・国立研究開発法人日本医療研究開発機構「ロボット技術を用いた活動機能回復装置開発ガイドライン 2015（手引き）」（平成27年12月）〈http://www.meti.go.jp/policy/mono_info_service/healthcare/downloadfiles/ihuku_GL/201512.27.pdf〉。

(5) 平成17年7月26日付医政発第0726005号厚生労働省医政局長「医師法第17条、歯科医師法第17条及び保健師助産師看護師法第31条の解釈について（通知）」。

(6) 東京地判平成23・3・23判時2124号202頁は「医師でなければしてはならない医業とは、医行為を業として行うことであり、医行為とは、医師の専門的知識又は技能をもってしなければ危険な行為をいうと解される。医業ないし医行為には、診断、投薬・注射、心電図検査・超音波検査等生理学的検査等が含まれる。」としている。

(7) 平成31年1月16日厚生労働省「第4回保険医療分野AI開発加速コンソーシアム資料」。

第 5 章　行政法分野

4　医療ビッグデータと個人情報

(1) 医療保健プラットフォームの構築

　医療保健分野における AI・ロボット活用を推進するためには、散在するデータを集約し医療機関等に提供する仕組みが必要となる。厚生労働省は、2017年7月4日、「国民の健康確保のためのビッグデータ活用推進に関するデータヘルス改革推進計画・工程表」を公表し、国民の健康確保を目的として、健康・医療・介護のビッグデータを有機的に連結する医療保健プラットフォームの構築を進めることとしている。また、現状においてレセプト情報等の膨大な医療保健データを保有する審査支払機関のあり方を見直し、その保有ビッグデータを積極的に活用することも同時に公表されている[8]。

(2) 個人情報保護法の規制

　医療保健分野における情報の利活用に際しては、個人情報保護法の規制に留意する必要がある。「病歴」（同法 2 条 3 項）の他、身体障害、知的障害、精神障害（発達障害を含む。）等心身の機能の障害があることや、医師等により行われた疾病の予防および早期発見のための健康診断その他の検査の結果等は「要配慮個人情報」とされ（個人情報保護法施行令 2 条 1 号 2 号）、取得する際には原則として患者本人の同意を得なければならない（個人情報保護法 17 条 2 項）。

　医療保健に関する情報はその性質上、個人のプライバシーに直結し、厳格な取扱いが求められるため、個人情報保護委員会・厚生労働省は本分野における個人情報取扱いの方針を示している[9]。また、要配慮個人情報の規制を受けずにデータを自由に活用する手段としてデータの匿名化があるが、その手法についてもガイドラインを参考にされたい[10]。

　なお、「大学その他の学術研究を目的とする機関若しくは団体又はそれらに

---

(8) 平成 29 年 7 月 4 日付厚生労働省・社会保険診療報酬支払基金「支払基金業務効率化・高度化計画」。

(9) 個人情報保護委員会・厚生労働省「医療・介護関係事業者における個人情報の適切な取扱いのためのガイダンス」（平成 29 年 4 月 14 日）〈https://www.ppc.go.jp/files/pdf/iryoukaigo_guidance.pdf〉。

属する者」が「学術研究の用に供する目的」で個人情報等を取り扱うときは、前述の本人の同意をはじめ個人情報取扱事業者等の義務が免除される（同法76条1条1項3号）。「大学その他の学術研究を目的とする機関若しくは団体」とは、私立大学、公益法人等の研究所等の学術研究を主たる目的として活動する機関や学会等の学術研究を主たる目的として活動する機関をいい、「それらに属する者」とは私立大学の教員、公益法人等の研究所の研究員、学会の会員等をいう。民間団体付属の研究機関であっても、当該機関が学術研究を主たる目的とする場合であって、学術研究の用に供する場合には本号に該当するので、私立大学付属病院の場合には該当し得るが、一般の民間病院の場合には該当しないことになる。

(3) 次世代医療基盤整備法の施行

　2018年5月31日、デジタルデータを活用した次世代の医療分野の研究、医療システム、医療行政を実現するための基盤として、デジタル化した医療現場からアウトカム（診療行為の実施結果）を含む多様なデータを大規模に収集・利活用するため、医療分野の研究開発に資するための匿名加工医療情報に関する法律（次世代医療基盤整備法）が施行された。同法では、①高い情報セキュリティを確保し、十分な匿名加工技術を有するなどの一定の基準を満たし、医療情報の管理や利活用のための匿名加工を適正かつ確実に行うことができる者を認定匿名加工医療情報作成事業者として認定し、②医療機関等の医療情報取扱事業者は、本人が提供を拒否しない場合には、認定匿名加工医療情報作成事業者に対して医療情報を提供できることを定めている。本法が適用される場合には「法令に基づく場合」（個人情報保護法17条2項1号）として、要配慮個人情報の取得に本人の同意を要しない。

---

(10) 個人情報保護委員会「個人情報の保護に関する法律についてのガイドライン（匿名加工情報編）」（平成28年11月、平成29年3月一部改訂）〈https://www.ppc.go.jp/files/pdf/guidelines04.pdf〉。
(11) 個人情報保護委員会「個人情報の保護に関する法律についてのガイドライン（通則編）」（平成28年11月、平成29年3月一部改訂）〈https://www.ppc.go.jp/files/pdf/guidelines01.pdf〉83頁。

第 5 章　行政法分野

　本法の施行により、産学官のさまざまな主体が本法の仕組みを用いて得られた匿名加工医療情報にアクセスすることができるようになった。そして、これらの多様なデータが標準化・構造化等を通じ関係者間で安心・安全に共有できる全体的な基盤として連携・集約され、この基盤を活用することにより、①医療行政、医療サービス等の高度化・効率化、②臨床研究および治験の効率化等による研究の促進、③新しい医療技術やヘルスケアサービスの創出等を実現していくことが可能になると考えられている。(12)

（小野浩奈）

---

(12) 平成 30 年 4 月 27 日閣議決定「医療分野の研究開発に資するための匿名加工医療情報に関する基本方針」〈https://www.kantei.go.jp/jp/singi/kenkouiryou/jisedai_kiban/pdf/kihonhoushin.pdf〉2 頁。

> Q5-16 AI・ロボットの介護分野における活用とその行政規制を教えて下さい。

Point
・超高齢社会のわが国においては、従前から介護ロボットへの期待は高く、これに AI 技術を付加することでさらなる機能拡大が期待される。AI を利用したケアプラン作成支援も実用化の動きがある。
・介護ロボットが医療機器に該当する場合には医療機器規制を受ける。福祉用具に該当する場合には介護保険制度の対象となる。

1 介護分野における AI・ロボットの活用

介護分野では、従前から高齢者の生活の質の維持・向上と介護者の負担軽減の観点から、介護ロボットの開発やその介護現場への普及が進められてきた。超高齢社会のわが国において、要介護(要支援)認定者は急増し(2000 年:約 218 万人→2016 年:約 622 万人)[1]、一方で介護人材不足は深刻化しており、介護ロボットへの期待はますます高まっている。

厚生労働省等は、ロボットの介護への利用につき重点的に開発する分野として、①移乗介護(介助者のパワーアシストを行う装着型の機器等)、②移動支援(高齢者の外出をサポートする歩行支援機器等)、③排泄支援、④見守り・コミュニケーション(高齢者等とのコミュニケーションにロボット技術を用いた生活支援機器等)、⑤入浴支援、⑥介護業務支援(介護業務に伴う情報を収集・蓄積し、必要な支援に活用とすることを可能とする機器等)を挙げている[2]。また、厚生労働

---
(1) 厚生労働省「平成 29 年版 厚生労働白書」〈https://www.mhlw.go.jp/wp/hakusyo/kousei/17/dl/all.pdf〉235 頁。
(2) 厚生労働省老健局高齢者支援課・経済産業省製造産業局産業機械課「ロボット技術の介護利用における重点分野」(平成 29 年 10 月改訂)〈http://www.meti.go.jp/press/2017/10/20171012001/20171012001-1.pdf〉。

第5章　行政法分野

省は、AI の活用を進めるべき 6 つの重点領域の 1 つに「介護・認知症」を挙げている(3)。今後、従来型の介護ロボットに、AI 技術を新たに付加することによって排泄等の生活事象や生活リズムの予測を可能にする、バイタルサイン（体温、血圧、脈拍等）のデータを AI に学習させ、適切な治療・治療につなげる等、機能の拡大が期待されている(4)。

さらに、AI を活用したケアプラン（要介護（要支援）者の心身の状況や生活環境、希望等を考慮したうえで、介護サービスを適切に利用できるよう作成される介護サービスの利用計画）の作成支援も実用化に向けた取組みが行われている(5)。

2　介護ロボット等に対する行政規制と開発上の注意点

(1) 行政規制

介護を目的としたロボットが「医療機器」（医薬品、医療機器等の品質、有効性及び安全性の確保に関する法律2条4項）に該当する場合には、同法により有効性・安全性の確保、製造・販売の許可等の規制を受ける（Q5-15 参照）。

介護を目的としたロボットが「福祉用具」（「心身の機能が低下し日常生活を営むのに支障がある要介護者等の日常生活上の便宜を図るための用具及び要介護者等の機能訓練のための用具であって、要介護者等の日常生活の自立を助けるためのもの」「のうち厚生労働大臣が定めるもの」（介護保険法8条12項））に該当する場合、介護保険制度の貸与・購入対象となる。介護ロボット等先進的な福祉用具の介護保険における取扱いは継続的に議論されており、現在は対象外の場合でも、将来的に貸与・購入の対象として検討される可能性がある。

(2) 安全性規格

医療機器を除く介護ロボットの安全性規格としては、2014 年に発効した

---

(3)「保健医療分野における AI 活用推進懇談会報告書」（平成 29 年 6 月 27 日）〈https://www.mhlw.go.jp/file/05-Shingikai-10601000-Daijinkanboukouseikagakuka-Kouseikagakuka/0000169230.pdf〉。
(4) 前掲（注3）18 頁。
(5) 平成 29 年 6 月 29 日閣議決定「未来投資戦略 2017」〈https://www.kantei.go.jp/jp/singi/keizaisaisei/pdf/miraitousi2017_t.pdf〉44 頁。

ISO13482（「ロボット及びロボティックデバイス－生活支援ロボットの安全要求事項」）がある。同規格では、設計初期段階からのリスクアセスメントが重視されている。リスクの大きさに応じたリスク低減プロセスを適用し、保護対象に制御を使用する場合には、関連する機能安全規格への適合が要求される。また、製品の妥当性確認のために各種試験を実施し、使用上の情報をマニュアルなどに明記することになっている。

(3) 開発上の注意点

　介護ロボット開発に際しては、現場ニーズを的確に反映させる必要がある。技術オリエンテッドで始まった開発案件では、介護現場のちょっとしたニーズの変化に対応できない場合があることから、介護現場のニーズを明確にしながら、開発を進める必要がある。

　介護現場と開発側のマッチングを支援するための取り組みの一環として、厚生労働省による福祉用具・介護ロボット実用化支援事業（平成23年、24年、25年）が行われた。当該事業は終了したが、蓄積された治験に基づき介護ロボット開発の手引きが公表されている[6]。開発段階ごとの進め方が多くの事例とともに詳細に示されており、開発事業者は参照されたい。

（小野浩奈）

---

[6] 厚生労働省「福祉用具・介護ロボット開発の手引き」〈http://www.techno-aids.or.jp/research/robotebiki_mhlw_140922.pdf〉。

第6章
知的財産法分野

第6章　知的財産法分野

> *Q6-1*　AI・ロボットに関して、知的財産法分野ではどのような問題がありますか。全体像を教えてください。

Point
・知的財産法分野では、AIのプログラムや、AIの学習用データ・学習済みモデル、AIによる生成物等につき、特許法、著作権法、不正競争防止法等の法律でどのような保護が及ぶかという問題がある。
・また、著作権法と不正競争防止法の2018年改正も、AIの学習やデータの提供に影響し得る重要な改正である。

1　本稿の目的

　AI・ロボットの開発や利用においては、知的財産法分野の問題も発生し得る。本章で知的財産法とは、主に特許法、著作権法、商標法、意匠法、不正競争防止法等の法律を指すものとして用いる。
　もっとも、一口に知的財産法といっても、法律ごとにそれぞれ規制の範囲と内容は異なっている。そして、AI・ロボットに関する適用場面もさまざまである。Q6-2からQ6-9にかけて、問題となる場面ごとの法律関係や近時の法改正につき詳しく解説するが、本稿では導入として、各Qの概容を紹介することを通じて、知的財産法の適用場面を概説したい。

2　AIに関する法律問題

(1)　AIに関する適用場面
　AIと知的財産法が関連する場面としては、AIのプログラム自体の保護、AIの学習用データの保護、学習済みモデルの保護、AIの生成物の権利などが考えられる。

(2) AIのプログラム関連（Q6-2）
　まず、企業などが開発したAIのプログラムそれ自体につき、どのような知的財産法上の保護が及ぶかが問題となる。プログラムについては、著作権法による保護と、特許法による保護が主に考えられる。著作権法による保護を受けるためには、プログラム自体が創作性のある表現であることを必要とし、かつ侵害者のプログラムのうち創作性のある部分が類似すること等が必要となる。特許法による保護を受けるためには、機械学習を構成要件とするAIに対応した特許を取得する必要があり、具体的には、特許出願の際の請求項において、ニューラルネットワークの構造自体やプログラムの処理過程を記載すること等が考えられる。

(3) AIの学習関連
　(A) 学習用データの利用関連（Q6-3）
　次に、AIに学習用データを読み込ませる場面において、特定の第三者が有する学習用データセットを利用する場合や、インターネット上にアップロードされた大量の情報を利用する場合に、それぞれのデータにどのような法的保護が及ぶかが問題となる。前者については、不正競争防止法や著作権法の規定を踏まえ、当該第三者との契約において、受領するデータの利用範囲や、成果物の権利等につき定める必要がある。後者については、原則として自由に利用できるが、2018年改正で設けられた著作権法30条の4の規定に留意が必要である。
　(B) AIの学習済みモデル関連（Q6-4）
　また、AIに機械学習を行わせて一定のパラメータ（いわゆる学習済みモデル）を生成した場合に、どのような法的保護が及ぶかが問題となる。このような学習済みモデルについては、特許法上のプログラムや、著作権法上のプログラムの著作物、不正競争防止法上の営業秘密として保護される可能性がある。また、学習済みモデルの発展型として、いわゆる再利用モデルや蒸留モデルに関しても、元のモデルの特許発明の技術的範囲に含まれるものとして特許権を侵害するかという問題や、蒸留モデルが元モデルに類似および依拠したものとして著作権を侵害するかといった問題が生じ得る。

(4) AIの生成物関連

さらに、AIが新薬の開発や、創造的な絵画・小説等の生成等を行った場合に、どのような法的保護が及ぶか問題となる。

(A) 特許法による保護（Q6-5）

まず、AIが新薬の開発を行った場合を例に、特許法の論点を検討する。特許法では、発明者が自然人であることを前提にしているため、AIが自律的に開発を行った新薬については保護の対象とならないものと思われる。しかし、そもそも現在の技術水準では、AIが自律的に発明を行うことまでは考え難く、開発過程（課題設定、解決手段候補選択、実効性評価）のいずれかにおいて自然人の寄与があると考えられるため、AIを道具として利用した発明として一定の保護を受け得るものと考えられる。

(B) 著作権法による保護（Q6-6）

また、AIが独自に創造的な絵画や小説を生成した場合を例に、著作権法の論点を検討する。著作権法上の著作物は、思想又は感情の創作的な表現であることを要するため、AIが自律的に生成した情報は、著作物に該当せず、著作権法による保護の対象とはならない。しかし、近時の議論を踏まえると、AI生成物に人間の創作意図と創作的寄与が認められれば、人間がAIを道具として創作したものとして、著作権法による保護を受ける余地があると考えられる。

3　近時の法改正の動向

さらに、著作権法と不正競争防止法の2018年改正も、AIとの関連で重要であるため、それぞれ独立のQで解説する。なお、今回の改正により、両法律ともに条文番号が大幅に変更されているので、条文を参照する際は注意されたい。

(1) 著作権法の平成30年改正（Q6-7）

まず、2018年5月に著作権法が改正され、デジタル化・ネットワーク化の進展に対応した柔軟な権利制限規定が設けられた（施行日は2019年1月1日）。もとより改正前の著作権法47条の7においても、機械学習のための学習用データの記録等は一定の範囲で可能であったところ、改正後の著作権法30条の

4 で、利用可能な範囲が広がった。また、改正後の著作権法 47 条の 5 で、AI を用いた情報解析の結果を提供するサービスも一定の範囲で可能になった。

(2) 不正競争防止法の平成 30 年改正（Q6-8）

　また、不正競争防止法も、2018 年 5 月に改正された（施行日は 2019 年 7 月 1 日）。改正法により、ID やパスワード等の管理措置を施したうえで反復継続して特定の者に提供されるデータ（限定提供データ。改正後の不正競争防止法 2 条 7 項）も一定の範囲で新たに保護されるようになった（同条 1 項 11 号ないし 16 号）。この改正により、例えば AI の学習用データセット等の価値の高いデータを、コンソーシアム内で守秘義務のない緩やかな規約に基づいて共有する場合等にも法的な保護が及び得る。

4　ロボット（の類似）に関する法律問題（Q6-9）

　本章の最後では、AI をやや離れて、通常の量産型ロボットに関する法律問題も検討する。設例として、自社が販売中の掃除用ロボットと類似する機能、形状等を有するロボットが他社から販売された場合に、ロボットに関してどのような知的財産法上の保護が及ぶかを検討する。

　具体的には、機能が類似する場合には特許権に基づく差止請求等が、形状や色に創作性がある場合には著作権に基づく差止請求等が、デザインが類似する場合は意匠権に基づく差止請求等が、名称やロゴが類似する場合は商標権に基づく差止請求等が、そして商品等表示の不正使用や形態模倣に関しては不正競争防止法に基づく差止請求等が、それぞれ問題となり得る。

（数藤雅彦）

第6章　知的財産法分野

> Q6-2　当社が開発したAIのプログラム自体を、知的財産法で保護することはできますか。プログラムを特許権で保護されることもあると聞きましたが、どのような内容でしょうか。

Point
・AIプログラムについては、プログラム著作物として、著作権法上保護される余地がある。もっとも、その権利範囲は狭い可能性が高く、他社の製品に対して権利主張を行うことは容易ではない。
・AIプログラムについては、特許法上、「発明」該当性その他特許要件を充足すれば、物の発明として保護される。「発明」該当性について、特許庁審査実務は、ソフトウェアとハードウェアとが協働した具体的手段または具体的手順によって、使用目的に応じた特有の情報の演算または加工が実現されているか否かにより、「発明」該当性を判断する。

1　はじめに

「AIのプログラム自体」について、説明の便宜のため、Q6-9と関連し、掃除用ロボットの制御を行うAI（部屋の形状を記憶し、障害物を避ける、効率的な移動法を判断するプログラム）を想定して検討を行う。

2　著作権法上の保護

プログラムは、著作権法上、典型的著作物の例として規定されている（10条1項9号）。そして、「プログラム」自体の定義についても著作権法上規定があり、「電子計算機を機能させて一の結果を得ることができるようにこれに対する指令を組み合わせたものとして表現したものをいう。」とされている（2条1項10号の2）。かかる定義からすると、プログラムが著作物として保護されるためには、「電子計算機」、例えばコンピュータに対する指令であること、そし

て、それを組み合わせたものであることを要する。

また、著作物として保護されるためには、著作物の一般的要件として、創作性が必須である（同法 2 条 1 項 1 号）。創作性の意義については議論があるが、非常に短いものや、平凡かつありふれた表現については創作性が否定されるものと解されている[1]。そして、プログラムは、コンピュータに対する指令をもって「機能」を実現することに本願があり、ハードウェアの制約等から一義的にその書き方が決まってしまうこともあり得ることから、短く、極めて簡単な記述にとどまるプログラムについては、創作性が否定される可能性があるとされる[2]。

以上の解釈を、掃除用ロボットに搭載される AI プログラムについて見ると、部屋の形状、障害物の大きさおよび位置等から、ごみが溜まりやすい部分を判断し、効率的に室内を掃除するプログラムを書き上げる場合、その具体的記述は極めて複雑なものとなることが予想されることから、創作性が認められる可能性が高いと思われる。

もっとも、プログラムを著作物として保護する場合、あくまで保護の対象となっているのは、プログラムの記載表現であり、プログラムのアイディア自体ではない[3]（アイディア自体は後述するようにソフトウェア発明として特許法により保護され得る）。したがって、プログラム著作物を権利行使の手段として据える場合、被疑侵害品と当該プログラムのアイディアが類似していることを主張しても意味をなさない。その意味で、プログラム著作物は、その表面的表現に保護範囲が限定され、結果として保護範囲が狭く解釈される可能性がある[4]。

また、プログラムには、汎用的な文法・記載と、当該プログラム特有の創作的表現が混在していることが多いと考えられる。その場合、他の AI プログラムと比較して創作性ある部分の特定をしなければ、創作性ある部分を利用していないとして侵害が否定される可能性もあるため注意を要する[5]。

---

(1) 中山信弘『著作権法（第 2 版）』（有斐閣、2014 年）62 頁。
(2) 加戸守行『著作権法逐条講義（6 訂新版）』（公益社団法人著作権情報センター、2013 年）126 頁、中山・前掲（注 1）119 頁。
(3) 著作権法 2 条 1 項 1 号が著作物の定義として、「表現」を要素としていることから明らかなとおり、単なるアイディアは著作物として保護されることはない。

第6章　知的財産法分野

3　特許法上の保護

(1)　特許取得の必要性

特許法上、プログラムは、「電子計算機に対する指令であって、一の結果を得ることができるように組み合わされたもの」（2条4項）と定義されており、かかるプログラムは、「物の発明」として保護され得る（2条3項1号）。

なお、特許権と異なり、著作権については、無方式主義を採用しており、かつ権利の存続期間も長いため、より保護が手厚いように思われる。しかしながら、プログラムを書き上げた者は、プログラムの書き方自体ではなく、それがもたらす機能に着目していることが多く、機能が模倣されることを防止するため、特許権による保護を検討すべきである。

(2)　発明該当性

特許法上、プログラムが発明として保護されるためには、特許法上の発明要件、すなわち「自然法則を利用した技術的思想の創作のうち高度のもの」（2条1項）を充たす必要がある。

この点、特許庁は、プログラムが発明として保護されるためには、「ソフトウェアによる情報処理がハードウェア資源を用いて具体的に実現されている」場合、すなわち、ソフトウェアとハードウェアとが協働した具体的手段または

---

(4)　中山・前掲（注1）122頁。なお、東京地判平成15・1・31判時1820号127頁は、プログラムの機能やアイディアは著作権法による保護対象とならないことを明確に述べつつ、プログラム相互の同一性等の検討にあたっては、「プログラムの具体的記述の中で、創作性が認められる部分を対比することにより、実質的に同一であるか否か、あるいは、創作的な特徴部分を直接感得することができるか否かの観点から判断すべきであって、単にプログラムの全体の手順や構成が類似しているか否かという観点から判断すべきではない。」と判示した。

(5)　島並良ほか『著作権法入門（第2版）』（有斐閣、2016年）34頁。東京高決平成元・6・20平成元年（ラ）327号。

(6)　従来、個人が著作者の場合には、死後50年、法人その他の団体が著作者の場合には公表後50年が著作権の存続期間であったが、環太平洋パートナーシップ協定（いわゆるTPP）の締結に伴い、平成30年12月30日から、個人・法人問わず著作権の存続期間が70年と改正されている。なお、存続期間の終期起算点について、個人が死後、法人その他の団体が公表後であることに変更はない。

具体的手順によって、使用目的に応じた特有の情報の演算または加工が実現されている場合、自然法則を利用した技術的思想の創作（同法2条1項）に当たる[7]という審査基準を採用している。

かかる審査基準に照らして、どのようなプログラムであれば「発明」として特許登録されるのかについては、前掲（注7）52頁以下、および「IoT関連技術等に関する事例について[8]」において、具体的な事例とともに検討されているため、参照されたい。

(3) AIに対応した特許取得の必要性

上記の審査基準に照らして、プログラムについて特許権が取得できたとして、AIプログラムとそれ以外のプログラムとでは権利範囲が異なる可能性がある。

この点、東京地判平成29・7・27平成28年（ワ）第35763号は、特許第5503795号（発明の名称：「会計処理装置、会計処理方法及び会計処理プログラム」）について、その請求項14に「取引内容の記載に含まれうるキーワードと勘定科目との対応づけを保持する対応テーブル」が含まれるところ、被告製品は、「いわゆる機械学習を利用して生成されたアルゴリズムを適用して、入力された取引内容に対応する勘定科目を推測していることが窺われる。」（下線筆者）と判示し、被告製品は、上記「対応テーブル」を具備していないとした。原告の特許もプログラムであるものの、キーワードと勘定科目の対応付けを構成要件としているため、「機械学習を利用して生成されたアルゴリズムを適用して、入力された取引内容に対応する勘定科目を推測」するAIプログラムについては、キーワードと勘定科目の対応付けがないため、当該構成要件を充足せず、権利行使できないという判示内容である。

今後は、プログラム特許を取得するに際しても、対応テーブルおよびルール付けに基づくクレームではなく、機械学習を構成要件とするAIに対応した特

---

(7) 特許庁「特許・実用新案審査ハンドブック付属書B第1章コンピュータソフトウエア関連発明」（平成30年3月14日改訂）〈http://www.jpo.go.jp/shiryou/kijun/kijun2/pdf/handbook_shinsa_h27/app_b1.pdf〉18頁。

(8) 特許庁「IoT関連技術等に関する事例について」（平成29年3月22日改訂）〈https://www.jpo.go.jp/shiryou/kijun/kijun2/pdf/handbook_shinsa_h27/app_z.pdf〉。

許を取得することが必要となる。[9]

(4) AIプログラム特許の請求項

　AIプログラムについて特許出願する場合、プログラムのソースコードをそのまま記載するわけではなく、ニューラルネットワークの構造自体、あるいはプログラムの処理過程を請求項に記載することにより特許を取得することとなる。

　AIプログラムについては、学習用データを取得する過程と、当該学習用データからどのような過程で判断結果としての出力データが出力されるのか、そしてこれらの処理過程がハードウェアにおいて、具体的にどのように実現されているのかを記載していく。

　これを掃除用AIプログラムについてみると、大まかには、部屋の形状や家具の配置等のデータから、どのような箇所を重点的に掃除すべきか、障害物に衝突しないか等を学習するステップと、かかる学習をもとに実際に部屋の掃除を続け、効率的に掃除をする方法を推定・判断するステップとからなるプログラムということになる。もちろん、かかるプログラムは、室内掃除機（ハードウェア）を稼働させるためのプログラムであることも明記しておくべきである。

（神田秀斗）

---

[9] 河野英仁『AI／IoT特許入門〜AI／IoT発明の発掘と権利化の勘所〜』（一般財団法人経済産業調査会、2018年）67〜68頁。

> *Q6-3* 当社のAIを学習させるために、①特定の第三者が有するデータの集合物を利用する場合、②インターネット上に不特定多数の者がアップロードしたデータを利用する場合に、知的財産法上の観点から、それぞれどのような点に気を付ければよいですか。

Point
- 特定の第三者が有するデータの集合物を利用する場合（①）、当該集合物に不正競争防止法上の「営業秘密」または「限定提供データ」が含まれる可能性があるが、その場合には、同法で定義される「不正競争」に該当する行為が禁止される。また、当該集合物に当該第三者以外の者の著作物が含まれる可能性があるが、AIを学習させる目的で利用するのであれば、一部の例外を除いて、当該第三者以外の者から個々の許諾を得ずに利用できる。
- インターネット上に不特定多数の者がアップロードしたデータを利用する場合（②）、当該データに著作物が含まれる可能性があるが、AIを学習させる目的で利用するのであれば、原則として著作権者の許諾を得ずに利用できる。

1 はじめに

　AIの学習には大量のデータが必要となる。本問ではAIを学習させる際に第三者の有するデータを利用する場合、知的財産法上の観点からどのような点に注意すべきか検討する。

　想定される主な場面としては、①特定の第三者が有するデータの集合物を取引等に基づいて利用する場合と、②インターネット上に不特定多数の者がアップロードしたデータを利用する場合が考えられる。

　①は昨今、IoT、AIの進化に伴って、大量のデータが企業等に蓄積され、取引される機会が高まっているとされるところ、そのようなデータを入手してAIの学習用データとして利用する場合等を想定している。

2 特定の第三者が有するデータの集合物を利用する場合（①）

(1) 不正競争防止法および著作権法の留意点

特定の第三者が有するデータの集合物を取引等に基づいて利用する場合、知的財産法の観点からは、当該データ集合物には不正競争防止法上の営業秘密または限定提供データとしての保護や、著作権法上の著作物としての保護が及ぶ可能性がある（以下、このような場合におけるデータの提供者、データの受領者、データの集合物を、それぞれ「データ提供者」、「データ受領者」、「データ集合物」という）。

(A) 不正競争防止法[1]

(a) 営業秘密

データ集合物が、①秘密管理性、②有用性、③非公知性の要件を満たす場合、「営業秘密」（不正競争防止法2条6項）として保護される。

営業秘密に該当するデータ集合物に対して規制される不正競争行為（同法2条1項4～10号）は多岐にわたるが、例えば、窃盗、詐欺、強迫その他の不正の手段により取得（不正取得行為）等することはできないし（同条1項4号）、正当に取得したものであっても、不正の利益を得る目的（図利目的）、または保有者に損害を与える目的（加害目的）で使用（図利加害目的での使用）[2]等することはできない（同項7号）。

(b) 限定提供データ

次に、2018年改正によって、データ集合物が取引によって一定の流通が予定されており、上記秘密管理性や非公知性の要件を満たさないような場合であっても、当該データ集合物が、①業として特定の者に提供する情報、②電磁的方法により相当量蓄積され、および管理されている情報、③技術上または営業上の情報（秘密として管理されているものを除く）の要件を満たし、「限定提供

---

[1] 平成30年改正不正競争防止法の施行日は平成31年7月1日であるところ、本問では同法施行後の条文をもとに解説する。

[2] 営業秘密に関する各不正競争行為の詳細は経済産業省知的財産政策室編「逐条解説　不正競争防止法」（平成27年改正版）〈http://www.meti.go.jp/policy/economy/chizai/chiteki/pdf/28y/full.pdf〉75～84頁を参照。

データ」に該当すれば、不正競争防止法上の保護を受けられることとなった（詳細はQ6-8を参照）。

(c) データ集合物が営業秘密または限定提供データに該当する場合の注意事項

データ集合物に営業秘密または限定提供データが含まれる場合、例えば図利加害目的での使用（ただし、限定提供データについては、その限定提供データの管理に係る任務に違反して行うものに限る）等はできない。データ受領者は、当該使用等と評価されるリスクを減らせるよう、後述する契約において、データ提供を受ける目的や利用権限の範囲を明確にしておくことが望ましい。

(B) 著作権法

(a) 著作権法の保護を受ける対象

データ集合物を構成する個々の生データ（以下、「生データ」という）が著作権法2条1項1号に定義された要件を満たせば著作権法上の著作物に該当するが、センサやスマートフォン等の各種機器が機械的に生成するデータや、化学物質等の素材データ等の単なるデータである場合には、そのような生データは「思想又は感情を」（2条1項1号）との要件を満たさないため、当該生データ単体では著作権法上の「著作物」に該当しない。

もっとも、生データの集合物が同法12条1項の編集著作物に該当するか、または、同法12条の2第1項のデータベースの著作物に該当する場合には、著作権法上の保護を受ける。

(b) 著作物を含むデータ集合物を入手する場合の留意事項

データ提供者が、データ集合物を作成する際に、第三者が著作権者である著作物またはその複製物を当該第三者から許諾を得ることなく含めた場合、当該著作物を含むデータ集合物をデータ受領者に提供する行為は、著作権法の複製権（21条）、譲渡権（26条の2）等を侵害するおそれがあるため、データ提供者は各著作権者の許諾なく、データの提供をできるか（データ受領者の立場では、受領したデータをAIの学習のために複製できるか）が問題となり得る。

しかし、「著作物に表現された思想又は感情を自ら享受し又は他人に享受さ

---

(3) 著作権法上の著作物は「思想又は感情を創作的に表現したものであつて、文芸、学術、美術又は音楽の範囲に属するもの」（2条1項1号）と定義される。

第 6 章　知的財産法分野

せることを目的としない場合」の権利制限規定である著作権法 30 条の 4(4) により、データ提供者は、AI を学習させるためのデータ集合物として当該データ集合物を提供する限り、原則、各著作権者の許諾を得る必要なく当該データ集合物を提供でき、データ受領者は適法にデータ集合物を AI の学習のために複製できる。

ただし、著作権法 30 条の 4 にはただし書があり、「著作権者の利益を不当に害することとなる場合」は同条の適用が排除される。

いかなる場合に「著作権者の利益を不当に害することとなる場合」に該当するのか問題となるが、現状では明確にはなっておらず、今後の議論状況を注視する必要がある。

もっとも、この点につき、少なくとも提供されるデータ集合物に「情報解析を行う者の用に供するために作成されたデータベースの著作物」(5) が含まれる場合は、同条ただし書の場合に該当し、同条本文の適用がないとされる可能性が高いため(6)、データ提供者は、当該データベースの著作物の著作権者に無断で、当該データベースの著作物が含まれたデータ集合物を提供することはできないものと考えられる。

したがって、このような場合には、データ提供者は、情報解析を行う者の用に供するために作成されたデータベースの著作物の著作権者から、データ受領者に対して AI を学習させることを目的として当該著作物を提供すること等につき許諾を得る必要がある。また、データ受領者はデータ提供者からデータ集合物を受領する際に、当該許諾を得ているか、またはデータ集合物に情報解析を行う者の用に供するために作成されたデータベースの著作物が含まれていないことを確認する必要がある(7)。

---

(4) 著作権法 30 条の 4 の法文、解釈論等については Q6-7 の 2（2）を参照。
(5) 旧著作権法 47 条の 7 ただし書。
(6) 詳細は Q6-7 の 2（2）を参照。
(7) データ受領者としては、データ提供者に対し、後述する契約において、第三者の情報解析用に作成された「データベースの著作物」がデータ集合物に含まれていないことの保証を求める等の対策が考えられる。

Q6-3

(2) データ提供に関する契約締結時の留意点
　(A) 契約締結の必要性
　上記のように、データ集合物は不正競争防止法の営業秘密もしくは限定提供データまたは著作権法の著作物として保護を受ける可能性がある。したがって、データ受領者は、提供を受けるデータ集合物の利用によって、データ提供者や第三者の権利を侵害することなく、自己の目的が達成できるよう、データ提供者との間で契約を締結し、提供を受けるデータの内容、利用権限等を明確にすることが望ましい。
　また、データ集合物が著作権法や不正競争防止法の保護を受けているか否かに拘わらず、データ提供者は契約により自己の提供するデータ集合物の保護を図ろうとすることが想定されるから、データ提供者としても当該契約において自己の目的が達成されるか検討する必要がある。
　当該契約の内容を検討する際には、2018年6月に公表された経済産業省の「AI・データの利用に関する契約ガイドライン―データ編―」(以下、本稿では「ガイドライン」という)が参考になる。以下、本問と関係のある「データ提供型契約(一方当事者から他方当事者へのデータ提供)」に基づいて、契約の内容として留意すべき点を簡単に整理する。[8]
　(B) 契約の内容として留意すべき点
　　(a) 提供データの内容[9]
　取引の対象となる提供データの詳細が明確に定められていなければ、データ受領者は想定していた提供データの提供を受けられず、契約目的を達成できないおそれや、契約によりデータ受領者に秘密保持義務が課されている場合、秘密保持義務を負う範囲が不明確となってしまう等のおそれがある。
　したがって、提供データの詳細を契約の定義規定で明確にする必要がある。
　　(b) 契約の類型(利用権限の範囲)
　データ提供型契約には、データの譲渡契約(契約締結後にデータ提供者が提供データに関する一切の利用権限を失い、提供データを利用しない義務を負う契約形

---

(8) ガイドライン24～48頁、105～119頁のモデル契約書案を参考に整理した。
(9) ガイドライン105頁。

第6章 知的財産法分野

態)や、データのライセンス契約(データ提供者が提供データの利用権限をあくまで一定の範囲でデータ受領者に与える契約形態)(10)等がある。何れの類型を選択するかに応じて、契約で規定すべき内容が変わり得るため注意を要する。例えば、ライセンス契約の場合とは異なり、データの譲渡契約の場合、「データ提供者は、提供データの利用をコントロールできる地位を含む提供データに関する一切の権限を失うことになり、提供データのデータ受領者の利用態様について制限を設けることができないことになるので、目的外利用禁止や第三者提供禁止を規定していない」(11)点等が挙げられる。

(c) 提供データを活用した派生データ等の利用権限の有無

データ提供者から提供されたデータをデータ受領者が加工・分析・編集・統合等すること等によって得られる派生データ、提供データまたは派生データに基づいて生成された学習済みパラメータ、提供されたデータを加工・分析・編集・統合等する過程で、当該データに基づいて生み出された知的財産権等の利用権限につき、データ受領者のみにあるのか、データ提供者にもあるのか等を契約で定めることが望ましい。

(d) 提供データが期待されたものではなかった場合の責任

提供データが不正確である、不完全である、契約目的に適合していない、ウィルスに感染しており安全ではない、第三者の知的財産権を侵害している等提供データの品質に問題があった場合、データ受領者は契約の目的を達成できない可能性があるため、データ提供者が当該品質の問題に対して、どの範囲まで責任を負うのか等を契約で明確にしておくことが望ましい。(12)

(e) 提供データを利用したことに起因して生じた損害についての負担

データ受領者が提供データを利用している際に、第三者から当該データに関する知的財産権の侵害を理由に損害賠償請求を受けるなど、提供データの利用に関連してデータ受領者と第三者との間で法的紛争が生じる可能性がある。当該紛争を解決するために必要となった費用や賠償金をデータ提供者とデータ受

---

(10) ガイドライン24頁の脚注45。
(11) ガイドライン107頁。
(12) 例えば、2(1)(B)(b)で上述したとおり、データ集合物に情報解析用に作成された「データベースの著作物」が含まれる場合等が考えられる。

領者のどちらが負担するのか等を契約で規定しておくことが望ましい。

(f) 提供データの目的外利用

契約に目的外利用禁止条項が規定され、一定の範囲で提供データの利用が制限されている場合、データ受領者は当該制限によって契約の目的が達成できない事態が生じないか確認する必要がある。[13]

3 インターネット上に不特定多数の者がアップロードしたデータを利用する場合（②）

(1) 不正競争防止法に関する留意点

データに関する不正競争防止法上の規制としては、「営業秘密」や「限定提供データ」（上記2 (1) (A) (b) 参照）への該当性が問題となり得るところ、インターネット上に不特定多数の者がアップロードしたデータは、「秘密として管理されている」、「公然と知られていない」との要件を満たさないため、不正競争防止法の「営業秘密」（2条6項）に該当しない。また、このようなデータは、「業として特定の者に提供する情報」、「電磁的方法……により相当量蓄積され、及び管理されている」との要件を満たさないため、同法の「限定提供データ」（同条7項）にも該当しない。[14]したがって、当該データを利用する場合、これらの点を考慮する必要はない。

(2) 著作権法に関する留意点

当該データに著作物が含まれている場合、AIを学習させるためにインターネット上のデータをコンピュータ内部等の記録媒体に記録する行為が著作権者の複製権（著作権法21条）を侵害するかが問題となりえる。

しかし、「著作物に表現された思想又は感情を自ら享受し又は他人に享受させることを目的としない場合」の権利制限規定である著作権法30条の4により、当該行為は、AIの学習に利用する限り、複製権侵害の問題は生じず、原

---

(13) 上記2 (1) (A) (c) に記載したように、提供データに営業秘密、限定提供データが含まれる場合には、図利加害目的での使用と評価されるリスクを減らすという観点からも、契約書に記載されるデータ提供を受ける目的が実際の利用目的と合致しているか確認する必要がある。
(14) 「限定提供データ」の詳細についてはQ6-8を参照。

則、当該データの利用について著作権者の許諾を得る必要はない。

なお、上記2 (1) (B) (b) に記載したように、「著作権者の利益を不当に害することとなる場合」（同法30条の4ただし書）は同条の適用が排除される。

もっとも、AIを学習させるためにインターネット上のデータをコンピュータ内部等の記録媒体に記録する行為については、「著作権者の利益を不当に害することとなる場合」に該当する可能性が低く、原則として、当該行為は著作権者の許諾なく可能と解される。なぜならば、2018年改正前の著作権法において権利制限規定の適用があるとされていた行為については、2018年改正後の著作権法においても権利制限を受けるものと考えられているところ、[15] 2018年改正前の旧著作権法47の7において、「電子計算機による情報解析……を行うことを目的とする場合には、必要と認められる限度において、記録媒体への記録……ができる。」とされていたためである。

（松川直樹）

---

[15] Q6-7（注9）に記載されている衆議院および参議院の附帯決議を参照。

Q6-4

> *Q6-4* 当社のAIに機械学習を行わせて、一定のパラメータ（学習済みモデル）を生成しましたが、このような学習済みモデルは知的財産法で保護されますか。学習済みモデルの利用にあたっては、どのような点に気を付ければよいですか。

Point
・学習済みモデルは、特許法上のプログラムの発明、著作権法上のプログラムの著作物、および不正競争防止法上の営業秘密として保護される場合がある。
・学習済みモデルを利用する際には、他社の学習済みモデルに関する特許権や著作権等を侵害しないことに加え、再利用モデルや蒸留モデルの生成がこれらの権利を侵害しないかについても検討する必要がある。

1　学習済みモデル

　学習済みモデルは、AIのプログラムに学習用データを読み込ませ、出力値の誤りを減らすようパラメータの重み付けを繰り返し調整することにより生成される。「学習済みモデル」の捉え方として、生成された学習済みパラメータ部分のみを意味するとの考え方と、生成されたパラメータ部分とAIのプログラム部分の両方を含むとの考え方があるが、「AI・データの利用に関する契約ガイドライン」において「『学習済みモデル』とは『学習済みパラメータ』が組み込まれた『推論プログラム』をいう。」と定義されているように[1]、AIと知的財産法との関連においては、プログラム部分とパラメータ部分の両方を含むものとして検討されることが通常であるため、以下でも両方を含むものとして検討する。

---

(1) 経済産業省「AI・データの利用に関する契約ガイドライン（AI編）」（平成30年6月）〈http://www.meti.go.jp/press/2018/06/20180615001/20180615001-3.pdf〉14頁。

2 学習済みモデルの知的財産法による保護

(1) 特許法上のプログラムの発明としての保護

学習済みモデルはプログラム部分を有するため、特許法2条4項の「プログラム等」に当たる。そして、学習済みモデルは、ソフトウェアによる情報処理がハードウェア資源を用いて具体的に実現されている限り、自然法則を利用した技術的思想の創作（特許法2条1項）に当たる。そのため、学習済みモデルは、特許法上、物の発明として保護することが可能である。

実際に、特許庁の作成した「特許・実用新案審査ハンドブック付属書B第1章コンピュータソフトウエア関連発明」の事例2-14では、「宿泊施設の評判に関するテキストデータに基づいて、宿泊施設の評判を定量化した値を出力するよう、コンピュータを機能させるための学習済みモデル」について、プログラムの発明として「発明」に該当すると記載されている。

(2) 著作権法上のプログラムの著作物としての保護

学習済みモデルにはAIのプログラム部分とパラメータ部分の両方が含まれると考えると、商用の高度なプログラムには創作性が認められるのが通常であり、学習済みモデル全体は、著作権法上の「プログラムの著作物」（10条1項9号）に当たる。

ただし、プログラムの著作物のうち、創作性の認められない部分が類似しているのみでは著作権侵害とはならないため、学習済みパラメータ部分のみが無断で複製された場合に著作権侵害を主張するためには、学習済みパラメータ部分に著作物性が認められる必要がある。また、オープン・ソース・ソフトウェア（OSS）のプログラムを利用して学習済みモデルを生成した場合などでは、

---

(2) 特許庁「特許・実用新案審査ハンドブック付属書B第1章コンピュータソフトウエア関連発明」（平成30年3月14日改訂）〈http://www.jpo.go.jp/shiryou/kijun/kijun2/pdf/handbook_shinsa_h27/app_b1.pdf〉18頁

(3) 特許庁・前掲（注2）102頁

(4) 福岡真之介編著『AIの法律と論点』（商事法務、2018年）45頁。

(5) 東京高決平成元・6・20平成元年（ラ）第327号（システムサイエンス事件）。

プログラム部分は自ら創作したものではなく、自己が著作権侵害を主張することができるのは学習済みパラメータ部分に限られる。そのため、著作権による保護に関しては、学習済みパラメータ部分に著作物性が認められるかの検討も必要となる。

学習済みパラメータ部分は、単なる数値行列として表現されるのが通常であり、人間の思想、感情といった主観的要素を含まない数値の羅列であるから、「思想又は感情」（同法2条1項1号）の創作的表現ではなく、基本的には著作物性は認められない。

また、個々の情報が創作的表現ではなくとも、情報の選択または体系的な構成に創作性がある場合には、データベースの著作物（同法12条の2）として保護されることはあり得る。しかし、学習済みパラメータ部分は、電子計算機により検索（同法2条1項10号の3）するためのものではないから、著作権法上の「データベース」には当たらず、データベースの著作物として保護することも困難である。

なお、AIのプログラムに読み込ませる学習用データの選択、学習順序、学習回数、学習の組み合わせ、パラメータの調整等の作業において、人の知的精神活動が介在し、パラメータ部分に作成者の個性が現れるような場合であれば、学習済みパラメータに著作物性を認める理論上の余地はある。

(3) 不正競争防止法上の営業秘密としての保護

学習済みモデルを生成する過程では、学習用データの選択、学習順序、学習回数、学習の組み合わせ、パラメータの調整等の作業により、生成される学習済みモデルの出力する結果の精度が変わるため、そのノウハウが価値を有する場合がある。[6] 学習済みモデルのみならず、このような学習済みモデルを生成するノウハウについても、不正競争防止法2条6項の要件を満たす限り、「営業秘密」として保護することが可能である。

---

[6] 知的財産戦略本部検証・評価・企画委員会「新たな情報財検討委員会報告書」（平成29年3月）〈https://www.kantei.go.jp/jp/singi/titeki2/tyousakai/kensho_hyoka_kikaku/2017/johozai/houkokusho.pdf〉30頁。

第6章　知的財産法分野

不正競争防止法上の営業秘密として保護されるためには、学習済みモデルが事業活動に有用な技術上または営業上の情報であること（有用性）に加え、秘密として管理されていること（秘密管理性）、当該情報が公然と知られていないものであること（非公知性）を満たす必要がある（2条6項）。通常、学習済みモデルおよびその生成のノウハウには有用性が認められる。

学習済みモデルそのものについては、製品の販売やリバース・エンジニアリングにより秘密管理性および非公知性が失われる可能性がある。そのため、プログラムおよびパラメータの暗号化等により、製品の分析による情報の認識を困難にするための措置を施す必要がある[7]。

他方で、学習済みモデルを生成するノウハウについては、製品の販売やリバース・エンジニアリングによって購入者に知られる可能性は低く、通常、非公知性は失われ難いと考えられる。秘密管理性についても、情報にアクセスできる者の制限や、情報が秘密情報であると認識できるような表示等により対処可能である。

3　他社の学習済みモデルの利用の注意点

(1) 学習済みモデル

他社の学習済みモデルを無断で利用する場合、上記のとおり、他社の学習済みモデルについての特許権、著作権、営業秘密等を侵害しないかを検討する必要がある。

(2) 再利用モデルまたは蒸留モデル

学習済みモデルの派生型として、①既存の学習済みモデルに異なる学習用データセットを用いて追加学習させることにより新たに生成した学習済みモデルである「再利用モデル」、②既存の学習済みモデルへの入力および出力結果を学習用データセットとして用いることにより新たに生成した学習済みモデルである「蒸留モデル」が存在する[8]。

---

[7] 福岡編著・前掲（注4）108〜110頁。
[8] 経済産業省・前掲（注1）15〜16頁参照。

特許権に関しては、このような再利用モデルまたは蒸留モデルを生成する場合、その再利用モデルまたは蒸留モデルが他社の元モデルの特許発明の技術的範囲に含まれる限り、他社の特許権を侵害することになる。[9]

著作権に関しては、再利用モデルの生成の場合、追加学習により新たな学習済みモデルを生成する行為は、既存の学習済みモデルの改変として翻案権侵害となり得る。しかし、プログラムの著作物の複製物の所有者は、機能向上のためのバージョンアップに伴う翻案であれば、[10]著作権法47条の3および47条の6第1項2号に基づき、著作権者の許諾がなくとも適法に翻案することができる。そのため、学習済みモデルの精度を上げるためのバージョンアップとしての再利用モデルの生成は、他社の著作権を侵害することにはならない。

他方で、蒸留モデルの生成については、元モデルとの類似性および元モデルへの依拠性を満たす限り、他社の元モデルに関する著作権を侵害し得る。

もっとも、再利用モデル、蒸留モデルの双方とも、元モデルに依拠して生成されたと立証することは困難であるとの指摘もある。[11]

なお、再利用モデルおよび蒸留モデルの生成は契約により禁止される場合もあり、[12]契約締結の際には、そのような条項を受け入れて自社のビジネスを遂行可能か精査する必要がある。

(和田嵩)

---

(9) 知的財産戦略本部・前掲（注6）33頁。
(10) 小倉秀夫ほか編著『著作権法コンメンタール』（LexisNexis、2013年）804頁。
(11) 知的財産戦略本部・前掲（注6）33頁。
(12) 経済産業省・前掲（注1）119頁。

第6章　知的財産法分野

> *Q6-5*　AIを用いた新薬の開発を行いましたが、特許を受けられますか。

Point
- 現行の特許法は発明者が自然人であることを前提にしているため、AIが自律的に開発を行った新薬に関しては、発明者は観念できず、特許は受けられない。仮にかかる特許について出願が行われた場合には無効と解される。
- 自然人がAIを活用して発明した場合であれば、自然人が発明したものとして特許を受け得るが、自然人の関与の程度がどの程度であれば自然人が発明したものといえるかについては必ずしも明確ではない。
- AIによる発明については、進歩性要件をどのように考えるべきかという問題提起や、実施可能性要件の審査のなされ方に影響を与え得るとの指摘もなされており、今後の議論に注視が必要である。

1　AIが自律的に発明した場合

(1)　AIは発明者か

　設例の「AIを用いた新薬の開発」がAIによって自律的に行われたものである場合、かかる発明に対し、現行の特許法において、特許が与えられると考えることができるか。

　この点、特許法は、特許を受け得る主体について、「産業上利用することができる発明をした者は（中略）その発明について特許を受けることができる。」（29条1項柱書）と規定しており、AIが「産業上利用することができる発明をした者」（発明者）に該当するか否かが問題となる。しかし、現行法上、発明者となり得るのは自然人のみと解されているため(1)、仮にAIが自律的に発明を行ったとしても、AI自身が発明者となることはできないと解される。

---

(1) 中山信弘『特許法（第3版）』（弘文堂、2016年）43頁。

(2) 出願が行われた場合

このとき、仮に、上記 AI による発明について、AI の利用者ないし管理者たる自然人を発明者として特許出願を行った場合、当該自然人は特許を受けることができるだろうか。この点、あくまで発明を行ったのは自律的な AI であり、その管理者たる自然人ではないとすると、出願人は「産業上利用することができる発明をした者」には該当しないと解される。したがって、その出願は、冒認出願として拒絶の対象となり（特許法49条7号）、また、無効（同法123条1項6号）であると解される。もっとも、仮にこのような冒認出願がなされた場合であっても、当該発明は AI によって自律的に行われたものではなく、AI はあくまで自然人により道具として利用されていたにすぎず、自然法則を利用した技術的思想の創作（発明）自体は自然人が行ったものであるとして出願がなされることが多いのではないかと想定されるところ（後記2参照）、AI による発明であるのか、自然人による発明であるのかを公正に判断することは困難を伴うことが予想される。結局、実務上は、そのようにして発生した特許権に基づく特許権侵害訴訟における特許権侵害を争う被告による主張、あるいは、そのような特許に対する特許無効審判における請求人による主張等によってはじめて、AI による発明に該当するか否かが具体的に検討されることになることが多いと思われる。

2 自然人が AI を活用して発明した場合

他方、設例の「AI を用いた新薬の開発」が AI によって自律的に行われたものではない場合、すなわち、自然人が AI を活用して発明した場合はどうか。この点、発明者とは、「技術的思想を当業者が実施できる程度にまで具体的・客観的なものとして構成する創作活動に関与した者」をいい（知財高判平成20・5・29 判時 2018 号 146 頁）、単にアイデアを提示した者や、資金を提供した者、補助的な作業に従事した者については発明者とならないとされるが、仮にAI が発明に関与した場合であったとしても、AI は自然人が発明するに際して道具として利用されたにすぎず、あくまで自然人が「技術的思想を当業者が実施できる程度にまで具体的・客観的なものとして構成する創作活動に関与した者」であるといえる限り、当該発明は、自然人による発明として特許を受け得

第6章　知的財産法分野

るだろう。むしろ、現在の技術水準を前提とすれば、AI が自律的に発明を行うことまでは考え難く、AI が発明に関与したものであったとしても、自然人による発明といえるケースがほとんどかもしれない。

　この点、一般財団法人知的財産研究教育財団が 2017 年 2 月に発表した「AI を活用した創作や 3D プリンティング用データの産業財産権法上の保護の在り方に関する調査研究報告書」(2)（平成 28 年度特許庁産業財産権制度問題調査研究報告書。以下、「AI 関与知財研究報告書」という）には、AI が関与してなされた発明が自然人によるものであると認定するための判断材料についての記載がある。すなわち、AI 関与知財研究報告書においては、発明にかかる創作は、一般的に、①課題設定、②解決手段候補選択、③実効性評価の 3 ステップからなることが示されつつ、これらのいずれかを自然人が行っていることや発明の着想・具体化を自然人が行っていることが、自然人が発明を行ったというための判断材料になるとしている(3)。とはいえ、AI 関与知財研究報告書は、これらの事情が判断材料になることを示すのみで、当該判断材料を個別に評価すべきなのか、それとも複合的に評価すべきなのか等についての結論は示しておらず、結局、発明ごとに個別に検討されざるを得ないであろう。

　例えば、人間が単に「認知症の進行を抑制する新しい医薬品を生み出せ」といった抽象的指示を AI に入力した後、AI が自律的に新規の医薬品を生み出したような場合は、これを人間による発明とは評価できないと考えられる(4)。AI 技術の進展とともに、人間の寄与の度合いが小さい発明が今後増えることも想定されるところであり、今後の議論を注視する必要がある。

3　AI による発明と進歩性

　発明が特許を受けるためには、「その発明の属する技術の分野における通常の知識を有する者」が、先行発明に基づいて容易に発明をすることができないことが必要である（特許法 29 条 2 項）。この点についても、人の寄与率が低く

---

(2) 〈http://www.jpo.go.jp/shiryou/toushin/chousa/pdf/zaisanken/2016_10.pdf〉
(3) AI 関与知財研究報告書 25、26 頁。
(4) 上野達弘「人工知能による"発明"と"創作"―AI 生成物に関する知的財産権―」Japio YEAR BOOK 2017・21 頁〈http://www.japio.or.jp/00yearbook/files/2017book/17_a_03.pdf〉

なった AI による発明については、「進歩性判断の主体を人から AI に置き換える、すなわち、AI が創作できるものは進歩性がない」といったように、進歩性の判断基準を変えるべきであるという意見がある。また、「進歩性の判断に創作プロセスの観点も含め、AI を利用した発明は、AI を利用するところに新しさがないという理由で、進歩性を否定する」という提案もある。確かに、例えば、「ある AI を用いれば誰でも同様の発明を行うことができる」というような場合に、ある者が他者に先んじて AI を利用したことによって、その者に特許が独占されてしまうという事態は、産業の発展に寄与するという特許制度の趣旨に適うのか疑問もある。AI による発明と進歩性との関係も、AI 技術の発達状況を踏まえつつ、今後の議論を注視する必要があろう。

4 AI による発明と実施可能要件

出願時の明細書における発明の詳細な説明については、その発明の属する技術の分野における通常の知識を有する者がその実施をすることができる程度に明確かつ十分に記載したものである必要がある（実施可能要件。特許法 36 条 4 項 1 号）。そして、医薬発明については、その化合物等を医薬用途に使用することができる場合を除き、通常、1 つ以上の代表的な実施例を記載することが必要であり、医薬用途を裏付ける実施例として、通常、薬理試験結果の記載が求められるところ[6]、AI の発展により AI のシミュレーション結果に対する信頼性が当業者間で十分高まった場合に、実際の薬理評価実験結果を記載しなくても実施可能要件が満たされると判断される可能性もあるとの指摘がなされている[7]。AI の発展が特許審査のなされ方にも影響を与え得るとの指摘であり、興味深い[8]。

（白石和泰・小林央典）

---

(5) AI 関与知財研究報告書 38 頁。
(6) 特許・実用新案審査ハンドブック付属書 B 第 3 章 1.1.1。
(7) 知財管理 68 巻 10 号 1355 頁。
(8) 本稿校正時の 2019 年 1 月 30 日に、特許庁から、「AI 関連技術に関する事例について」〈https://www.jpo.go.jp/seido/houritu_jouyaku/guideline/tokkyo/pdf/ai_jirei/jirei.pdf〉が公表された。これによれば、「AI によりある機能を持つと推定された物の発明は、発明の詳細な説明に実際に物を製造して当該機能の評価をした実施例を記載していない場合には、AI による推定結果が実際に製造した物の評価を代わり得ない限り、記載要件を満たさない。」とされている。

第6章　知的財産法分野

> *Q6-6*　AIが創造的な音楽、絵画等の作品を作りましたが、著作権法で保護されますか。

Point
・AIの利用者が創作意図を有し、創作過程において創作的寄与を行うことにより生成された作品は著作物に該当し、当該利用者は著作権者として著作権法上の保護を受ける可能性がある。
・現行の著作権法上、AIの利用者が簡単な指示を行うに留まる場合等、AIが自律的に生成した作品は著作物に該当せず、保護されない。

1　AI生成物の実例

　AIの性能は日々進化しており、一昔前まで、AIでは人間に代替できない領域と考えられていたコンテンツ産業においても、人間が創作した作品と遜色ないAI生成物が現れてきている。例えば、アメリカのテイラーブランド社は、ロゴの文字や色、営んでいるビジネスの種類等の情報を入れると利用者に合ったロゴを生成するAIを用いたロゴデザインサービスを提供している[1]。また、ソニーコンピュータサイエンス研究所は2016年に、「FlowMachines」というプロジェクトにおいて、スタイルと曲の長さを指定すると作曲を行う自動作曲AIを用いて生成された楽曲に、作曲家が作詞・編曲を行い、ビートルズ風の「Daddy's Car」を作曲した[2]。さらに、オランダの金融機関INGグループ、Microsoft、レンブラント博物館、デルフト工科大学らによるプロジェクト「The Next Rembrandt」[3]において機械学習を重ねたAIが2016年に制作した作品は、

---

(1)　〈https://www.tailorbrands.com/logo-maker〉
(2)　〈http://www.flow-machines.com/〉
(3)　〈https://www.nextrembrandt.com/〉

バロック期を代表する画家であるレンブラント本人が描いた新作の油絵と多くの者が誤認する程の出来映えであった。

このように、ロゴのようにキャッチーなデザインのみならず、著名なアーティストの楽曲や美術作品等、芸術性が評価される作品をもAIが生成することが可能となってきており、AI生成物が著作権法上保護されるかが問題となる。

2 現行法による整理

(1) AI生成物の著作物該当性

(A) 著作権法上の著作物

著作権法上、著作権の客体である著作物とは、「思想又は感情を創作的に表現したものであって、文芸、学術、美術又は音楽の範囲に属するものをいう」（2条1項1号）と規定されている。そして、「思想又は感情」は人間固有のものであることが前提となっている[4]と解されている。

(B) AIが自律的に生成した作品（AI創作物）

AIが自律的に生成した作品は、「思想又は感情」がないため、著作物に該当しないものと考えられることから、著作権の客体とはならず、著作権法上保護されない。

したがって、AIが自律的に生成した作品を利用させるサービスを提供する場合に、当該作品が当該サービスのユーザ以外の第三者により利用されないようにするためには、複製等ができないように技術的保護手段を講じたり、ユーザとの間の契約や利用規約等において、作品の利用範囲や条件を設けたりする必要がある。

(C) AIを道具として創作した作品

人間がAIを「道具」として利用して生成された作品は、人間の「思想又は感情を創作的に表現したもの」と評価し得ることから、著作物に該当し、著作権法上の保護を受ける可能性がある。

この点、2017年3月に公表された「新たな情報財検討委員会報告書」[5]にお

---

[4] 加戸守行『著作権法逐条講義（6訂新版）』（著作権情報センター、2013年）22頁、中山信弘『著作権法（第2版）』（有斐閣、2014年）44頁。

第6章　知的財産法分野

いて、AI 生成物の著作物性は、コンピュータ創作物の著作物性[6]とパラレルに議論されている。すなわち、「学習済みモデルの利用者に創作意図があり、同時に、具体的な出力である AI 生成物を得るための創作的寄与があれば、利用者が思想感情を創作的に表現するための『道具』として AI を使用して当該 AI 生成物を生み出したものと考えられることから、当該 AI 生成物には著作物性が認められ」る「一方で、利用者の寄与が、創作的寄与が認められないような簡単な指示に留まる場合」「当該 AI 生成物は、AI が自律的に生成した『AI 創作物』であると整理され、現行の著作権法上は著作物と認められないこととなる」と示されている。

これは有識者による検討の結果公表された公的な見解であることから、現行の著作権法下における AI 生成物の著作物性に係る有力な整理であると考えられる。

なお、AI 生成物が著作物に該当しないとしても、AI 生成物の利用行為が他人の名誉を毀損する場合や、営業妨害に当たる場合等、「著作物の利用による利益とは異なる法的に保護された利益を侵害するなどの特段の事情」がある場合には、不法行為が成立する可能性がある[7]。

(2) 具体例

1で示した実例を題材として、上記 (1) の整理に基づき AI 生成物の著作物性を検討すると、利用者が一定の情報を入力すると自動的にデザインされたロゴが出力される AI により作成されたロゴは、利用者が AI に対して簡単な指示をするだけで生成される物であり、利用者の創作的寄与は認められないと評価され得ることから、著作物には該当しないと判断される可能性がある。

---

(5) 知的財産戦略本部検証・評価・企画委員会新たな情報財検討委員会「新たな情報財検討委員会報告書―データ・人工知能（AI）の利活用促進による産業競争力強化の基盤となる知財システムの構築に向けて―」（平成 29 年 3 月）〈https://www.kantei.go.jp/jp/singi/titeki2/tyousakai/kensho_hyoka_kikaku/2017/johozai/houkokusho.pdf〉35〜36 頁。
(6) 文化庁「著作権審議会第 9 小委員会（コンピュータ創作物関係）報告書」（平成 5 年 11 月）〈http://www.cric.or.jp/db/report/h5_11_2/h5_11_2_main.html〉。
(7) 最判平成 23・12・8 民集 65 巻 9 号 3275 頁、最判解説民事篇平成 23 年度 727 頁参照。

他方、「FlowMachines」というプロジェクトにおいて作曲されたビートルズ風の「Daddy's Car」は、自動作曲 AI が作曲した楽曲に対して作曲家が編曲等を行うことにより生成されていることから、作曲家の創作意図および創作的寄与が認められ、作曲家が AI を「道具」として利用して作品を生成したものと評価し得る。したがって、自動作曲 AI を利用して生成された「Daddy's Car」は、著作物に該当する可能性がある。

3　今後の課題

現行の著作権法上、AI が自律的に生成した作品は著作物に該当しないが、AI 創作物が新たなイノベーションや人間社会を豊かにする新しい文化を生み出す可能性を有しており、こうした高度な付加価値を創出する新たな活動を促進し、投資インセンティブを付与する仕組みの検討が必要であるとの提言がなされている[8]。他方で、AI は人間を遥かに上回る速度で莫大な作品を生成することが可能であり、AI 創作物に対して著作権を付与して保護すれば、かえってコンテンツ産業が萎縮し発展がそがれることも危惧されるほか、誰に著作権を帰属させるかという問題も生じる。

AI が自律的に生成した作品の保護のあり方については、AI 創作物の品質、コスト、普及の程度等により検討の方向性が変わってくるとも思われ、今後、実態に即した議論の深まりが期待される。なお、イギリスにおいては、人間が創作する著作物に与えられるものよりは短い期間ではあるものの、コンピュータ創作物（Computer Generated Works）の創作に必要な手筈（the arrangement necessary）を引き受けた者に著作権が付与されており（イギリス著作権法 9 条 3 項）、イギリスにおける AI 創作物の普及状況、コンテンツ産業の動向等は AI 創作物の保護のあり方を検討するうえで参考になるように思われる。

また、人間が制作した作品となんら遜色ない高品質の AI 創作物が流通に置かれた場合、人間の創作物と見分けがつかず、著作権が僭称されるおそれがあることが指摘されているほか[9]、第三者が AI 創作物を利用しようとする際に著

---

[8]　知的財産戦略本部「知的財産推進計画 2017」（2017 年 5 月）〈https://www.kantei.go.jp/jp/singi/titeki2/kettei/chizaikeikaku20170516.pdf〉12 頁。

第 6 章　知的財産法分野

作物であると誤認して利用を差し控えてしまうことも考えられる。AI 創作物を流通させる者には、あえて AI 創作物であり著作物ではない旨明示するインセンティブはないことを踏まえると、AI 創作物にはその旨の表示や登録を必要とする等の、新たな制度設計による対応が必要となり得るようにも思われる。

(服部啓)

---

(9) 知的財産戦略本部・前掲（注 8）。

> Q6-7 最近、著作権法に柔軟な権利制限規定が設けられたと聞きましたが、経緯について教えてください。この法改正は、AIとどのように関係しますか。

Point
・2018年著作権法改正により、デジタル化・ネットワーク化の進展に対応した柔軟な権利制限規定が設けられ、2019年1月1日に施行された（本稿では以下、2018年著作権法改正後の著作権法を「新法」という）。
・本改正により、機械学習に必要な学習用データを作成する場面において、著作権者の許諾を得ることなく著作物を利用できる範囲が広がった。すなわち、新法30条の4により、自らAIに機械学習させる場合に限らず、第三者がAIに機械学習させるための学習用データを作成することができるようになった。また、新法47条の5により、AIを用いた情報解析の結果を提供する際に軽微といえる範囲で著作物を利用（例：著作物の一部分を表示）することができるようになった。

1 柔軟な権利制限規定制定の経緯と趣旨[1]

著作権法には、著作権者の権利を制限し、著作者の許諾なく著作物を利用することができる例外的な場面を定めた、いわゆる権利制限規定が設けられている。しかし、2018年著作権法改正前の著作権法（以下、本稿では「旧法」という）における権利制限規定は、著作物の利用目的や利用場面ごとに個別に規定されていたために、情報通信技術の進展等の時代の変化に対応できないとの批判があった。本改正ではデジタル化・ネットワーク化の進展に対応できるようにするため、著作物等の市場に悪影響を及ぼさない一定の著作物等の利用につ

---
(1) 文化庁「著作権法の一部を改正する法律（平成30年法律第30号）について」〈http://www.bunka.go.jp/seisaku/chosakuken/hokaisei/h30_hokaisei/〉

いて、柔軟な権利制限規定の導入が行われた。

　柔軟な権利制限規定の検討過程においては、アメリカの著作権法のフェアユースのような、非常に柔軟性の高い抽象的な規定を導入することの是非も含め検討された。しかし、調査の結果、日本においては、明確性と柔軟性の適切なバランスを備えた複数の規定の組合せによる「多層的」な対応を行うことが適当であるとの判断に至った。

　具体的には、図表6-1のとおり、3つの層に行為を類型化し、権利者に及び得る不利益の度合いに応じて、それぞれに適切な柔軟性を確保した規定を整備することとした。

　なお、以下に紹介する新法30条の4は第1層に分類され、新法47条の5は第2層に分類される。

2　新法30条の4とAI

　例えば、AIによる機械学習に必要な学習用データを作成する場合には、元となるデータを保存（記録）することが必要になる。元となるデータが著作物である場合、その保存行為は「複製」（著作権法2条1項15号）に当たり、原則として著作権者の許諾が必要である（同法21条）。

　また、学習用データを作成する者とAIに機械学習をさせる者が異なる場合には、データ作成者は作成した学習用データを、AIに機械学習をさせる者に対して提供する必要がある。学習用データの元となるデータが著作物である場合、その提供行為は「譲渡」または「公衆送信」（同法2条1項7号の2）に該当する可能性があり、その場合には、原則として著作権者の許諾が必要である（同法26条の2第1項、23条1項）。

　もっとも、いずれの場合においても、権利制限規定により定められている範囲においては、著作権者の許諾なく著作物を利用することができる。

---

(2) 文化審議会著作権分科会「文化審議会著作権文化会報告書」（平成29年4月）〈http://www.bunka.go.jp/seisaku/bunkashingikai/chosakuken/pdf/h2904_shingi_hokokusho.pdf〉28頁から37頁。

(3) 文化審議会著作権分科会・前掲（注2）38頁。

図表6-1　権利制限規定に関する3つの「層」と「柔軟な権利制限規定」がカバーする範囲

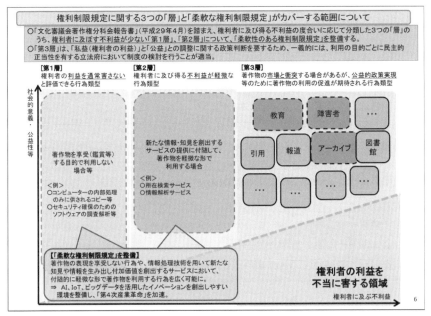

出典：文化庁「著作権法の一部を改正する法律　概要説明資料」6頁〈http://www.bunka.go.jp/seisaku/chosakuken/hokaisei/h30_hokaisei/pdf/r1406693_02.pdf〉

(1) 旧法の権利制限規定（47条の7）

　学習用データ作成時の著作物の保存については、旧法においても47条の7により営利目的であるかにかかわらず著作権者の許諾なく行うことができた。ただし、旧法では利用目的が、「情報解析……を行うことを目的とする場合」とされ、文言上自ら解析を行うことを目的とする場合に限定されていると解釈される可能性があった。

　さらに、旧法47条の7では利用態様が「記録又は翻案」のみに限定されており、「譲渡」や「公衆送信」は含まれていないため、上記のような場合著作権者の許諾を取らなければ違法であると解されるおそれがあった。[(4)]

第 6 章　知的財産法分野

なお、解析方法は「電子計算機による」「統計的な解析」に限定されていた。

(2) 新法の権利制限規定（30 条の 4）

そこで以下のとおり新法 30 条の 4 が設けられた。

> 30 条の 4
> 　著作物は、次に掲げる場合その他の当該著作物に表現された思想又は感情を自ら享受し又は他人に享受させることを目的としない場合には、その必要と認められる限度において、いずれの方法によるかを問わず、利用することができる。ただし、当該著作物の種類及び用途並びに当該利用の態様に照らし著作権者の利益を不当に害することとなる場合は、この限りでない。
> （略）
> 　二　情報解析（多数の著作物その他の大量の情報から、当該情報を構成する言語、音、影像その他の要素に係る情報を抽出し、比較、分類その他の解析を行うことをいう。第 47 条の 5 第 1 項第 2 号において同じ。）の用に供する場合
> （略）

本規定は、著作物が有する経済的価値が、通常、市場において、著作物の視聴等をする者が当該著作物に表現された思想または感情を享受してその知的・精神的欲求を満たすという効用を得るために対価の支払いをすることによって現実化されており、「著作物に表現された思想又は感情を自ら享受し又は他人に享受させることを目的としない場合」[5]には、著作権法が保護しようしている[6]

---

(4) 知的財産戦略本部検証・評価・企画委員会新たな情報財検討委員会「新たな情報財検討委員会報告書」（2017 年 3 月）〈http://www.kantei.go.jp/jp/singi/titeki2/tyousakai/kensho_hyoka_kikaku/2017/johozai/houkokusho.pdf〉27 頁。
(5) 文化庁長官官房著作権課「平成 30 年著作権法改正の概要」NBL1130 号 6 頁。
(6) 「享受」を目的とする行為に該当するか否かは、「著作物等の視聴等を通じて、視聴者等の知的または精神的欲求を満たすという効用を得ることに向けられた行為であるか否かという観点から判断されることとなるものと考えられる」（文化庁長官官房著作権課・前掲（注 5）6 頁）。

Q6-7

著作権者の利益を通常害するものではないとの考えのもとに設けられた規定である。

新法における変更点をみてみると、まず、「情報解析……を行うことを目的とする場合」という文言が「情報解析……の用に供する場合」との文言に変更になったため、第三者が解析するための学習用データを作成できることが明確となった。

また、「いずれの方法によるかを問わず、利用することができる」と規定されており、利用態様についての制限がなくなった。そのため、学習用データの作成者からAIに機械学習をさせる者に対する学習用データの提供(「譲渡」または「公衆送信」)が、著作権者の許諾を得ることなく行えることが明確となった[7]。

さらに、情報解析の方法については、旧法では「比較、分類、その他の<u>統計的な解析</u>」となっていたのに対し新法では「比較、分類、その他の解析」となったため、統計的な解析に限られず、機械学習で採用されているような代数的解析や幾何学的解析も対象となった。

なお、「電子計算機による」との文言が削除されたため、コンピュータを用いずに、手動で情報解析する場合も、対象となっている。

ただし、例外的に「当該著作物の種類及び用途並びに当該利用の態様に照らし著作権者の利益を不当に害することとなる場合」には権利制限規定が及ばないとされている部分には注意が必要である。「著作権者の利益を不当に害する」場合の例として、法改正の際の国会答弁においては、著作権者の著作物の利用市場と衝突するか、あるいは将来における著作物の潜在的市場を阻害するかという観点から最終的には司法の場で具体的に判断されるとしつつ、「著作権者

---

(7) 文化庁長官官房著作権課・前掲(注5)7頁脚注7参照。なお、国会(衆議院文部科学委員会第 5 号(2018 年 4 月 6 日)⟨http://www.shugiin.go.jp/internet/itdb_kaigiroku.nsf/html/kaigiroku/009619620180406005.htm⟩において、適法性を確保するためには、「データの提供に当たりまして、データの提供者が提供を受ける者に対しまして、著作物に表現された思想又は感情の享受を目的として使用されることがないようにあらかじめ確認をすることが求められる」との答弁がなされているが、当該確認が条文上のどの要件との関係で問題となるかは明確となっていない。

第6章　知的財産法分野

が自己が著作権を保有する大量の著作物を容易に情報解析できる形で整理したデータベースを提供している場合に、当該データベースを情報解析を行う目的で著作権者に無断で複製する等する行為は、当該データベースの提供に関する市場と衝突するものとして、著作権者の利益を不当に害することとなる場合に当たるものと考えて」いるとされている。⁽⁸⁾⁽⁹⁾

3　新法47条の5とAI

旧法においては特に規定が設けられていなかったものの、新法では47条の5第1項2号により、情報解析の結果を提供するにあたって一定の条件の下で著作物を許諾なく利用することができるようになった。

47条の5
　電子計算機を用いた情報処理により新たな知見又は情報を創出することによつて著作物の利用の促進に資する次の各号に掲げる行為を行う者（当該行為の一部を行う者を含み、当該行為を政令で定める基準に従つて行う者に限る。）は、公衆への提供又は提示（送信可能化を含む。以下この条において同じ。）が行われた著作物（以下この条及び次条第2項第2号において「公衆提供提示著作物」という。）（公表された著作物又は送信可能化された著作物に限る。）について、当該各号に掲げる行為の目的上必要と認められる限度において、当該行為に付随して、いずれの方法によるかを問わず、利用（当該公衆提供提示著作物のうちその利用に供される部分の占める割合、その利用に供される部分の量、その利用に供

---

(8)　衆議院文部科学委員会第5号（2018年4月6日）。
(9)　旧法第47条の7においても「ただし、情報解析を行う者の用に供するために作成されたデータベースの著作物については、この限りでない。」とされ、権利制限規定が及ばないものとされていた。なお、衆議院および参議院において、「柔軟な権利制限規定の導入に当たっては、現行法において権利制限の対象として想定されていた行為については引き続き権利制限の対象とする立法趣旨を積極的に広報・周知する」こととの附帯決議がなされており、従前、権利制限規定の適用があるとされていた行為については新法においても権利制限を受けることが前提とされている〈http://www.bunka.go.jp/seisaku/bunkashingikai/chosakuken/bunkakai/51/pdf/r1406118_09.pdf〉。

される際の表示の精度その他の要素に照らし軽微なものに限る。以下この条において「軽微利用」という。）と行うことができる。ただし、当該公衆提供提示著作物に係る公衆への提供又は提示が著作権を侵害するものであること（国外で行われた公衆への提供又は提示にあつては、国内で行われたとしたならば著作権の侵害となるべきものであること）を知りながら当該軽微利用を行う場合その他当該公衆提供提示著作物の種類及び用途並びに当該軽微利用の態様に照らし著作権者の利益を不当に害することとなる場合は、この限りでない。
（略）
　二　電子計算機による情報解析を行い、及びその結果を提供すること
（略）
2　前項各号に掲げる行為の準備を行う者（当該行為の準備のための情報の収集、整理及び提供を政令で定める基準に従つて行う者に限る。）は、公衆提供提示著作物について、同項の規定による軽微利用の準備のために必要と認められる限度において、複製若しくは公衆送信（自動公衆送信の場合にあつては、送信可能化を含む。以下この項及び次条第2項第2号において同じ。）を行い、又はその複製物による頒布を行うことができる。ただし、当該公衆提供提示著作物の種類及び用途並びに当該複製又は頒布の部数及び当該複製、公衆送信又は頒布の態様に照らし著作権者の利益を不当に害することとなる場合は、この限りでない。

　本規定は、電子計算機による情報処理により新たな知見または情報を提供することには社会的意義が認められる一方で、著作物の利用の程度を軽微なものにとどめれば、基本的に著作権者が当該著作物を通じて対価の獲得を期待している本来的な販売市場等の影響を与えず、ライセンス使用料にかかる不利益についても、その度合は小さなものにとどまること等を踏まえ、設けられた[10]。
　本規定は、AIを用いた各種調査解析サービス等への活用が期待されている[11]。

---

(10)　文化庁長官官房著作権課・前掲（注5）9頁。
(11)　池村聡「『柔軟な権利制限規定』と実務への影響」BUSINESS LAW JOURNAL 2018年9月号27頁。

第6章　知的財産法分野

　例えば、本規定により「大量の論文や書籍等をデジタル化して検索可能としたうえで、検証したい論文について、他の論文等からの剽窃の有無や剽窃率、剽窃箇所に対応するオリジナルの論文等の本文の一部分を表示する行為（論文剽窃検証サービス）」ができるようになるとされている[12]。

　また、同条2項は、同条1項の適用を受ける者のために行われる各種データセットの作成や提供などを可能とする[13]。

（磯野有沙）

---

(12) 文化庁長官官房著作権課・前掲（注5）10頁。
(13) 池村・前掲（注11）27頁。

Q6-8

Q6-8 データの利活用に関して平成 30 年に不正競争防止法が改正されたと聞きましたが、経緯と改正内容について教えてください。この法改正は、AI やロボットとどのように関係しますか。

Point
・ID・パスワード等の管理措置を施して反復継続して提供されるデータ（限定提供データ）の不正取得、使用等を新たに不正競争行為として位置付けた。
・AI やロボットとの関係では、学習用データセット、学習方法、学習済みパラメータ、学習済みモデル等の価値の高いデータの集合物を共同利用したり取引したりする場合において、これらのデータの集合物の保護が手厚くなったという意義がある。

1 改正の経緯

　IoT・AI 等の情報技術の革新が進み、いわゆるビッグデータ等の大量かつ多様なデータの取得、加工および整理等が可能となり、このようなデータがビジネス上の競争力の源泉となっている。これまでデータの利活用の態様として、個々の事業者が自ら取得したデータを独自に用いることが多かったが、複数の企業が連携する形でのデータの利活用が進みつつある。[1] 例えば、データ分析機関が物流関係業者の施設に設置したセンサーから収集した気象データを分析し、通行可能な道路マップ等の災害対策用の予測情報を作成、共同利用するとともに第三者に販売すること等が検討されてきた。[2]
　このような高い付加価値を生み出すもととなるデータに関して、従来は、著

---

(1) 産業構造審議会知的財産分科会不正競争防止小委員会「データ利活用推進に向けた検討－中間報告－」（平成 30 年 1 月）〈http://www.meti.go.jp/report/whitepaper/data/pdf/20180124001_01.pdf〉（以下、本稿では「中間報告」という）3 頁。

第6章　知的財産法分野

作権や営業秘密、データ契約(3)に基づいて保護される可能性があった。もっとも、創作性を欠くデータは著作権が発生せず、データの不正取得等を行った第三者に対して契約上の効果は及ばない。また、営業秘密として保護されるためには秘密管理性や非公知性が要求されるため、流通や利活用の対象となるデータは通常営業秘密に該当しない。このように、従来の法制度上、流通や利活用の対象となるデータの保護は不十分であり、事業者が競争力の源泉となる重要な資源であるデータを流通させ、利活用するインセンティブが生じにくい状況であった。

そこで、データの創出、取得、加工および整理等への投資やその適正な流通および利活用を促す環境を整備するため、IDやパスワード等の管理を施したうえで事業として特定の者に提供されるデータを不正に取得、使用等する行為を新たに不正競争行為と位置付ける改正(4)が行われた。

2　改正概要

(1) 保護対象となるデータ（限定提供データ）

業として特定の者に提供する情報として電磁的方法（電子的方法、磁気的方法その他人の知覚によっては認識することができない方法をいう）により相当量蓄積され、および管理されている技術上または営業上の情報（秘密として管理されているものを除く）、すなわち限定提供データ（不正競争防止法2条7項）が、新たに保護の対象として規定された。

この点、どのような場合に限定提供データに該当するかは、不正競争防止小委員会が、改正にかかる審議やパブリックコメントの結果等を踏まえて検討結果を取り纏めた中間報告(5)が参考となる。中間報告においては、ビッグデータを

---

(2) IoT推進コンソーシアム・総務省・経済産業省「新たなデータ流通取引に関する検討事例集」（平成30年8月、Ver 2.0）〈http://www.meti.go.jp/press/2018/08/20180810002/20180810002-1.pdf〉16頁。

(3) データ契約に基づく保護に関しては、経済産業省「AI・データの利用に関する契約ガイドライン―データ編―」（平成30年6月）〈http://www.meti.go.jp/press/2018/06/20180615001/20180615001-2.pdf〉を参照されたい。

(4) 2018年5月30日に公布された不正競争防止法の改正案は、2019年7月1日に施行される予定である。

念頭に置き、保護すべき客体は、①限定的な外部提供性、②技術管理性、および③有用性を満たす電子データの集合物の全部または一部のデータであると示されており、これらがそれぞれ、法文上のⅰ業として特定の者に提供する情報（秘密として管理されているものを除く）、ⅱ電磁的方法により相当量蓄積され、および管理されている情報、ⅲ技術上または営業上の情報に、概ね対応すると考えられる。

ⅰについては、反復継続して特定の者に対して提供しているデータまたはかかる提供の意思が認められるデータが該当する。かかる要件を充足させるために、IDやパスワードを設ける等してユーザによるデータへのアクセスに認証を要求したり、データの提供に際して第三者への提供を禁止する条項を入れるという契約上の手当てをしたりすることが考えられる[6]。なお、法文上、「秘密として管理されているものを除く」と規定されているが、これは営業秘密としての保護との重複を防ぐ趣旨の文言であること、また、営業秘密のほうが限定提供データより強く保護されることからすれば、営業秘密として保護される可能性がある場合において、あえて管理を弱める必要はないように思われる。

ⅱについては、中間報告[7]において、②の具体的要件として、データを取得しようとする者が、データ提供者との契約で想定される者以外の第三者による使用・提供を制限する旨の管理意思を明確に認識できる、特定の者に限定して提供するための適切な電磁的アクセス制御手段（ID・パスワード管理、専用回線の使用、データ暗号化、スクランブル化等）により管理されていることをいうと示されている。法文上は、②とは異なり、第三者によるデータの使用・提供を制限する旨の管理意思を認識できることが明示されていないが、例示された適切な電磁的アクセス制御手段を提供データに付することで管理意思が認識可能となるのであり、これらの措置を施すことが重要と思われる。

ⅲについては、中間報告[8]において、③の具体的要件として、違法または公序

---

(5) 中間報告5～6頁。
(6) 岡田淳ほか「AI・データの利用に関する契約ガイドライン　第1回　データ編（1）総論、データ提供型契約」NBL1124号27頁、経済産業省・前掲（注3）112～113頁。
(7) 中間報告5頁。
(8) 中間報告6頁。

良俗に反する内容のデータを保護客体から除外したうえで、集合することにより商業的価値が認められること（ただし、提供する相手を特定・限定することなく広く提供されているデータと同一のデータは、保護の対象外とすべきである）をいうと示されている。ビジネス上用いられるデータの集合物は、公序良俗に反する等の事情がない限り、概ね技術上または営業上の情報に該当するものと思われる。

具体的にどのようなデータがこれらの要件を満たすかわかりにくい部分があることから、技術的管理等の客体の要件等についてのわかりやすいガイドラインを速やかに策定すべきであると中間報告において指摘され、不正競争防止に関するガイドライン素案策定 WG において、限定提供データの要件等についてガイドライン等の素案の策定に向けて検討が進められている。本稿作成時点においてガイドラインの最終版は公表されていないものの、平成 30 年 11 月 22 日付けで「限定提供データに関する指針（案）」が公開され、各要件の解釈や適用場面に係る具体例が示されており、参考になるものと思われる。また、本稿作成後に限定提供データの該当性に係る考え方や具体例に関するガイドラインの最終版[9]が公表される可能性があることから、その動向に注視されたい。

（2）不正競争行為

（A）趣旨

データの適正な流通、利活用を図るべき一方で、過剰に広範なデータの不正取得、使用および提供を不正競争行為とすると利活用をかえって阻害するため、限定提供データに関しては、悪質性の高い行為に限定して不正競争行為と規定された。

（B）不正取得行為等

不正競争行為としては、①窃取、詐欺、強迫その他の不正の手段により限定提供データを取得する行為（「不正取得行為」）または不正取得行為により取得

---

[9] 本稿脱稿後の 2019 年 1 月 23 日にガイドラインの最終版である「限定提供データに関する指針」（http://www.meti.go.jp/policy/economy/chizai/chiteki/guideline/h31pd.pdf）が公表されたため、その内容を参照されたい。

した限定提供データを使用し、もしくは開示する行為、②不正取得行為が介在したことを知って限定提供データを取得し、またはその取得した限定提供データを使用し、もしくは開示する行為、③取得した後に不正取得行為が介在したことを知ってその取得した限定提供データを開示する行為（不正競争防止法2条1項11号ないし13号）が規定されている。中間報告においては、データ提供者の管理を害する行為（不正アクセス、建造物侵入等）や技術的管理を解く目的での詐欺、暴行、強迫によるデータの取得も具体例として挙げられており、これらも不正の手段に含まれると思われる。なお、前期指針（案）において、不正取得行為や②、③の「介在したことを知って」等の要件に係る解釈および具体例が示されており、参考になるものと考えられるほか、本稿作成後に不正取得行為の具体例等に関するガイドラインの最終版が公表される可能性があることから、その動向に注視されたい。

(C) 図利加害目的

①限定提供データを示された場合において、不正の利益を得る目的で、またはその限定提供データ保有者に損害を加える目的で、その限定提供データを開示する行為（「不正開示行為」）または使用する行為（その限定提供データの管理に係る任務に違反して行うものに限る）、②不正開示行為であることもしくはこれが介在したことを知って限定提供データを取得し、またはその取得した限定提供データを使用し、もしくは開示する行為、③取得した後に不正開示行為があったことまたはこれが介在したことを知ってその取得した限定提供データを開示する行為（不正競争防止法2条1項14号ないし16号）が不正競争行為として規定されている。なお、データ利用者の予見可能性を高めるため、いかなる場合に図利加害目的に当たるか、前期指針（案）において、図利加害目的、「限定提供データの管理に係る任務に違反して行う」や②、③の「介在したことを知って」等の要件に係る解釈および具体例が示されていることから参考になると考えられるほか、本稿作成後にガイドラインの最終版が策定される予定であることから、その動向に注視されたい。

(D) その他

データの不正使用により生じたAI学習済みモデル、マニュアル、データベース等の譲渡等は不正競争行為とされていない。特にデータの不正使用により

学習したAIは、製品としての価値が高いことも想定されるため、民事措置の対象とすべきとの意見もあった一方で、データ自体の価値による寄与率の判断は現時点では難しいとの意見もあり、今回の改正での規定は見送られたものと考えられる。[10]

3 AI・ロボットとの関係

今回の改正により、学習用データセット、学習方法、学習済みパラメータ、学習済みモデル等の価値の高いデータを、コンソーシアム内で守秘義務のない緩やかな規約に基づき共有する場合等にも法的な保護が及ぶようになった。このように、厳格な秘密保持契約を締結せずに他者とやりとりされるデータが保護されやすくなり、ロボットが収集・加工したデータや、それをもとにAIが創出したデータ等のAI・ロボットにまつわるデータの利活用を行うことが容易になったといえる。

（服部啓）

---

(10) 中間報告13頁。

Q6-9

> *Q6-9* 当社の掃除用ロボットと似た形状、色、機能、名称をもった掃除用ロボットを、ライバル社が販売していました。販売を止めるためにどのような方法が考えられますか。

Point
・掃除用ロボットの有体物としての側面ではなく、その「形状、色、機能、名称」といった、無体物としての側面に着目して、販売を差し止める方法は、知的財産権に基づく差止請求が考えられる。
・「機能」が類似している点は特許権を、「形状、色」が類似している点は著作権または意匠権を、「名称」が類似している点は商標権を、その他不正競争防止法を根拠とした差止請求権を行使することができる場合がある。

1　特許権に基づく差止請求

　特許法は、一定の要件を充たす発明をした者に対し、排他権としての特許権を付与する法律である。特許法において「発明」とは、「自然法則を利用した技術的思想の創作のうち高度のものをいう。」（2条1項）とされており、当該発明が特許発明として保護されるためには、特許庁へ出願の上、特許登録されることを要する。掃除用ロボットに係る「機能」（プログラム）の特許登録の可否については、Q6-2を参照されたい。

　特許権の侵害とされるためには、①業として、②特許発明の技術的範囲に含まれる製品（「イ号製品」といわれる）を、③製造販売等により「実施」していることが要件として必要である（同法68条、70条1項）。本事案において①および③の要件を充たすことは争いがなく、②の要件を充足するか否かが争点となり得る。

　ここで②の判断において注意を要するのは、特許発明の請求項記載の構成要件について、イ号製品の構成が、すべての文言を充足しなければならない、と

いう文言侵害の原則があるため、文言の一部でも回避・迂回するプログラムや機能に設計変更されたら特許権侵害を問うことは原則としてできないということである。この点、プログラム特許に関しては、どのような内容とするか一般的には選択肢が広く、侵害回避も容易という特徴がある。また、そもそもプログラムについては、当業者であればリバースエンジニアリング等により把握できる場面もあるが、イ号製品でどのようなプログラムが働いているのか、看取することが困難な場面も多いと考えられる。

　もし、前記①乃至③の要件すべてを充足した場合には、特許権者は、差止請求権（同法100条1項）に基づき、ライバル社の掃除用ロボットの販売を差し止めることができるとともに、その廃棄等をも求めることができる（同条2項）。

2　著作権に基づく差止請求

　著作権法は、表現物としての著作物を保護し、当該著作物について排他権としての著作権を何らの登録手続を要することなく付与する法律である。著作権法においても、著作権を侵害された者に対し、侵害（販売）の停止を求める差止請求権（112条1項）および廃棄等請求権（同条2項）を付与している。

　本事案において、掃除用ロボットの「形状、色」に創作性が認められれば、著作物として保護される余地がある。もっとも、美術技法が実用品に応用されている場合（著作権法定義はないが、「応用美術」といわれ、掃除用ロボットについても美的技法が応用されていれば応用美術となり得る）については、著作権法による保護と、産業用デザインである意匠権の保護とどのように峻別するか、という議論がある。従前の裁判例は、応用美術が著作物として保護されるための要件として、純粋美術と同視できる程度の美的創作性など、独自の要件が課されていたが、近時は、何らかの個性が発揮されていればよいとする裁判例や、

---

(1) 例外として、イ号製品の構成が、特許発明の構成要件と一部相違する場合であっても、いわゆる均等侵害が認められる余地がある（最判平成10・2・24民集52巻1号113頁）。なお、詳細は割愛するが、均等侵害の要件のうち、第1要件（本質的部分）については、知財高判平成28・3・25判時2306号87頁が、第5要件（特段の事情）については、最判平成29・3・24平成28年（受）第1242号が近時の解釈を示しており、注目される。

(2) 大阪高判平成17・7・28判時1928号116頁等

実用部分と美的鑑賞の対象となる部分を分離して判断する裁判例など応用美術の著作物性の判断に変化が見られる。

3 意匠権に基づく差止請求

　意匠法は、意匠（デザイン）を創作した者に対し、排他権としての意匠権を付与し、もって産業の発達に寄与することを目的とする法律である。意匠法は、特許法のように、技術的思想としての発明を保護するのではなく、デザインを保護する法律である。

　意匠法において、「意匠」とは、「物品……の形状、模様若しくは色彩又はこれらの結合であって、視覚を通じて美感を起こさせるものをいう。」（2条1項）とされる。これらの形状等のデザインについて、意匠出願を行い、一定の要件（新規性（同法3条1項）、創作非容易性（同条2項）等）を充たして意匠登録された場合には、当該デザインに対し意匠権が付与される。本事案においても、掃除用ロボットのデザインが新規であり、かつ容易に創作できないものであれば、意匠登録され得る。なお、前記の「意匠」の定義からも明らかなとおり、「色彩」も意匠の重要な要素である。

　そして意匠登録により取得した意匠権に基づき、ライバル社の掃除用ロボットの販売の差止め（同法37条1項）および廃棄等（同条2項）を求めることとなる。その要件としては、①業として、②登録意匠と同一または類似のイ号製品を、③製造販売等により「実施」していることである（同法23条）。ここでも、②が問題となる。

　意匠の類否判断に関しては、表現の違い等あるものの、「意匠の類否を判断するに当たっては、意匠を全体として観察することを要するが、この場合、意匠に係る物品の性質、用途、使用態様、さらに公知意匠にはない新規な創作部分の存否等を参酌して、取引者・需要者の最も注意を惹きやすい部分を意匠の要部として把握し、登録意匠と相手方意匠が、意匠の要部において構成態様を

（3）　知財高判平成27・4・14判時2267号91頁
（4）　知財高判平成26・8・28判時2238号91頁
（5）　意匠権に基づく差止請求においても被疑侵害物件を「イ号製品」という。

共通にしているか否かを観察することが必要である。」（下線筆者）という基準が採用されている[6]。したがって、類否判断において、微細な差異は捨象され、需要者にとって最も注意を惹く要部が共通しているか否かが重要である。

本事案でいえば、掃除用ロボットの形状にもよるが、それが床面を移動しながらゴミを吸引するという「物品の用途」および「性質」、自律的に行動し、特段把持する持ち手を持たないという「物品の使用態様」等を考慮すれば、おそらく、ゴミの吸引口や、上から見たときの形状、走行ローラー等が「要部」と認定されると考えられる。

なお、全体の部分のうち、ゴミの吸引口など、一定の範囲について部分的に美感を備えている場合には、部分意匠（同法2条1項かっこ書）の取得も検討される。

4 商標権に基づく差止請求

商標法は、商標、すなわち「人の知覚によって認識することができるもののうち、文字、図形、記号、立体的形状若しくは色彩又はこれらの結合、音その他政令で定めるもの」（2条1項柱書）を保護するものである。

掃除用ロボットの「名称」（ロゴ等も含む）について、商標登録出願をし、商標権を取得することができれば、これと同一または類似する名称を付した掃除用ロボットの販売を差し止めること、および廃棄等を求めることができる（同法36条1項、2項）。商標の類似の有無は、外観、観念、称呼および当事者の主張・立証する取引の実情を総合的に考慮して判断される[7]こととなる。

また、商標はあくまで「指定商品又は指定役務」について取得するものであるが、本事案については、第7類（家庭用電気掃除機・家庭用掃除ロボット）および第9類（電子計算機用プログラム）について、商標を取得することになろう。

5 不正競争防止法に基づく差止請求

不正競争防止法は、所定の不正競争行為を禁止し、これにより営業上の利益

---

(6) 知財高判平成23・3・28（平成22年（ネ）10014号）。
(7) 最判昭和43年2月27日民集22巻2号399頁。

を侵害された者に差止請求権を付与し、もって公正な競争秩序の実現を図る法律である。本事案において、検討対象となり得るのは、商品等表示の不正使用（同法2条1項1号・2号）、形態模倣（同項3号）であり、かかる「不正競争」を行っていれば、差止請求（同法3条1項）および廃棄等請求（同条2項）の対象となる。

　商品等表示の不正使用は、「商品等表示」と類似した表示を使用する行為を不正競争とするものであり、商標登録がされていない場合に有用な手段となる。もっとも、「商品等表示」については、不正競争防止法2条1項1号については周知性、同項2号については著名性が必要となること、また、裁判例上特別顕著性などの要件が課されており、その主張は容易ではない。出来るだけ、「名称」については商標出願をすることが重要である。

　また、形態模倣については、前記の意匠権とは異なり、登録を要さずに、その形態を保護できることに特徴があるが、「模倣」、すなわち、主観的要件としての「依拠」性（原告の商品形態を知り、これと同一または酷似した形態を作り出すことを認識していること）が必要である上（同法2条5項）、日本国内で販売された日から3年経過した商品についてはそもそも保護対象から外れるという適用除外の規定（同法19条1項5号イ）がある点に注意を要する。

（神田秀斗）

---

(8) 知財高判平成24・12・26日判時2178号99頁。
(9) 東京高判平成10・2・26日判時1644号153頁。

第7章
国際問題

第 7 章　国際問題

Q7-1　AI・ロボットに関し、国際的にはどのような議論がされていますか。特に米国、欧州における最近の議論について教えてください。

Point

・米国、EU ともに、AI・ロボットに関して、民間・行政・政府レベルのさまざまな取組みが展開されてきたが、ここ最近では、各国政府レベルによるイニシアティブが急ピッチに進められている点も特徴の1つとして挙げられる。なお、EU と日本政府との間の AI に関する閣僚級ハイレベル協議を含め、わが国との関係といった切り口でも、目の離せない分野となってきている。

1　米国における動き

まず AI に関し、2016 年 10 月に発表されたホワイトハウスによる報告書(「人工知能の未来に備えて[1]」)において、研究開発、公正性・安全性などの各項目につき連邦政府への提言といった形式で議論が展開された[2](なお欧州における動きを含めて、ソフトローおよびハードローという対立軸を中心とした議論については、本書 Q7-3 を参照されたい)。また、同年には、国家科学技術会議(National Science and Technology Council. NSTC)のネットワーキング・情報技術研究開発小委員会による「米国人工知能研究開発戦略」において、連邦政府の予算による AI 研究の優先課題につき議論がなされた[3]。さらに、米国電気電子

---

(1) White House, Preparing for the Future of Artificial Intelligence (October 2016) 〈https://obamawhitehouse.archives.gov/sites/default/files/whitehouse_files/microsites/ostp/NSTC/preparing_for_the_future_of_ai.pdf〉

(2) 米国では 2016 年 12 月、ホワイトハウスより Artificial Intelligence, Automation, and the Economy という報告書も発表され、AI が労働市場に与える影響などにつき分析・提言がされている。〈https://obamawhitehouse.archives.gov/sites/whitehouse.gov/files/documents/Artificial-Intelligence-Automation-Economy.pdf〉

学会（Institute of Electrical and Electronics Engineers：IEEE）による「倫理的に調整された設計（Ethically Aligned Design, Version 1）（2016 年 12 月）」[4]、「Version 2」[5]（2018 年 1 月）といった各報告書において、技術者の視点から、倫理的原則の下で人間と調和する AI の設計方法につき議論されたことも、注目されている。

一方ロボットに関しては、We Robot Conference の活動が注目されている。すなわち、ロボットの利用拡大（警察・軍事、医療・介護分野等）が見込まれるなか、2012 年から、ロボットの社会・経済的な影響につき幅広い分野からの参加を募って議論する「We Robot」カンファレンスが毎年開催されている[6]。2018 年 4 月に Stanford Law School で開催された会議では、AI とプライバシー、納税、表現といったさまざまな角度から議論がなされた[7]。なお Stanford University: One Hundred Year Study on Artificial Intelligence（AI100）[8]においても、AI が今後の人々の労働や生活に与える影響につき議論されるなど、さらなる展開が予想されている[9]。

以上の動きに加えて、特に医療分野では AI の導入・展開が進んでおり、例えば、糖尿病網膜症を診断する医療機器について、すでに米国食品医薬品局

---

(3) National Science and Technology Council Networking and Information Technology Research and Development Subcommittee, The National Artificial Intelligence Research and Development Strategic Plan (2016). 〈https://www.nitrd.gov/PUBS/national_ai_rd_strategic_plan.pdf〉

(4) 〈http://standards.ieee.org/develop/indconn/ec/ead_v1.html〉

(5) 〈http://theinstitute.ieee.org/resources/standards/ieee-releases-new-ethical-considerations-for-autonomous-and-intelligent-systems〉

(6) 一般財団法人マルチメディア振興センター提供資料「欧米における AI ネットワーク化に関連する政策・市場動向」（平成 28 年 4 月）〈http://www.soumu.go.jp/main_content/000414765.pdf〉29～30 頁。

(7) We Robot 2018 〈https://conferences.law.stanford.edu/werobot/〉

(8) 〈https://ai100.stanford.edu/〉

(9) その他米国における AI・ロボットに関連する倫理と社会的な影響に関する主要な報告書としては以下が挙げられる。Partnership on Artificial Intelligence to Benefit People and Society (September 2016), Tenets, "Artificial Intelligence and Life in 2030" and "Artificial Intelligence Index" (Stanford University, September 2016, November 2017), Asilomar AI Principles (Futur of Life Institute, January 2017), Toward Algorithmic Transparency and Accountability (ACM, September 2017).

(FDA)において認可された事例も見られ、医療・介護ロボットとの関係を含めて、これらの分野におけるわが国の今後の議論の参考となるであろう。(10)

2 欧州における動き

(1) 欧州一般

ロボット法に関し、まず"RoboLaw-Regulating Emerging Technologies in Europe: Robotics facing Law and Ethics"(11)において、ロボットが直面する各種問題につき、法と倫理の側面から議論が開始された。また、研究開発プログラム「Framework Program-7：FP7」(2007-2013年)(「FP7」に引き続く研究開発プログラムは、「Horizon 2020」(2014-2020年))の枠組みで、2012年3月から2014年5月までの2年間にわたり、①現行の法的枠組みが、急速に進行しつつあるロボット技術に適合し得るものかを広範に調査・考察し、②ロボット技術の発展が今後の社会規範、人々の価値観、社会的行動プロセスに与える影響を予測することを目的としたプロジェクトが実施された。(12)さらに、欧州議会法務委員会は「ロボティクスに係る民事法的規則に関する欧州委員会への提言」(2017年2月)(13)において、ロボットやAIの法的責任に関連する提言を行い、ロボット・AIを所管するEU機関の設置やスマート・ロボットの登録制を含め、活発な議論がなされた。(14)(15)さらに、欧州委員会は2018年6月に、産業界、学界、市民団体の代表を構成員とする「AIに関するハイレベル専門家グループ"High-Level Expert Group on Artificial Intelligence"」より、中長期の課題に対応する勧告を行うとともに、倫理ガイドライン案の策定を行っていく旨の発表を行った。

なお本稿では深入りしないが、2018年5月25日に施行されて注目を集めて

---

(10) AI医療機器「Dx-DR」に関して〈https://roboteer-tokyo.com/archives/12407〉
(11) RoboLaw. (September 2014)〈http://www.robolaw.eu/〉
(12) 一般財団法人マルチメディア振興センター・前掲（注6）46頁。
(13) European Parliament "European Parliament resolution of 16 February 2017 with recommendations to the Commission on Civil Law Rules on Robotics" 16 February 2017:〈http://www.europarl.europa.eu/sides/getDoc.do?pubRef=-//EP//TEXT+TA+P8-TA-2017-0051+0+DOC+XML+V0//EN〉

いる EU 一般データ保護規則（いわゆる GDPR）においても、AI に関する条項が、特にプロファイリングとの関係で規定され、さまざまな議論が展開されていることにも留意する必要がある[16]（Q5-10 参照）。また、EU と日本政府との間では、AI は閣僚級ハイレベル産業・貿易・経済対話の優先項目の 1 つとされ、継続的に協議がなされる予定である。

(2) 欧州各国における動き

まずイギリスでは、研究開発を所轄するビジネス・イノベーション技能省（Business, Innovation and Skills：BIS）から交付金を供与されている、工学・物理科学研究会議（EPSRC）および芸術・人文学研究会議（AHRC）が、2010 年 9 月にロボティックス・リトリートを共催し、「Principles for designers, builders and users of robots」・「Seven High-Level Messages」[17]を発表するなど、主に英国の大学研究者らが、社会がロボットを導入するうえでの倫理的な問題を検討し、さまざまな議論が展開された[18]。イギリスの最近の動きとして、上院 AI 特別委員会が 2018 年 4 月に"AI in the UK: ready, willing and able?"において、AI が関わる事象につき、そのリスクを含めて網羅的に検討し、今後の方向性につき提言を行なっている[19][20]。

---

(14) 具体的には、①ロボットの開発・設計・生産・使用・改造に関する倫理的枠組みの構築（「ロボット工学憲章」）、②（自動車保険のような）ロボットが及ぼし得る損害を対象とする義務的な保険制度の構築、③先進的・自律的なロボットによる、行動・損害に対する責任を負う「電子的人格」を認める特別な法的地位の創設、といった諸点が挙げられる。日本貿易振興機構（ジェトロ）ブリュッセル事務所　海外調査部　欧州ロシア CIS 課「EU・ドイツ・英国におけるデジタル技術の導入拡大の労働・雇用への影響と対応策の検討状況」（2017 年 11 月）：〈https://www.jetro.go.jp/ext_images/_Reports/01/10edbaf2e3a57407/20170078.pdf〉17 頁。

(15) さらに最新の動きとして、欧州政治戦略センターが 2018 年 3 月 "The Age of Artificial Intelligence: Towards a European Strategy for Human-Centric Machines" を発表し、注目されている。

(16) プロファイリングと自動 AI 化された意思決定は、透明性を欠く取扱いも想定され、個人の権利自由に対する重大な危険も生じさせかねないため、特別な規定が設けられている（GDPR Article 22 等）。EU 作業部会（Article 29）による "Guidelines on Automated individual decision-making and Profiling for the purposes of Regulation" も参照。

(17) 一般財団法人マルチメディア振興センター・前掲（注6）51 頁。

第 7 章　国際問題

またフランスでは、国家デジタル研究所（institut national de recherche dédié au numérique：Inria）が、2015 年 6 月に「人工知能の社会的影響と倫理に関する講演会[22]」を主催し、規制や倫理の側面から議論が展開された。最近の動きとしては"For a Meaningful Artificial Intelligence: Towards a French and European Strategy"という議会委員報告書[23]が発表され、AI と経済との関係や倫理面の問題を含めて網羅的に検討がなされている。[24][25]

3　わが国における動き

2016 年 6 月に発表された総務省情報通信政策研究所による「AI ネットワーク化の影響とリスク」、内閣府による「人口知能と人間社会に関する懇談会」、総務省による「AI ネットワーク社会推進会議報告書 2017」を経て、AI ネットワーク社会推進会議より「国際的な議論のための AI 開発ガイドライン案」[26]

---

(18) EPSRC. "Principles of robotics"〈https://www.epsrc.ac.uk/research/ourportfolio/themes/engineering/activities/principlesofrobotics/〉（注：コメンタリー付き）（日本語訳（非公式）：一般財団法人マルチメディア振興センター・前掲（注 6) 85〜90 頁。

(19) 現実社会を前提とした新たな 5 項目からなる「Principles for designers, builders and users of robots」および「Seven High-Level Messages」が提示され、同原則については、人工知能・行動シミュレーション学会（The Society for the Study of Artificial Intelligence and Simulation of Behaviour：AISB）（1964 年設立の学術団体。EU の European Coordinating Committee for Artificial Intelligence に参加）の 2016 年 4 月のコンベンションの一環のワークショップでも議論された。

(20) Sheffield Robotics. "AISB Workshop on Principles of Robotics, April 4th 2016, Sheffield UK".〈http://www.sheffieldrobotics.ac.uk/aisb-workshop-por/〉
一般財団法人マルチメディア振興センター・前掲（注 6) 51 頁。

(21) 〈https://publications.parliament.uk/pa/ld201719/ldselect/ldai/100.pdf〉

(22) 〈http://pfia2015.inria.fr/journees-bilaterales/ethique-et-ia〉

(23) なおドイツでは、交通・デジタルインフラ省が 2017 年 6 月に"Ethics Commission: Automated and connected driving"を発表している。また、ドイツ連邦政府は 2018 年 7 月、連邦教育研究省、連邦経済エネルギー省および連邦労働社会省より提案された「AI 戦略（骨子）」を閣議決定するなど、さらなる取組みが展開されている。

(24) 〈https://www.aiforhumanity.fr/pdfs/MissionVillani_Report_ENG-VF.pdf〉

(25) なおエストニアでは、AI を合法化する法律を検討中であるとされている。"Estonia considers a 'kratt law' to legalise Artificial Intelligence（AI）".〈https://medium.com/e-residency-blog/estonia-starts-public-discussion-legalising-ai-166cb8e34596〉

が提案された。そこでは、AI ネットワーク社会推進会議が 2017 年 7 月に作成した非拘束的なソフトローとしての指針を中心としながら、「AI ネットワーク化が社会・経済にもたらす影響～先行的評価」[27]や「AI ネットワーク化が社会・経済にもたらす影響～分野別評価」[28]などにおいて活発な議論が展開されており、日本政府は「人間中心の AI 社会原則」として取りまとめを行っている。

　以上のとおり、国際的な議論をごくおおまかに概説したが、さまざまな分野で進展する国際的な議論を参考にしつつも、日本独自の視点からの議論・検討がさらに展開され、2019 年 6 月に大阪で開催予定の G20 首脳会議を含め、この分野においてわが国が世界をリードしていくことを読者とともに強く願う次第である。[29]

(野中高広)

---

(26) AI ネットワーク社会推進会議「報告書 2017」（平成 29 年 7 月 28 日）の別紙 1「国際的な議論のための AI 開発ガイドライン案」〈http://www.soumu.go.jp/main_content/000499625.pdf〉

(27) AI ネットワーク社会推進会議・前掲（注 26）の別紙 3「AI ネットワーク化が社会・経済にもたらす影響～先行的評価～」〈http://www.soumu.go.jp/main_content/000499629.pdf〉

(28) AI ネットワーク社会推進会議・前掲（注 26）の別紙 4「AI ネットワーク化が社会・経済にもたらす影響～分野別評価～」〈http://www.soumu.go.jp/main_content/000499630.pdf〉

(29) 最近のアジアの動きとして、中国では 2017 年 7 月に国務院が「次世代人口知能発展計画」を公開し、AI の分野における中国による主導的立場を目標に掲げるとともに〈http://www.gov.cn/zhengce/content/2017-07/20/content_5211996.htm〉、2018 年 1 月には中国電子技術標準化研究員より「AI に関する標準化白書（人口知能標準化白書）」が発表されている。また韓国では、2007 年 4 月に「ロボット憲章」を起草していたが、2017 年 7 月に「ロボット基本法案」が国会に提出された。また同年 8 月には、産業用ロボットなどに関する設備投資につき税制上の措置や生活保護のための財源確保につき議論された。

第7章 国際問題

> Q7-2　AI・アルゴリズムによる競争制限行為（いわゆるデジタル・カルテル）が国際的に議論されていると聞きましたが、その内容について、教えてください。

Point
・OECDの競争委員会では、AI・アルゴリズムによる競争制限行為について、活発な議論がなされている。
・技術の進展によっては、現行の競争法の枠組みでは対処ができない事態が生じることも考えられ、新たな法的枠組みが必要となる可能性が論じられている。

1　問題の所在

　ITやインターネットの発達は、デジタルネットワーク上の商取引を活発化し、その結果、需要や供給等に関する市場情報のデジタル化が進んだ。多くのビジネスにおいて、デジタル化された市場情報に基づいて価格を設定する価格アルゴリズム（いわゆる動的価格アルゴリズム（dynamic pricing algorithms））が用いられている。例えば、ライドシェアサービスのUberは、地域別の利用動向をリアルタイムでモニタリングし、需要が混み合っている場合には料金を割増する「サージプライシング」を導入している[1]。このような価格決定のアルゴリズム化に伴い、アルゴリズムによって競争法上違法な共謀が促進されたり、これまでに見られなかった新たな競争制限を生じさせたりする可能性（デジタル・カルテル）が議論されている[2]。

---

(1) Uberコーポレート・ウェブサイト "How surge pricing works"〈www.uber.com/en-JP/drive/partner-app/how-surge-works/〉

2 デジタル・カルテルの 4 類型

OECD が 2017 年 9 月 14 日に公表した「Algorithms and Collusion：Competition Policy in the Digital Age（アルゴリズムと共謀：デジタル時代の競争政策）(3)」においては、アルゴリズムが競争制限を促進したり生じさせ得る類型として、以下の 4 類型が議論されている(4)。

① 監視アルゴリズム（monitoring algorithms）
② パラレル・アルゴリズム（parallel algorithms）
③ シグナリング・アルゴリズム（signaling algorithms）
④ 自己学習アルゴリズム（self-learning algorithms）

(1) 監視アルゴリズム

監視アルゴリズムとは、共謀者らが、アルゴリズムを使用して、共謀の実行

---

(2) この問題を日本語で論じる文献として、伊永大輔ほか「連載講座デジタル・エコノミーと競争法 第 5 回 アルゴリズム・AI（人工知能）と競争法」公正取引 810 号 59 頁以下、市川芳治「人工知能（AI）時代の競争法に関する一試論〜"アルゴリズム"によるカルテル：欧米の最新事例からの示唆を受けて〜（上）（下）」国際商事法務 45 巻 1 号 1 頁以下、同巻 2 号 165 頁以下（2017）、池田毅「デジタルカルテルと競争法」ジュリスト 1508 号 55 頁以下、山田弘「人工知能のカルテルは罪になるか？」庄司克弘編『インターネットの自由と不自由』（法律文化社、2017 年）139 頁以下、大橋弘「デジタルカルテルと競争政策」経済セミナー 698 号 24 頁、植村幸也「デジタル・カルテルが問う『合意』要件」ビジネス法務 2018 年 2 月号 86 頁、高宮雄介「特集 デジタルエコノミーと競争政策 アルゴリズムを用いた事業活動と不当な取引制限」公正取引 812 号 26 頁以下。

(3) OECD（2017），*Algorithms and Collusion: Competition Policy in the Digital Age*〈www.oecd.org/competition/algorithms-collusion-competition-policy-in-the-digital-age.htm〉

(4) Ariel Ezrachi and Maurice E. Stucke, *Virtual Competition - The Promise and Perils of the Algorithm-Driven Economy,* Harvard University Perss, 2016 は、アルゴリズムによる競争制限行為について、①メッセンジャー（Messenger）、②ハブ＆スポーク（Hub and Spoke）、③予測エージェント（Predictable Agent）、④デジタルアイ（Digital Eye）の 4 つのシナリオについて議論を展開している。①メッセンジャーは OECD の分類でいうところの「監視アルゴリズム」、②ハブ＆スポークおよび③予測エージェントは「パラレル・アルゴリズム」、④デジタルアイは「自己学習アルゴリズム」にそれぞれ分類することが可能であると思われる。

第7章　国際問題

を監視し、または抜け駆けが生じていないかどうかを監視することを指す。カルテルは競合相手との間の共謀行為であることから、常に誰かが「カルテル破り」[5]を犯すのではないかというある種の緊張関係をはらんでおり、その監視には相応のコストがかかるものであった。しかし、アルゴリズムが自動で共謀の実行を監視する場合には、かかる監視コストが著しく下がるので、違法な共謀を行うハードルが下がることとなる。

かかる監視アルゴリズムは違法な共謀を促進させるものであり問題であるが、そのようなアルゴリズムが使用される前提には、必ず共謀者による意思の連絡（共謀）[6]が存在している。いわば、当該共謀を遂行するための道具の1つとしてアルゴリズムが使用されているにすぎないのである。したがって、従来の競争法上の枠組みで十分対処することができると考えられる。

(2) パラレル・アルゴリズム

パラレル・アルゴリズムとは、競合者同士が同一の動的価格アルゴリズム[7]を共有したり、競合者同士が同一の開発者による動的価格アルゴリズムを採用したりすること等により、競争制限的な価格の形成を実現することを指す。パラレル・アルゴリズムによる場合、競合者は、自動的に競争制限を実現できるだけでなく、何らかの市場変動があった場合でも、相互の追加連絡をすることなく、競争制限的な価格を維持することが可能となる。これにより、摘発リスクを最小化しつつ、違法な価格形成を継続することができることとなる。

---

(5) 例えば、カルテルの参加者の一部が、カルテルの合意に反して、合意よりも低い価格を設定することにより抜け駆けを図ることなどをいう。
(6) 競争法上違法な共同行為（カルテル等）が成立する要件として、共謀者間の相互の意思連絡を必要とする法域が大多数であり、日本も同様である（独占禁止法2条6号参照）。
(7) この場合の動的価格アルゴリズムは、反競争的な価格を形成する設定がなされていることが想定されている。なお、実際に競合者同士がアマゾンマーケットプレイスにおいて、反競争的な価格を形成するために同一の動的価格アルゴリズムを用いて違法な競争制限行為を行ったとして、米国司法省に起訴された事例がある。"Former E-Commerce Executive Charged with Price Fixing in the Antitrust Division's First Online Marketplace Prosecution", Justice News of the US Department of Justice, Office of Public Affairs, www.justice.gov/opa/pr/former-e-commerce-executive-charged-price-fixing-antitrust-divisions-first-online-marketplace

パラレル・アルゴリズムの中でも同一のアルゴリズムを共有する事例においては、その前提として、同一のアルゴリズムを使用したり、同一の開発者によるアルゴリズムを使用することに関して明示または黙示の合意が存在していると思われることから、競争制限的な合意があったことが推認される事例が多いのではないかと思われる。[8] したがって、少なくとも理論上は、従来の競争法の枠組みで相当程度の対応が可能であると考えられる。

(3) シグナリング・アルゴリズム

シグナリング・アルゴリズムとは、ある事業者が、競合する他の事業者が追随することを想定して、一方的な価格公表などのシグナリングを行う場合に[9]、これをアルゴリズムで監視すること等を指す。本来シグナリングは、他の事業者が追随しないというリスクを伴う行為である。もっとも、情報がデジタル化されている市場においては、自らのシグナリングに対して他の事業者が追随したかどうかについてリアルタイムでモニタリングを行うことができる。そのため、仮にシグナリングが失敗に終わり、他の事業者が追随しなかった場合には、シグナリングを行った事業者は、直ちに（損失をほとんど負うことなく）、シグナリング前の価格に戻すことも可能となる。

シグナリングの背後に黙示の意思の連絡の存在を認定できるような場合においては、従来の競争法による枠組みの中での対処が可能であるように思われる。[10] 一方、そのような認定ができないような場合であっても、何らかの規制を及ぼ

---

(8) 加えて、同一の開発者をハブとした、いわゆるハブアンドスポーク型の合意形成が認められるような場合もあるように思われる。

(9) Ezrachi and Stucke・前掲（注4）56頁以下は、ある市場が限定された複数の有力な事業者で事実上の寡占状態にあり、参入障壁の存在により新規の市場参入者が見込まれないような場合には、一方的なシグナリングによる反競争的な価格形成が成功しやすいと指摘している。

(10) 例えば、日本においては、東京高判平7・9・25判タ906号136頁が「『意思の連絡』とは、複数事業者間で相互に同内容又は同種の対価の引上げを実施することを認識ないし予測し、これと歩調をそろえる意思があることを意味し、一方の対価引上げを他方が単に認識、認容するのみでは足りないが、事業者間相互で拘束し合うことを明示して合意することまでは必要でなく、相互に他の事業者の対価の引上げ行為を認識して、暗黙のうちに認容することで足りると解するのが相当である（黙示による『意思の連絡』といわれるのがこれに当たる。）。」と判示し、これが多数の裁判例において引用されている。

すことが必要であると考えられるほど、シグナリング・アルゴリズムが競争に与える悪影響が大きいと評価されるような場合等については、何らかの新たな法的枠組みが必要となる可能性もあるように思われる。

(4) 自己学習アルゴリズム

自己学習アルゴリズムとは、アルゴリズムそのものが、事業者の介入を一切受けずに、自律的な学習を繰り返し、その結果、協調的な競争制限をもたらすこと等を指す。そもそも、現在の技術環境を前提とすると、アルゴリズムの背後に存在する開発者等の自然人に協調的な競争制限をもたらす意図が全くないにもかかわらず、アルゴリズムがその自律的な学習のみによって、協調的な競争制限をもたらすことがあり得るかについては、必ずしも明らかとはいえない[11]。

しかし、仮にこのような事態が生じた場合には、現在の競争法の枠組みにおいてこれを違法とすることは困難となる可能性があり、将来的には新たな法的枠組みの検討が必要となる可能性がある[12]。

3 まとめ

以上のように、AI・アルゴリズムによる競争制限行為については、現在の技術を前提とする限り、既存の競争法の枠組みによって、ある程度の対応は可能であるといえる。もっとも、今後技術革新が進み、AI・アルゴリズムの自律性が高まった場合には、自由かつ公正な競争の保護の観点から、一定の新たな法的枠組みを検討する必要性が出てくる事態も考えられるため、今後の技術

---

(11) OECD・前掲（注3）31頁以下。伊永ほか・前掲（注2）63頁は、「自己学習アルゴリズム……のような何ら人為的な行為が介在しない共謀は、現時点では未だにサイエンス・フィクションの世界である」と指摘する。

(12) なお、高宮・前掲（注2）33頁以下は、自己学習アルゴリズムが他の自己学習アルゴリズムと協調して行った競争制限行為について、競争事業者の構成員たる役職員が行った競争制限行為の場合と同様に、自己学習アルゴリズムの行為を当該事業者の行為そのものであると捉えたうえで、従来の法的枠組みの中で当該アルゴリズムを使用する事業者の責任を（少なくとも行政手続上は）問い得るのではないかという野心的な主張を行っている。自己学習アルゴリズムの「ブラックボックス（アルゴリズムの判断過程について、人間による事後的検証が不能である）」問題をどう捉えるか等、今後も議論を深めていくべき点は多いように思われる。

革新の動向、そして、それに伴う法規制のあり方については、引き続き注目してくことが必要であろう。

（山田広毅）

第 7 章　国際問題

> $Q7$-3　AI・ロボットに関しては、法令よりもガイドラインや指針といった、いわゆるソフトローで対応しようとする動きがあると聞きました。この点に関する国際的な動きを教えてください。

Point
・急速に技術が発展しつつある AI・ロボットを一律に法令のみで規律することは難しいものとされている。
・そこで、法令より機動的かつ非拘束的なガイドラインや指針（いわゆるソフトロー）による対応が模索されている。
・各国の法令や条約といったハードローのみならず、ソフトローにも目を向け、対応していくことが求められる。

1　問題の所在

　本稿執筆の 2018 年 10 月現在、わが国において、独立した法令としての「AI 法」や「ロボット法」は存在しない。しかし、これは決してわが国の立法作業が遅れているといったことを意味するものではない。諸外国を見渡しても、制定法として「AI 法」や「ロボット法」をもつ国はほとんどないものと思われる。これは、法令が規律の対象とする AI やロボット自体が、技術の急速な発展のさなかにあり、その外縁が定まらないことが主たる理由ではないかと思われる。
　法律は、その制定・改正に国会の議決を要することから、技術の進歩に合わせて随時改正するという機動的な運用は難しい。そのため、仮に AI 法・ロボット法といった法律が制定されたとしても、その内容は急速に現実にそぐわな

---

(1) 同様の指摘として、成原慧「AI の研究開発に関する原則・指針」福田雅樹ほか編著『AI がつなげる社会　AI ネットワーク時代の法・政策』（弘文堂、2017 年）81 頁。

いものとなり、不適切な規制となるおそれがあるとの指摘がある[1]。

そこで、こうした指摘をする立場からは、AIやロボットについては、国家以外の主体がその内容を定めるルールである「ソフトロー」による規律が望ましいとの主張がなされている[2]。AI・ロボットに関するガイドラインや開発・利活用原則、倫理指針といったソフトロー確立の動きは昨今活発さを増しているところであり、AI・ロボットの開発・利活用においては、こうした動きに注目していくことが必要である。

2 ソフトローに関する議論の概観

AI・ロボットに関するソフトローの形成に関する議論は、現在、各国・各地域のさまざまな主体によって行われている。本項では主要な議論を概観する。

(1) 米国

米国では、ホワイトハウス等の公的機関における議論も存在するが、民間の諸団体がAI・ロボットの開発・利活用に関する議論をリードしている。

2016年9月に設立された「Partnership on AI」は、Amazon、Google (Deepmind)、Facebook、IBM、Microsoft などの企業により設立され、AI技術のベストプラクティスとAIの社会的影響につき議論することを目的としている[3]。また、電気・電子工学に関する規格の制定などで知られるIEEE（米国電気電子学会）は、主に開発に携わる技術者の視点から、AI・ロボットに関するワークショップの開催などを行っている。

形成されつつあるソフトローの一例としては、起業家や研究者らによって組織された Future of Life Institute (FLI) が発表した、アシロマAI原則（Asilo-

---

(2) ソフトローによる規律に対しては、制定法による規律と比較して機動的な運用が可能になる、多くの状況において状況に直接関与している私人の方が国家よりも多くの情報を有している蓋然性が高く、より適切な内容のルールが形成される可能性があるといったメリットが主張される一方で、私人が内容を決定するものであることから、その内容が社会の中の一部の集団にとってのみ有利で、それ以外の社会構成員に対して深刻な外部性をもたらすおそれがある（カルテル等）といったデメリットの指摘もある。本文中のソフトローの定義および本脚注で紹介した議論は、森田果「ソフトローの基本概念」自由と正義 2016年7月号35頁に依拠している。

(3) Partnership on AI ウェブサイト〈https://www.partnershiponai.org/〉

第 7 章　国際問題

mar AI Principles）が挙げられる。(4) これは、安全性やセキュリティ・説明可能性・パーソナルデータに関する個人の権利など、AI の研究開発において考慮されるべき事項や、将来的に想定される自律的な AI、自己改良を行う AI などの安全性や倫理に関する原則を提示するものである。また、上述した IEEE は「倫理的に調整された設計」と題する報告書の中で、技術者が AI を設計する際に留意すべき事項を示しており、注目されている。(5)

(2) 欧州

　欧州では、欧州議会など公的機関の主導する議論が顕著である。例えば、欧州議会は 2017 年 2 月に「ロボティクスに係る民事法的規則に関する欧州委員会への提言」（Q7-1 参照）を採択している。これは、AI・ロボットに関する民事法上の問題に関して、EU 法の策定を欧州委員会に求めるものである。
　この提言自体はハードロー的な規律を目指すものであるが、基本権（人権）の尊重やアカウンタビリティ（説明責任）、便益の最大化と危害の最小化などを含む、ロボット開発者の倫理行動規範の策定もあわせて提言されており、ソフトロー的な規律も視野に入れたものと考えられている。
　また、2018 年 3 月には欧州委員会の諮問機関である EGE(6) が AI・ロボットおよび「自律的」システムに関するステートメントを公表した。

(3) 日本

　日本におけるソフトローの議論の主体としては、内閣府・総務省・経産省等の関係省庁およびこれらにより設置された会議体や「人工知能学会」(7) などを挙げることができる。
　関係省庁における動きとしては、内閣府に設置された司令塔としての「人工知能技術戦略会議」(8)、特にソフトローに関する調査・検討を行う組織としての

---

(4) FLI Web サイト内の解説 〈https://futureoflife.org/ai-principles/〉。
(5) 現在は第 2 版が公開されている 〈https://ethicsinaction.ieee.org/〉。
(6) The European Group on Ethics in Science and New Technologies 〈https://ec.europa.eu/research/ege/index.cfm〉
(7) 人工知能学会ウェブサイト 〈https://www.ai-gakkai.or.jp/〉。

Q7-3

「人間中心のAI社会原則検討会議」を中心とした取組みがされている。また、同会議に先立つ動きとしては、総務省「AIネットワーク社会推進会議」(9)での議論が注目される。同会議は「国際的な議論のためのAI開発ガイドライン案」、「AI利活用原則案」の提示など、AIの開発・利活用の原則・指針の策定に向けた検討や、AIネットワーク化(10)が社会・経済の各分野にもたらす具体的な影響とリスクの評価などを行っている。

「人工知能学会」は、その名のとおり人工知能分野の学会であるが、同学会における倫理委員会は、2016年6月に人工知能の研究開発者が遵守すべき倫理綱領の案を提示し、公開討論を経て、2017年2月に「人工知能学会倫理指針」として採択された。

「国際的な議論のためのAI開発ガイドライン案」は、AIネットワーク社会推進会議「報告書2017」で提示された。これは、AI開発者が留意することが期待される事項を整理したもので、透明性の原則（開発者は、AIシステムの入出力の検証可能性および判断結果の説明可能性に留意する）、制御可能性の原則（開発者は、AIシステムの制御可能性に留意する）といった9つの事項から成る原則を示している。(11)

「報告書2017」では、「AIシステムはその利活用の段階において学習等により出力やプログラムが継続的に変化すること等から、［…］AIの利活用に関するガバナンスの在り方についても、国際的な議論が行われることが期待される。」(12)としていたところ、これを踏まえて2018年7月には、「報告書2018」として、「AI利活用原則案」が提示されている。

これに続く原則策定の動きとしては、上述した「人間中心のAI社会原則検討会議」の活動が注目される。同会議はこれまでの国内外における議論を踏ま

---

(8) 人工知能技術戦略会議ウェブサイト〈http://www8.cao.go.jp/cstp/tyousakai/jinkochino/index.html〉。

(9) AIネットワーク社会推進会議ウェブサイト〈http://www.soumu.go.jp/main_sosiki/kenkyu/ai_network/index.html〉。

(10) AIシステムがインターネットその他の情報通信ネットワークと接続され、AIシステム相互間又はAIシステムと他の種類のシステムとの間のネットワークが形成されるようになることをいう（AIネットワーク社会推進会議「報告書2017」（平成29年7月28日）〈http://www.soumu.go.jp/main_content/000499624.pdf〉3頁）。

第7章　国際問題

え、AIをよりよい形で社会実装し共有するための基本原則の策定を目指すとしており、2018年度中に「人間中心のAI社会原則」の策定を目指すものとされている。

3　今後のソフトローの動き

　AI・ロボットの分野については、この分野を特別に規律する法令はほとんど存在しておらず、今後も官民のガイドライン・原則・指針といったソフトローによる規律の取組みが先行していくものと考えられる。本稿執筆の時点においても、国連教育科学文化機関（UNESCO）が「AIの倫理」を世界的に重要な検討課題の1つと位置付け、専門家会議やハイレベル会合を開催して議論を呼びかけているほか、各国の個人情報・個人データ保護機関が参加するデータ保護プライバシー・コミッショナー会議（日本からは個人情報保護委員会が参加）がAIの倫理とデータ保護に関する宣言を採択するなど、ソフトローの議論の場もさらに広がりを見せている。(13) AI・ロボットの開発・利活用に携わる企業や団体は、法令のみならず、官民いずれの主体から提言されたものであれ、各種のガイドラインや原則、指針といったものにも目を配りつつ、これらに対

---

(11) 9つの原則は、①連携の原則（開発者は、AIシステムの相互接続性と相互運用性に留意する）、②透明性の原則（上述）、③制御可能性の原則（上述）、④安全の原則（開発者は、AIシステムがアクチュエータ等を通じて利用者及び第三者の生命・身体・財産に危害を及ぼすことがないよう配慮する）、⑤セキュリティの原則（開発者は、AIシステムのセキュリティに留意する）、⑥プライバシーの原則（開発者は、AIシステムにより利用者及び第三者のプライバシーが侵害されないよう配慮する）、⑦倫理の原則（開発者は、AIシステムの開発において、人間の尊厳と個人の自律を尊重する）、⑧利用者支援の原則（開発者は、AIシステムが利用者を支援し、利用者に選択の機会を適切に提供することが可能となるよう配慮する）、⑨アカウンタビリティの原則（開発者は、利用者を含むステークホルダに対しアカウンタビリティを果たすよう努める）と定義されている。AIネットワーク社会推進会議・前掲（注11）29頁。

(12) 利活用の主体には、最終利用者（エンドユーザ）のほか、他者が開発したAIシステムを用いてAIネットワークサービスを第三者に提供するプロバイダを含む。

(13) 本稿執筆の時点で発表されているソフトローとしては、本文で紹介したもののほか、Universal Guidelines for Artificial Intelligence（The Public voice）、The Stanford Human-Centered AI Initiativeによる提言なども挙げられる。また、これらを含む多数のAIに関するソフトローを比較・整理する試みとして、「Linking Artificial Intelligence Principles」〈http://www.linking-ai-principles.org/〉などがある。

応していく必要がある。

　また、ここまでに見たように、AI・ロボットに関する原則や指針は、現在多くの主体から提言されており、いずれもその形成過程にある。これらの原則や指針に関しては、種々のフォーラムにおける議論やパブリックコメントなどの形で、その決定に関与していくことも可能である。ソフトローによる規律に対する賛否は措くとしても、ハードロー・ソフトロー問わず、よりよい規律を実現するためには、法律家や政策担当者だけではなく、日常的にAI・ロボットの開発・利用に携わる関係者が主体的に議論に参画することが、必要不可欠であると考えられる。今後、技術・産業と政策・法学の実りある対話がなされ、望ましい規範が形成されることに期待したい。

(三輪幸寛)

第7章　国際問題

> Q7-4　AI・ロボットの軍事分野における利用や規制の動き、これに関する留意点について教えてください。

Point
・使用する側に人命損失を生じさせない AI・ロボットは、軍事分野における有用性が高いとされ、各国で開発が進められている。
・自律的に攻撃を行う「自律型致死兵器システム（LAWS）」等の国際的規制に関する議論が開始されている。
・制裁リスク等を生じさせないよう、適切な貿易管理などの対策が求められる。

1　AI・ロボットの軍事利用リスク

　兵器として用いられる AI やロボットは、SF 作品の中では馴染み深いものである。しかし現代ではすでに創作の中のみならず、現実に AI やロボットの軍事利用が進んでいる。(自軍の) 人命を損なうことなく、作戦目標を達成し得る AI 兵器・ロボット兵器は、各国がこぞって開発・導入を進めているとされている。[1]
　ここで留意すべきは、軍事利用される AI・ロボットは、当初から軍事目的で開発されたものだけではない、ということである。民生品として開発されたものであっても、開発者の意図に反して軍事目的に転用されてしまうことがあり得る。[2] AI・ロボットの開発に携わる企業や組織が警戒すべきはこの点であ

---

(1) 岩本誠吾「ロボット兵器と国際法」弥永真生＝宍戸常寿編『ロボット・AI と法』(有斐閣、2018年) 285頁、平野晋『ロボット法-AI とヒトの共生にむけて』(弘文堂、2017年) 56頁、127頁。
(2) 軍事技術が民生技術に転用されることが「スピンオフ」と呼ばれるのに対し、民生技術が軍事技術に転用されることは「スピンオン」という。また、ある技術が軍民両用に利用できることを「デュアルユース」と呼ぶ。

るといわれている。

本稿では、AI・ロボットの軍事利用の実例を紹介したのち、AI・ロボット兵器、特に自律的致死兵器システム（LAWS）(3)と称される分野の国際的な規制の動きを概観する。(4)

2 軍事利用の実例

ロボット兵器との言葉を耳にして、アフガニスタンやイラク戦争で使用された米国空軍の「RQ-1プレデター」をはじめとする無人航空機を想起する人も多いかと思われる。しかしプレデターは、プログラムされた航路を飛行する偵察機であるとされており、のちに開発された攻撃機型も、攻撃の際には人間の指示を必要とする。そのため、人間による遠隔操作型の兵器といえる。

一方で、単なる遠隔操作を超えて、標的の選択や攻撃をも自動的に行う兵器も従来から存在している。艦船に搭載され、接近したミサイル等からの防御に用いられる近接防御火器システム（CIWS）(5)などは、起動後は人間の判断を要さず、接近した脅威を自動的に迎撃する、半自律型の兵器である。「RQ-4グローバルホーク」のように、事前のプログラムに従いつつ、ある程度自律的に判断して飛行を行う兵器などもこの分類に含まれるものとされている。

これらを超える、完全自律型のロボット兵器は未だ登場していないとされるが、この種の兵器、特にこれに含まれるとされるLAWSに関する諸問題については、次項で詳述する。

3 AI・ロボット兵器の規制に関する国際的な動き

AI・ロボットの軍事利用規制に関して、現在進められているのが、特定通常兵器禁止条約（CCW）(6)の枠組みによる取組みである。2014年以来、非公式専門家会合として、2017年からは政府専門家会合として、「自律型致死兵器シ

---

(3) Lethal Autonomous Weapon System の略称。
(4) なお、本稿では AI・ロボットの軍事的利用の当否には立ち入らず、AI・ロボットの開発・利活用主体が留意すべき問題点を摘示することを目的とする。
(5) Close In Weapon System の略称。
(6) Convention on Certain Conventional Weapons の略称。

第7章　国際問題

ステム」(LAWS) の規制に関する議論が進められている[7]。LAWS とは自律性を有し[8]、かつ人に対する殺傷能力を有する兵器をいう。

　LAWS に関しては、倫理の面で特有の議論が存在する。すなわち、たとえ当該兵器が使用される戦闘自体は国際法上違法ではないとされる場合であっても、兵器が人の関与なしに人を殺傷することを認めてよいのか、という問題である。LAWS は独立して自らの行動を決定することから、人間の指示や判断を待たずして人間を殺傷することが可能となる[9]。人道の法則や良心を解さないロボット兵器には、人間の関与なしでは戦争法規に従った適切な戦闘行為を期待できないのではないか、という懸念が存在するところであり、今後の議論が待たれる点である[10]。

　各国の間には、LAWS の規制が民生用ロボット・AI の発展にも悪影響を及ぼすのではないか、と懸念して規制に慎重な立場と、LAWS が現実に出現する前に規制を実現しようとする立場との対立などがあり、必ずしも議論は進んでいるとはいえないが[11]、CCW の枠組みでの LAWS に関する議論は 2019 年以降も継続していくことが提言されており[12]、各国間で LAWS に関する適切な法規制の議論が進むことが望まれる。

---

(7) 外務省 2018 年 4 月 16 日報道発表〈https://www.mofa.go.jp/mofaj/press/release/press4_005920.html〉

(8) どの程度の自律性を要求するか、という点に関し LAWS の定義には議論がある。議論の詳細については岩本・前掲（注1）295 頁以下、川口礼人「今後の軍事科学技術の進展と軍備管理等に係る一考察　－自律型致死兵器システム（LAWS）の規制等について－」防衛研究所紀要 19 巻 1 号 213 頁を参照。

(9) NGO ヒューマン・ライツ・ウォッチ（HRW）が公表したレポートでは、人間による即時処理の制御なく、標的を捜索、確認、選択および攻撃できる兵器を「人間が（意思決定過程の）輪の外にいる兵器（human out of the loop weapons）」と呼称している（HRW, *Losing Humanity: The Case against Killer Robots,* November 2012, pp. 1 and 7-9）。

(10) ハーグ陸戦条約前文の「一層完備したる戦争法規に関する法典の制定せらるるに至る迄は、締約国は、其の採用したる条規に含まれざる場合に於ても、人民及交戦者が依然文明国の間に存立する慣習、人道の法則及公共良心の要求より生ずる国際法の原則の保護及支配の下に立つことを確認するを以て適当と認む。」との条項（マルテンス条項）に表されているように、戦争法規は慣習、人道の法則および公共良心によって解釈・補充されなければならないとされる。岩本・前掲（注1）301 頁以下も参照。

(11) 岩本・前掲（注1）309 頁。

4 今後留意すべきとされる事項

(1) 安全保障貿易管理(13)の視点

　軍事転用防止のための規制に反した取引は、当該行為に関与した企業・組織に対する強い批判を呼ぶおそれがある。1980年代に発生した東芝機械ココム違反事件では、外為法に違反してソ連（当時）へ工作機械を輸出した東芝機械の幹部が刑事罰に問われたほか、グループ全体が（特にアメリカにおいて）世論の強い批判にさらされた。ロボットに関しても、軍事転用可能な製品・技術であるとして、ワッセナー・アレンジメント(14)やこれを踏まえた外為法等により輸出規制が課されているものが存在することから、通常の製品の輸出入と同様、安全保障貿易管理の観点に留意する必要がある。

(2) 今後に向けて

　今後は、AI・ロボット兵器の進歩が野放図なものとならないよう、人道・倫理・良心といった観点から、いかにAI・ロボット兵器の進歩を方向付けていくかという点が重要になるといえよう。
　兵器に限らず、AI・ロボットに関しては、技術がもたらす害悪を最小化し、便益を最大化することが必要であり、人間がどこまで関与すべきか、AI・ロボットをどこまで活用すべきかといった点について、社会の構成員すべてが当事者として主体的に議論していくことが重要であると考える。

（三輪幸寛）

---

(12) 外務省2018年9月3日報道発表〈https://www.mofa.go.jp/mofaj/press/release/press4_006392.html〉。

(13) 安全保障貿易管理（Security trade control）とは、「国際的な平和および安全の維持の観点から大量破壊兵器等の拡散防止や通常兵器の過剰な蓄積を防止するために、国際条約やワッセナー・アレンジメント（WA）などの国際的輸出管理の枠組み（レジーム）に基づき、各国で輸出の管理・制限を行」うことをいう（JETRO Webサイトの解説より引用〈https://www.jetro.go.jp/world/qa/04A-000922.html〉。

(14) 旧ココムの解消後に発足した、戦略物資統制のための新たな国際輸出管理体制。

編集・執筆者一覧

編集
第二東京弁護士会　情報公開・個人情報保護委員会

編集委員
編 集 長　大島　義則（委員長）：全体編集および第1章執筆
編集委員　森山裕紀子（副委員長）：第2章編者
編集委員　白石　和泰：第3章編者
編集委員　秋山　　淳（副委員長）：第4章編者
編集委員　藤原淳一郎：第5章編者
編集委員　牧田潤一朗（副委員長）：第5章編者
編集委員　早川　和宏（副委員長）：第5章編者
編集委員　数藤　雅彦（副委員長）：第6章編者
編集委員　野中　高広：第7章編者
編集委員　山田　広毅：第7章編者

執筆者
第1章　大島　義則
第2章　森山裕紀子
　　　　鳩野あすか
　　　　板倉陽一郎
　　　　大島　義則
　　　　三田　直輝
第3章　白石　和泰
　　　　小林　央典
　　　　沼澤　　周
第4章　秋山　　淳
　　　　高橋　涼子

編集・執筆者一覧

	川野　智弘
第5章	牧田潤一朗
	早川　和宏
	森山裕紀子
	後呂　佳那
	小野　浩奈
	山岸　哲平
	中村　道子
	小野　高広
第6章	数藤　雅彦
	白石　和泰
	小林　央典
	松川　直樹
	神田　秀斗
	磯野　有沙
	服部　　啓
	和田　　嵩
第7章	野中　高広
	山田　広毅
	三輪　幸寛

AI・ロボットの法律実務 Q&A

2019 年 2 月 20 日　第 1 版第 1 刷発行

|編　者|第二東京弁護士会情報公開・個人情報保護委員会|

発行者　井　村　寿　人

発行所　株式会社　勁　草　書　房
112-0005　東京都文京区水道2-1-1　振替　00150-2-175253
（編集）電話 03-3815-5277／FAX 03-3814-6968
（営業）電話 03-3814-6861／FAX 03-3814-6854
大日本法令印刷・中永製本

Ⓒ Dainitoukyoubengoshikai Jouhoukoukai Kojinjouhouhogoiinkai　2019

ISBN978-4-326-40363-9　Printed in Japan

JCOPY ＜出版者著作権管理機構　委託出版物＞
本書の無断複製は著作権法上での例外を除き禁じられています。
複製される場合は、そのつど事前に、出版者著作権管理機構
（電話 03-5244-5088、FAX 03-5244-5089、e-mail: info@jcopy.or.jp）
の許諾を得てください。

＊落丁本・乱丁本はお取替いたします。
　　　　http://www.keisoshobo.co.jp

ダニエル・J・ソロブ　大島義則ほか　訳
プライバシーなんていらない!? 2,800 円
―情報社会における自由と安全

ウゴ・パガロ　新保史生　監訳
ロボット法 4,500 円

キャス・サンスティーン　伊達尚美　訳
#リパブリック 3,200 円
―インターネットは民主主義になにをもたらすのか

ロタ・ディターマン　渡邊由美ほか　訳
データ保護法ガイドブック 4,000 円
―グローバル・コンプライアンス・プログラム指針

宮下　紘
EU 一般データ保護規則 4,000 円

クリス・フーフナグル　宮下紘ほか　訳
アメリカプライバシー法 5,000 円
―連邦取引委員会の法と政策

松尾剛行・山田悠一郎
最新判例にみるインターネット上の名誉毀損の理論と実務（第 2 版） 5,500 円

松尾剛行
最新判例にみるインターネット上のプライバシー・個人情報保護の理論と実務 3,700 円

――― 勁草書房刊

＊表示価格は 2019 年 2 月現在。消費税は含まれておりません。